Karl Lukan

Heiliges und Wundersames

Unterwegs zu außergewöhnlichen Plätzen in Österreich

Fotos
Fritzi Lukan

Pichler Verlag

Umschlagbild: Kopf von Senator Popaius in Bichl bei Matrei (Osttirol)
Titelseite: Martinskirche von Lanzendorf
Seite 7: Wasserfall „Totes Weib“ im Mürztal, Steiermark

Impressum

ISBN: 978-3-85431-469-1

www.pichlerverlag.at

Umschlaggestaltung: Bruno Wegscheider
Buchgestaltung und Produktion: CH&ERNdesign, Wien

Reproduktion: Pixelstorm, Wien
Druck und Bindung: Druckerei Theiss GmbH, St. Stefan

Inhalt

NATURDENKMAL

Vorwort

Der „Steinerne Brotlaib“ in der Kirche von Statzendorf.

Außergewöhnliches in seinen vielen Variationen hatte schon immer fasziniert, hat die Phantasie belebt und Sagen, Legenden und die unglaublichsten Geschichten entstehen lassen.
Es ist oft dort zu finden, wo es nie vermutet wird, kann Staunen wie auch Schmunzeln aufkommen lassen, an bestimmten Plätzen ein wundersames Wohlgefühl hervorrufen und immer große Erlebnisfreude bringen.
Vom Fridolinstein in Vorarlberg, auf dem der Heilige seine Arm- und Fußabdrücke hinterlassen hat, bis zu geheimnisvollen Tontöpfen in einer Weinviertler Kirchengruft, vom 2117 m hohen Hundstein im Salzburger Land, wo alljährlich noch immer das in alte Zeiten zurückreichende „Hagmoar-Ranggeln“ stattfindet, bis zum „Tiefsten Punkt Österreichs“ im Burgenland reicht die Spannweite dieses Buches.
Auf unseren kulturgeschichtlichen Wanderungen sind wir vor einem „Salutierenden Herrgott“ gestanden und auch vor einem „Liegenden Tropfstein“, haben den Lauf des „Tirolerbachls“ im Steinfeld (eines vergessenen Ingenieurbaus aus dem 18. Jahrhundert) verfolgt und sind dem Leben der (ebenfalls vergessenen) „Stigmatisierten des Weinviertels“ nachgegangen. Wir bewunderten die „Weltmaschin“ des Franz

Gsellmann in der Steiermark ebenso wie die in Oberösterreich von den Brüdern Wurm erbaute Bauernkapelle mit den dämonischen Steinköpfen und dabei ist uns auch immer deutlicher bewusst geworden, dass es noch so Vieles in unserem Land gibt, vor dem wir einmal ganz bestimmt bedauern werden, dass wir es nicht schon viel früher kennen gelernt haben.

Der „Steinerne Brotlaib" in der Kirche von Statzendorf (nächst St. Pölten) schaut einem frischgebackenen Brotlaib mit knuspriger Rinde so täuschend ähnlich, dass man sich am liebsten sofort ein Gustoscherzel von ihm abschneiden möchte.

Das seltsamerweise vor dem Hochaltar einer katholischen Kirche aufgestellte Naturwunder wurde schon von den einst aus Böhmen kommenden Wallfahrern auf ihrem weiten Weg nach Mariazell aufgesucht. Eine besondere Anziehungskraft scheint von diesem „Steinernen Brotlaib" auszugehen: Jedes Mal, wenn wir nur irgendwo in der Nähe von Statzendorf unterwegs sind, wollen wir ihn wieder sehen. Und jedes Mal wenn wir dann vor ihm stehen, können wir es kaum glauben, dass er tatsächlich aus Stein ist.

Viel Erlebnisfreude an solchen bezaubernden Plätzen wünschen allen Leserinnen und Lesern dieses Buches

Karl Lukan, der es geschrieben hat, und
Fritzi Lukan, welche die Fotos machte und die geomantischen Mutungen durchführte.

Im Mühlviertel entspringt der Kamp

Der Kamp, der Fluss des Waldviertels. Kamptalburgen, Kamptalseen, Kamptalromantik – natürlich entspringt dieser Kamp im Waldviertel. Das tut er aber nicht! Der Große Kamp entspringt bei Liebenau im oberösterreichischen Mühlviertel.

Die Kampquelle

Nördlich von Liebenau quillt der Große Kamp an einem Waldhang aus einem kleinen Loch im Boden. Darüber eine Holztafel, die bestätigt, dass das Gerinnsel wirklich ER ist. Und schon nach einem Meter stürzt er sich mit einem fünf/sechs Zentimeter hohen Miniwasserfall über eine Steinplatte in die Tiefe und fließt unter seiner ersten Brücke – ein Holzbrettl von einem Ufer zum anderen – dahin.
Als wir vor vielen Jahren am Ursprung des Po am Monviso (3841 m) standen, konnten wir es kaum glauben, dass die munter aus einem Felsspalt herausstürzende Quelle einmal zu jenem großen trägen Fluss werden wird, den wir kurz zuvor bei einem Besuch der Etruskerstadt Spina im Podelta vor seiner Mündung ins Meer gesehen hatten. Wie kleine Kinder waren wir, die glauben, dass alle alten Leute schon alt auf diese Welt gekommen sind.
Als wir am Ursprung vom Großen Kamp standen, konnten wir es kaum glauben, dass dieses aus dem Erdloch herauskommende kleine Gerinnsel (vereinigt mit den Wassern vom Kleinen Kamp und Purzelkamp) im Jahre 2002 zu einer Wasserflut werden konnte, die das Kamptal zum Katastrophengebiet machte.
Schon in der Biedermeierzeit hatte die dünne Wienflussquelle den sonst so ernsthaften Reiseschriftsteller Adolf Schmidl zu einem Scherzchen animiert. In seinem Werk *Wiens Umgebungen* (1882 Seiten!) hatte er über die Quelle des Flusses (damals ebenfalls sehr oft ein Katastrophenfluss) geschrieben, dass man nur einen Fuß auf sie stellen müsste und die Wiener würden sich wundern, wenn der Wienfluss plötzlich ohne Wasser wäre!
Uns animierte die erste Brücke des Kamp (das Holzbrettl) spontan zu einem Besuch der ältesten Kampbrücke. Die ist beim Stift Zwettl, wurde im 12. Jahrhundert erbaut und ist (nach dem Dehio-Kunsthandbuch) „eines der ältesten erhaltenen technischen Denkmäler Öster-

Linke Seite: Kamptal zwischen Schauenstein und Rosenburg.

reichs". Da ist der Kamp nicht mehr das kleine Baby, sondern schon ein flott dahin ziehender Jüngling.
Im Tullner Becken bei Altenwörth mündet der Kamp in die Donau.
In dem ebenen Land lasen wir an einer Brücke über ein sanft dahin fließendes Gewässer „Kamp". Und sofort erlagen wir wieder fixen Vorstellungen: Kampschlucht, rauschender Kamp, Purzelkamp.
Dieses müde Wasserl soll der Kamp sein?
Er ist es!

Ein Besuch der Kampquelle bei Liebenau lässt sich gut mit noch zwei anderen interessanten Plätzen des Mühlviertels verbinden: mit der „Jankuskirche" bei Liebenstein und den kuriosen Steinbauten der Brüder Wurm in Wienau.

Holzburgen und Zauberzeichen

Das Mühlviertel, in dem der Kamp entspringt, ist ebenso „steinreich" wie das Waldviertel; vor allem gibt es dort auch größere Felsgruppen. An diesen machte der Heimatforscher Alfred Höllhuber seit 1967 für die Landesgeschichte bedeutsame Entdeckungen: Auf vielen der oft nur schwer zugänglichen Felsen standen einst Holzburgen.
Das beweisen Einstemmungen im Fels für die Verankerung der Holzkonstruktion wie auch die am Fuß der Felsen gemachten Funde. Wurde vorher angenommen, dass die Besiedelung dieses Gebietes erst im 12. Jahrhundert einsetzte, so bewiesen diese Entdeckungen, dass sich so genannte „Freibauern" schon in Zeiten vorher auf diesen luftigen Höhen niedergelassen hatten. Später verfielen die Holzburgen; Bäume und Sträucher wachsen jetzt auf den Felsen.
In Liebenstein bei Liebenau erhebt sich das bis zu 35 Meter hohe Felsmassiv der „Jankusmauer", auf deren Gipfel es ebenfalls eine von diesen Holzburgen gab. „Jankuskirche" wird der Felsen auch genannt, weil

eine Kirche darauf gestanden sein soll. Der Name „Jankus" (wohl eine Verballhornung von „Jan Hus") lässt vermuten, dass die Holzburg im Hussitenkrieg zwischen 1420–1436 zerstört worden ist. Viele Sagen gibt es um den Felsen: Oben soll der Teufel gesessen sein, in seinem Inneren hauste eine Weiße Frau (oder auch die Gottesmutter).
Unterhalb des Felsens ist ein großer ebener Platz, auf dem schon seit alter Zeit Feste abgehalten werden. Und am Westrand des Platzes steht der „Opferstein" mit zwei Schalen, von denen eine stets mit Wasser gefüllt ist. Auf diesem Stein hatte der Teufel Geld gemacht (Falschgeld natürlich). Überall der Teufel! Das lässt darauf schließen, dass hier wahrscheinlich einst ein sakraler Platz war, der später „verteufelt" wurde. Denn eines ist sicher: Lupenreine Christen waren diese ersten in das Waldland gekommenen Ansiedler keineswegs.
Unter den von Alfred Höllhuber am Fuße dieser Burgfelsen gefundenen Keramikbruchstücken (die jetzt in seinem „Burgmuseum" in Reichenstein bei Pregarten zu besichtigen sind) gibt es auch Bodenstücke von

Am Fuße der „Jankusmauer" bei Liebenstein.

Gefäßen, die mit Symbolen (Glücks- oder Zauberzeichen) versehen sind. Darunter befinden sich auch noch sogenannte Gitterzeichen.

Dieses Symbol ist schon unter den altsteinzeitlichen Höhlenmalereien von Altamira zu sehen, wo es als Tierfalle (Bitte um Jagdglück) gedeutet wird. Auch unter den berühmten Felsbildern am Monte Bego (2872 m) aus dem 2. Jahrtausend v. Chr. scheint es oft auf wie auch bei den im Mittelalter und in der Neuzeit entstandenen Felsbildern Österreichs. Viele Interpretationen wurden dafür schon gefunden, aber keine wirklich überzeugende. Es ist eines von den „Uralt-Symbolen", die in verschiedenen Zeiten auch Verschiedenes bewirken sollten. Auf den Tongefäßen der Mühlviertler Freibauern bezeugt es jedenfalls, wie sehr diese noch mit urzeitlichen Vorstellungen verbunden waren.

Keramikbruchstücke mit Glücks- oder Zauberzeichen (im „Burgmuseum"/ Reichenau).

Die „Jankusmauer" gehört zu den verhältnismäßig leicht ersteigbaren Burgfelsen. Nicht nur die Pfostenlöcher der Holzburg sind auf ihr noch gut erkennbar, gut vorstellbar wird auch, was für eine abenteuerliche Arbeit es gewesen sein muss, auf diesem wildzerklüfteten Steilfelsen einen Holzbau zu errichten.

Nur in leichter Kletterei ist jedoch der Gipfel des Herzogreitherfelsens (bei St. Leonhard) ersteigbar. Auch auf diesem war einmal eine Holzburg. Jetzt steht ein Kreuz oben. Es wurde aber nicht für die Gipfelfotos der Gipfelstürmer von heute aufgestellt …

Die Wilde Jagd ist lange Zeit von den Felsen herab und alles verheerend durch das Land gebraust. Und erst nachdem man ein Kreuz auf den Gipfel gestellt hatte, kam sie nicht mehr.

Nur in den Sagen haben die Holzburgen des Mühlviertels die Zeit überlebt.

Von ungewöhnlichen Steinbauten und einer skurrilen Maschine

„Ungewöhnlich volkstümlicher Steinbau“ – so wird im Dehio-Kunsthandbuch die Dorfkapelle von Wienau (westlich von Liebenau) beschrieben. Darunter kann sich kaum jemand etwas vorstellen. Die Kapelle ist etwas Einmaliges.

Einmalig verlief auch das Leben ihrer Erbauer. In der zweiten Hälfte des 19. Jahrhunderts bewirtschafteten die drei Brüder Anton, Karl und Philipp Wurm das Gehöft Nr. 2 des Ortes. Sie waren aber mehr als nur Bauern, sie waren auch leidenschaftliche Steinmetzen. Wenn die tägliche Bauernarbeit getan war, dann begannen sie mit Hammer und Meißel zu arbeiten, begannen den Bauernhof zu verschönern und zu „versteinern“: granitene Fußböden, Wände und Plafonds, zwei mit Reliefs geschmückte Eingänge in den Hof (einer für Menschen, einer für die Viecher), an der Hausmauer eine große Steinkugel mit einem Menschen darunter, der sie trägt und an den Riesen Atlas mit dem Himmelsgewölbe erinnert.

Dann starb Philipp Wurm und seine Brüder begannen mit dem Bau einer Kapelle neben dem Hof – dem „ungewöhnlich volkstümlichen Steinbau“. Der aus Granitblöcken mit weißverputzten Fugen (Bloßsteinmauerwerk) gebildete Glockenturm trägt auf seiner Spitze eine große und kleine Granitkugel mit dem Kreuz. Urtümlich das große Relief an seiner Vorderseite; wäre an der Kapelle nicht die Jahreszahl 1877, würde es schon heiße Diskussionen gegeben haben, ob es keltisch oder frühromanisch sein könnte.

Steinmetzarbeiten der Brüder Wurm an der Kapelle und ihrem Bauernhof in Wienau.

In der Kapelle beherrschen zwölf große Steinköpfe den Raum. Die zwölf Apostel sollen es sein. Einer davon ist aus dunklerem Gestein gemeißelt … Judas! Aber sind das noch Köpfe von biblischen Gestalten? Dämonisch schauen sie aus wie die Abwehrköpfe an mittelalterlichen Kirchen, die vor Bösem schützen sollten, oder wie die Schreckmasken, mit denen früher die Berglandbewohner den Winter vertreiben wollten. Diese Kapelle ist kein feierlich sakraler Raum, der Geborgenheit ausstrahlt …

Sie ist ein Werk der Volkskunst, das jedoch mehr berührt als so manches Werk der Hochkunst. In ihr wurde etwas abgeladen, das unserer Zeit fremd ist, das aber auch schon in der Entstehungszeit der Kapelle kaum noch in die Zeit passte. Etwas von Vorstellungen aus längstvergangenen Zeiten ist in diesem Raum wieder zum Vorschein gekommen. Einem jungen Bauer aus Wienau war es unbegreiflich, wie die Brüder damals neben der Bewirtschaftung des Bauernhofes – „Ohne Maschinen!" – auch den Hof umgestalten und außerdem noch ganz allein diese Kapelle bauen konnten. Es wird erzählt, dass Karl Wurm nur auf einer Holzbank mit einem Holzklotz als Kopfkissen schlief, um nur ja nicht zuviel kostbare Arbeitszeit zu verschlafen. „Das ist fast schon a bisserl unheimlich!", sagte der junge Bauer.

So wie uns auch die berühmte „Weltmaschin" des Franz Gsellmann in Edelsbach-Kaag (Steiermark) ebenfalls ein bisserl unheimlich erschienen ist. Auch Gsellmann war ein Bauer, ein Bauer des 20. Jahrhunderts, der von der Technik besessen war und in unzähligen Arbeitsstunden aus auf Schrottplätzen gefundenen Weggeworfenem eine große Maschine zusammengebastelt hat: Eine mit Strom betriebene Maschine an der sich alles dreht und bewegt, die bunt bemalt und beleuchtet ist und jetzt als skurriles Museumsstück in dem Bauernhaus steht und die Besucher fasziniert – aber sonst nix kann!

Dreiundzwanzig Jahre hatte Franz Gsellmann an seiner Maschine gearbeitet und sich an ihr auch mit einem Sprüchl verewigt:

Mit Müch
und Blarg harb ich
gebaut für das so kurze
Leben. Gott wirt mich in
der antern Welt eine
schönere Arbeit geben
G 1969 F

In Wienau sagte der junge Bauer abschließend zu unserer Plauderei „Bei so viel Phantasie unserer Brüder war es wahrscheinlich gut, dass sie die Staner zum Ausleben ghabt haben … wer weiß, was sonst aus ihnen g'worden wär?"

Wackelsteine, Schalensteine und andere Kultsteine

Des Herrgotts Spielereien im Wald- und Mühlviertel

Der „Franzosenstein“ in Traunstein ist ein auf einem Felsen liegender Granitblock mit so kleiner Auflage, dass er jetzt und jetzt abzurutschen droht. Frech provoziert er dazu, ihm den entscheidenden Schubs zu geben. Aber das soll 1805 schon eine ganze Kompanie Franzosen vergeblich versucht haben.
Vor vielen Jahren hörten wir von einem alten Traunsteiner eine originelle Geschichte, die in seiner Jugendzeit den Kindern über die Entstehung des „Franzosensteins“ erzählt wurde: Der Herrgott wollte beim Welterschaffen auch ein bisserl spielen – und da hat er diesen Stein gemacht. Im Wald- und Mühlviertel hat der Herrgott anscheinend recht oft gespielt, denn dort gibt es besonders viele außergewöhnliche Steine …
Auch der „Schwammerling“ bei Rechberg im Mühlviertel liegt jederzeit zum Runterfallen bereit auf einem Felsen. Aber das tut er nicht. Früher konnte der Riesenblock durch Menschenhände sogar zum Wackeln gebracht werden, jetzt nicht mehr.
Der „Wackelstein von Amaliendorf“ (Waldviertel) hingegen wackelt noch immer – aber nur dann, wenn man ihn an ganz bestimmter Stelle (am linken Rand vom Stein) drückt. 100 Tonnen Fels zu bewegen – das gibt ein Triumphgefühl für Groß und Klein!
Wackelsteine gibt es in der ganzen Welt und überall haben sie schon seit alter Zeit die Menschen fasziniert. Sie wurden als Orakel benützt, wobei die Zahl der Schwingungen dies oder das künden sollte. Oder man kroch durch die Engstelle zwischen Wackelstein und Auflagestein, um Kreuzschmerzen (daran litten auch schon die Nochnichtautofahrer alter Zeit) abzustreifen.
Bei manchen Steinen haben sich die Leute bis heute nicht einigen können, wem er ähnlich ist. Der „Vogelstein“ bei Pretrobruck ist ein solcher. Viele Waldviertler sagen, dass er eher wie ein „Hendlstein“ aussieht, andere sagen, dass er eher einem jungen Adler gleicht. Ein bisserl konkreter hätte der Herrgott bei seiner Steinspielerei schon arbeiten können.
Zwei der eindrucksvollsten Steine des Waldviertels stehen oberhalb von Altenmarkt im Yspertal … der auch an strahlenden Sonnentagen düster und unheimlich wirkende „Totenkopf“ und der immer herzerfreuliche

Der „Schwammerling" bei Rechberg und der „Totenkopf" bei Altenmarkt/Yspertal.

„Herzstein". Beide Steine wurden von dem Heimatforscher und Pfarrer von Altenmarkt Hans Wick wiederentdeckt. Er erzählte uns, dass es am Herzstein früher üblich war, unten durch den Spalt zu kriechen, um Krankheiten abzustreifen. Und er zeigte uns einen Haufen kleiner herzförmig bearbeiteter Steine, die er beim Herzstein aber auch auf einzelnen Gräbern des Friedhofs gefunden hatte.

In dem damals noch im Aufbau befindlichen Heimatmuseum hatten wir als Bleistiftzeichnungen den „Herzstein" und „Totenkopf" erstmals gesehen – und natürlich sofort aufgesucht. Nachher fragten wir Pfarrer Wick um die Erlaubnis, Fotos der zwei von ihm entdeckten Steine in unserem *Waldviertelbuch* (1982 erschienen) zu reproduzieren. Er meinte: „Glauben's, dass solche Staner auch andere Leut interessieren?"

Damals gab es noch kein „Mystisches Waldviertel". Heute gibt es einen viel begangenen „Herzstein-Totenkopf-Wanderweg".

Ein obskurer Stein ist der „Schwedenstein" in Schwarzenau. Warum er so heißt, weiß niemand. Es gibt keine Überlieferung, keine Sage und keinen Brauch um ihn. Im Waldviertel ist es allerdings üblich, alles, von dem man nicht weiß, was es ist, mit den Hussiten oder Schweden in Verbindung zu bringen.

Für die Geologen ist der Stein ein grobporphyrischer Granit, sein Kragen ein Aplit (ein sogenanntes „Ganggestein" aus Kalifeldspat und Quarz). Außergewöhnlich ist nur seine Form, in der er an die Erdoberfläche kam. Lange Zeit ragte von ihm nur die Kuppe bis zum Kragen aus dem Boden und er wurde mit dem *Omphalos* verglichen (= griech. „Nabel"; im altgriechischen Kult ein halbeiförmiger Stein in Delphi, der als Mittelpunkt der Erde galt). Jetzt ist das Erdreich etwas abgegraben

Die wundersame Herzschale bei Rehberg (Mühlviertel).

worden und damit wurde der Stein länger und von heute auf morgen zum phallischen Fruchtbarkeitssymbol.

Auch die Schalensteine gehören zu des Herrgotts Spielereien beim Welterschaffen. Wahrscheinlich ließ er sie entstehen, damit später die Leut etwas zum Nachdenken, Phantasieren und Diskutieren haben. Das ist ihm mit den fingerspitzenkleinen Näpfchen, den runden Schalen und großen Wannen an den Felsen auch gelungen.

„Es sind archäologische Rätsel, deren Lösung kaum je gelingen wird, es sind Hieroglyphen und Symbole, zu deren Erklärung der Schlüssel verloren gegangen und wohl nie wieder gefunden werden wird", hatte 1870 der Schweizer Prähistoriker Ferdinand Keller geschrieben. Viel Resignation steckt in dieser ersten Aussage eines Wissenschaftlers zum Phänomen Schalensteine.

Heute weiß man etwas mehr: dass Schalensteine weltweit verbreitet sind, dass es auf natürliche Weise entstandene und von Menschenhand hergestellte Schalen gibt und dass diese schon seit ältester Zeit mit kultischen Vorstellungen verbunden waren, welche zu verschiedenen Zeiten und an verschiedenen Orten auch verschiedene Bedeutung hatten. Künstliche Schalen entstanden aus dem Glauben, dass von besonderen Steinen ausgeriebenes Steinpulver in Wasser aufgelöst heilsam sei. Es galt aber auch nur das Ausreiben einer Schale als Kulthandlung, welche etwas bewirken sollte (wie Fruchtbarkeit der Menschen, Tiere und Felder). Und ganz bestimmt hatten die Schalen bei der Vielfalt der Völker unserer Erde auch noch einen Sinn und Zweck, zu dem uns im Verlauf der Jahrtausende tatsächlich „der Schlüssel verloren gegangen" ist. Natürliche Schalen entstanden durch die Bioerosion, wobei die Säuren der auf Steinen gewachsenen Pflanzenpolster in langen Zeiträumen sogar winzige Mulden zu ganz großen Wannen ausätzen konnten. Fast alle Schalensteine unseres Mühl- und Waldviertels sind so entstanden. Künstliche Schalen, natürliche Schalen … das Volk erfand wesentlich spektakulärere Entstehungsgeschichten …

„Liebfrauensitz" wird eine Schale auf einem Felsen in Großpertholz genannt, den die Gottesmutter hinterließ, als sie darauf saß, um den Ort gegen Unheil und böse Geister zu schützen. Zu „Des Teufels Kochkesseln" wurden im „Höllental" bei Pöggstall einige große Schalen, in denen der Teufel Suppe für die Arbeiter beim Höllenbau gekocht hat. Dann kamen die Stadtleute und sahen in den Schalensteinen germanische Opfersteine, auf denen in den zu „Blutschüsseln" ernannten Schalen dem Gott Wotan Tieropfer dargebracht wurden. Und als nach dem Zweiten Weltkrieg die Germanen „out" geworden waren und die Kelten „in" – da wurden sie allesamt zu „Orten der Kraft" für druidische Feierstunden. Schalensteine gibt es in eben so vielen Variationen wie Hüte in einem Damenhutsalon. Einige davon sind so außergewöhnlich, dass sie unvergesslich bleiben, wenn man sie einmal gesehen hat.

Die „Herzschale" bei Rehberg (Gemeinde St. Leonhard im Mühlviertel) haben wir schon öfter als nur einmal aufgesucht. Unter einer großen Felskugel ist auf einer Felsplatte eine große Schale, die wahrscheinlich dem von der Kugel abtropfendem Regenwasser ihre Entstehung verdankt … eine Schale, deren Herzform so exakt ist, dass sie ein Bildhauer nicht formschöner gestalten könnte. Wir haben diese Herzschale deswegen öfter aufgesucht, weil wir es nicht glauben konnten, wollten, dass sie auf natürliche Weise entstanden ist.

Fußbad mit Sitzschale (bei Schönbach).

Ein großes Kreuz bilden die Fugen in der Stirnwand vom „Kreuzstein“ südlich von Pernthon (bei Schönbach, nahe der Straßenkreuzung Aschen–Lichtenau und Schönau–Pernthon). Dort ist außerdem noch ein großer Felsen mit einer wasserhältigen Schale an seiner Seite. Wasser aus solchen Schalen – so sagen die Leute – soll wundersam bei Fußleiden wirken. Der Herrgott ist gut zu den Menschen: Neben dieser Wasserschale hat er in dem Felsen auch noch eine bequeme Sitzschale für ein Fußbad ausgehöhlt!
Schalensteine – Wundersteine. Der „Opferstein“ bei Neustift (westlich von der Straße Rapottenstein–Arbesbach, ca. 100 Meter nach der Abzweigung der Straße nach Neustift) ist ein solcher Wunderstein: am Rande eines bewaldeten Felsrückens zwei nebeneinander liegende Halbschalen (oder Steinsitze), dahinter eine stark ausgeprägte Querrille. Hinter dieser Rille und genau hinter den Halbschalen noch zwei kreisrunde Schalen.
Können Schalen und Rille in einer solch exakten Anordnung auf natürliche Weise entstanden sein? Vor diesem Stein glaubten wir ebenfalls, was die Waldviertler früher den Kindern erzählt hatten ... dass der Herrgott beim Welterschaffen auch ein bisserl spielen wollte.

Der „Katharinenstein“ in der Waldheimat

„Das Gotteshaus, in dem das Kind seine heiligen Weihnachten und Ostern, seine Pfingsten und Fronleichnamsfeste gefeiert, mag noch so schlicht sein, bleibt dem Menschen die schönste Kirche sein Lebtag lang. Ich habe den Kölner und Mailänder Dom gesehen und die Peterskirche in Rom – die süße Himmelsstimmung wie in dem weißen, lichten Kirchlein zu St. Kathrein am Hauenstein habe ich sonst nirgends gefunden.“ – So sah Peter Rosegger die Kirche seiner Kindheit in der „Waldheimat“. Auf dem Hochaltar der Kirche steht eine Statue der heiligen Katharina von Alexandrien aus der Zeit um 1480. Die Heilige ist eine von den 14 Nothelfern und (neben Barbara und Margareta) eines von den hilfreichen „heiligen drei Madeln“. Sie hat auch den Ort St. Kathrein am Hauenstein vor den Türken gerettet.
Es gibt zwei Versionen der Legende. Nach der einen hat sie einen so dichten Nebel auf das Tal fallen lassen, dass die übers Gebirge kommenden Türken glaubten, vor einem tiefen Meer zu stehen und wieder abzogen. Dramatischer ist die andere Version. Als die in die Kirche geflüchteten Menschen nach der Wandlung wieder die gesenkten Köpfe hoben, war die Katharinastatue vom Hochaltar verschwunden und die Kerzen leuchteten blutrot. Dann war sie plötzlich wieder da – ihr Schwert (ihr Attribut, weil sie geköpft worden ist) war voll Blut. St. Katharina hatte die Türken besiegt und auf dem Felsen, wo sie dabei gestanden ist, ihre Fußabdrücke hinterlassen.

„Fegefeuerfrauen" von St. Kathrein.

Dieser „Katharinenstein" liegt hoch über dem Ort in einem Nadelwald und bei unserem ersten Besuch waren wir von ihm zuallererst enttäuscht. Wir hatten uns einen großen Felsen auf einem markanten Platz in der Landschaft vorgestellt – und da standen wir vor zwei mickrigen Steinen die sich von dem moosigen Waldboden kaum abhoben. Aber wir waren richtig ... auf jedem der Steine sahen wir eine Vertiefung und die auf dem rechten Stein war voller Wasser. Wasser, das Warzen zum Verschwinden bringen und wundersam bei sonst noch allerlei Beschwerden sein soll. Auch die andere Vertiefung soll einst wasserhältig gewesen sein, aber dann hatte ein übermütiger Bauernbub hineingepinkelt und seither ist sie trocken.

„Nasse Schalen" sind ein Phänomen, Schalen, welche auch in heißen Sommern mit Wasser gefüllt sind. Man kann sie ausschöpfen, trockenreiben – aber nach einiger Zeit ist doch wieder (auch wenn es nicht geregnet hat) Wasser darin. Eine überzeugende Erklärung für dieses Phänomen konnte bis jetzt nicht gefunden werden. Kein Wunder, dass einst die Menschen dieses Schalensteinwasser für ein Wunderwasser hielten. In christlicher Zeit sind dann solche vorchristlichen Sakralplätze entweder „verhimmelt" (mit dem Herrgott oder Heiligen in Beziehung gebracht) oder „verteufelt" worden.

Fußabdrücke im Stein von Gottheiten, Heiligen und berühmten Menschen werden in der ganzen Welt gezeigt ... in Indien Fußspuren von Buddha, im Morgenland die von Mohammed und in Rom die von Jesus Christus. Und auf der Blockheide bei Gmünd hinterließ der Riese Christophorus seine riesige Fußspur als er mit dem Jesuskind auf der Schulter durch das Waldviertel gezogen ist und Johannes der Täufer seine als er auf dem Johannisberg bei Harmanstein die letzten Heiden des Waldviertels getauft hatte.

Rechts oben: Fußabdrücke auf dem „Pierre aux Pieds" in den französischen Alpen.

Rechts unten: Der „Katharinenstein" bei St. Kathrein.

Die eindruckvollsten Fußspuren, die wir bisher gesehen haben, befinden sich auf dem „Pierre aux Pieds" in 2600 Meter Höhe in den französischen Alpen bei Lanslevillard ... 30 sauber aus dem Stein gehauene Fußpaare, 5 einzelne Fußabdrücke alle drei bis sechs Zentimeter tief. Französische Archäologen datierten ihre Entstehung in das 4. Jahrtausend v. Chr. Der Stein gleicht einem Balkon hoch über dem Tal und uns schien es, als hätten Menschen diese Fußspuren hinterlassen, die von dem Stein geradewegs in den Himmel aufgestiegen sind.

So eindrucksvoll ist der Katharinenstein nicht. Trotzdem geht auch von diesem Platz bei etwas längerem Verweilen ein ganz eigenartiger Zauber aus ... beim Anblick der beiden Fußspuren fühlt man sich in die Zeit zurückversetzt, in der die Menschen noch fest daran glaubten, dass die Himmlischen auch auf unserer Erde ihre Spuren hinterlassen haben. Wünschelrute und Pendel zeigen einen stark positiven Platz an.

Zurück zur Kirche von St. Kathrein. In die Kirchhofmauer ist eine kleine Kapelle eingebaut mit einem Marienaltar aus dem 17. Jahrhundert. Unter der Madonna sind in Reih und Glied zwölf bemalte Holzschindeln aufgestellt, von denen jede eine in den Flammen des Fegefeuers schmorende Gestalt zeigt. Seltsamerweise ... lauter Frauen!

Was den St. Kathreinern ebenso geheimnisvoll wie der Katharinenstein erscheint und es konnte – wie uns die Mesnerin sagte – bis heute nicht ausdebattiert werden, warum das so ist ...

„Weil die Männer kein Fegefeuer brauchen und sofort in den Himmel kommen!", sagen die Männer.

„Weil alle Männer schnurstracks zur Hölle fahren!" sagen die Frauen.

Der Sitzstein der heiligen Hemma in Gurk und der Kniestein des St. Fridolin in Rankweil

Nicht nur ihre Fußabdrücke haben Himmlische und Heilige auf dieser Erde hinterlassen …

In der Krypta des Domes von Gurk steht neben dem Hemmagrab der „Hemmastein": ein grüner Serpentin, kaum einen Meter hoch und mit einer runden Ausbuchtung oben. Diese soll der Legende nach die heilige Hemma (980–1045) hinterlassen haben, als sie beim Bau des von ihr gestifteten Domes auf dem Stein saß und die Bauarbeiten überwachte.

Hemma von Gurk wurde für das Volk die logische Nachfolgerin der vorchristlichen Fruchtbarkeitsgöttin Isis-Noreia. Und obwohl sie schon 1287 selig gesprochen worden ist, wurde sie erst 1938 von Papst Pius XI. zur Heiligen erhoben. Die Kirche war misstrauisch gegenüber der zu sehr vom Heidenmythos umrankten Isis-Noreia-Hemma.

Doch schon viele Jahrhunderte vor der Heiligsprechung waren Hemmagrab und Hemmastein in Gurk ein viel aufgesuchtes Wallfahrtsziel. Männer und Frauen setzten sich auf den Stein und baten um Erfüllung eines Wunsches … die Frauen um Kindersegen, die Männer um fruchtbringende Felder. „Wer auf dem Hemmastein gesessen ist, bei dem geht das ganze Jahr das Brot nicht aus", wurde gesagt. In älteren Berichten ist noch etwas recht Kurioses zu lesen: Viele setzten sich sogar mit bloßem Gesäß auf den Stein, weil dadurch seine Wunderkraft noch stärker wirken sollte.

„Fridolinstein" in Rankweil.

Tatsächlich hat der Stein eine besonders stark positive Strahlung.

Ob er ein Kultstein aus vorchristlicher Zeit ist oder nicht erscheint gar nicht so wichtig gegenüber der Tatsache, dass sich schon durch viele Jahrhunderte Menschen auf ihn hingesetzt haben und ihre Bitten und Wünsche himmelwärts schickten.

Auf dem „uralten, weltberühmten Unser Lieben Frauenberg zu Rankweil", wie er in einer 1728 erschienenen Schrift genannt wird, knien die Gläubigen auf den Abdrücken nieder, welche der heilige Fridolin in

einem Stein hinterlassen hat. Er war einer der Iroschotten, die im 6./7. Jahrhundert am Oberrhein missionierten, und die Entstehungslegende dieses Fridolinsteins ist eine recht gruselige Geschichte.
Einer von zwei reichen Brüdern hatte dem von St. Fridolin gegründeten Kloster Säckingen sein Vermögen vermacht, doch nach seinem Tod wollte der andere Bruder das nicht anerkennen. Auch das Landgericht zu Rankweil lehnte den Anspruch des Klosters ohne Beweise für die Schenkung ab. Verzweifelt kniete St. Fridolin auf einen Stein nieder und bat den Himmel um Hilfe. Worauf eine Stimme von oben ihm zurief, er solle den Stifter als Zeugen vor das Gericht bringen. Fridolin ging zu dem Grab, dieses öffnete sich von selbst und heraus stieg das Gerippe des Toten, reichte Fridolin die Hand, ließ sich zum Landgericht nach Rankweil führen, wo es Entsetzen und Schaudern erregte. Natürlich bekam das Kloster seinen Anspruch zugesprochen.

„Hemmastein" in Gurk.

Der Stein, auf dem der verzweifelte Fridolin steinerweichend den Himmel um Hilfe angefleht hatte, trägt seither seine Knie- und Armabdrücke und steht seit dem 17. Jahrhundert in der Fridolinkapelle der Liebfrauenbergkirche. Diese ist schon seit langem eine beliebte Hochzeitskirche und viele Paare knien nach der Trauung auch auf dem Fridolinstein nieder. Ältere Leute hingegen benutzen ihn als „Betstuhl bei Schmerzen an Händen und Füßen". Abertausende Menschenhände und Füße haben den warmbraunen Stein glatt poliert wie Marmor. Ein alter Kultstein (dem Volkskundler Gustav Gugitz zufolge „ganz gewiß älter als das Christentum"), der seinen magischen Zauber durch die Zeiten bewahrt hat.

Himmel und Hölle, Gott und der Teufel. Selbstverständlich hat auch der Teufel auf dieser Erde seine Spuren hinterlassen …

Das „Teufelsbründl" in der Buckligen Welt

Hochneukirchen (769 m) in der Buckligen Welt liegt hoch über den Tälern. Auf diesen Höhen wurden Streufunde aus prähistorischer Zeit gemacht, hier haben später die Römer Verkehrswege angelegt und auch viele Grabhügel hinterlassen.
1923 sind im Pfarrhof von Hochneukirchen fünf römische Grabsteine

Das „Teufelsbründl" bei Hochneukirchen.

wiederentdeckt worden, welche in der um die 70 Kilometer entfernten Römerstadt Savaria (Szombathely) angefertigt und dann weit hinauf ins Bergland transportiert worden sind. Arme Waldbauern hätten sich das nicht leisten können, „wohlhabende Menschen waren da zuhause", haben später die Archäologen festgestellt.

Mystisch – magisch ist es beim „Eckstein" – einer bizarren Felsgruppe im Schwarzgraben unter Hochneukirchen. Der Höchste der Felsen hat an der Stirnseite eine Halbhöhle, welche verblüffend einer Apsis gleicht und nach radiästhetischen Mutungen stark positiv ist.

Vor ihm liegt ein kleinerer länglicher Felsen, der oben ein rundes Bekken (40 x 40 cm, Tiefe 60 cm) hat, eine „Nasse Schale", die auch in langen regenlosen Zeiten mit Wasser gefüllt ist – das „Teufelsbründl". Das ist ein negativer Platz.

Der Teufel soll dort eine Schmiede gehabt haben. Nach der Arbeit wusch er sich in dem Wasserbecken die Hände und darum ist das Wasser noch immer schwarz und stinkt ganz grauslich. (Es sind die im Wasser verfaulenden Blätter und gelösten Mineralien, die es in diese Stinkbrühe verwandeln).

Im unteren Teil des Felsens klafft ein enger Spalt, der wahrscheinlich einst zum kultischen Durchkriechen benützt wurde, um Übles abzustreifen.

Dass diese bizarre Felsgruppe im Talgrund einst ein Kultplatz war, bekunden auch die Geschichten vom Teufel und von Hexen, welche dann in christlicher Zeit um sie entstanden sind. Als Hasen verzauberte Hexen sollen um den Bauernhof oberhalb vom Teufelsbründl in Vollmondnächten getanzt haben. Schuhnägel hat der Teufelsschmied in den Nächten bei dem Felsen geschmiedet und sein Hämmern soll laut zu hören gewesen sein. Einmal wollte er sie einem vorbeikommenden

Bauern verkaufen, der lief aus Angst vor dem schwarzen Zottelschmied davon. Das ärgerte den Teufel. Er rannte ihm nach und klopfte ihm die Schuhnägel in den Hintern. Pfui Teufel!
Heute ist es still um diesen Platz. Nur manchmal – wenn es brennheiß ist im Sommer – kommen neugierige Leute aus der Umgebung vorbei und schauen nach, ob das „Teufelsbründl" noch immer Wasser hat. Es hat!

Vom „heilsamen Durchkriechen" und „reinigenden Durchschreiten"

1946 – kurz nach dem Zweiten Weltkrieg – kletterten wir im Karwendel. Von der Falkenhütte stiegen wir oft zur Ladizalm ab, um (in diesen Hungerzeiten) von den Hirten ein bisserl Milch zu erschnorren. Die Hirten plauderten gerne mit uns, und eines Tages sagte einer der älteren: „Teufl! Heut' kann ich mich gar nicht rühren! Und dabei war ich eh schon beim Stein abreiben!" Ich junger Bergsteiger hatte damals von einem Durchkriechbrauch noch nicht die geringste Ahnung. Aber neugierig war ich auch damals schon und fragte: „Was hast du bei dem Stein abreiben wollen?" – Der Hirte hat es mir nicht gesagt.
Der Durchkriechbrauch geht auf magische Vorstellungen aus der Urzeit zurück: Alles Gute kommt aus der Erde, aber auch alles Böse wie Krankheiten. Im „Ewigen Fels" sah der Mensch besondere Kontaktstellen zur Mutter Erde, in engen Felsspalten wollte er alles Übel abstreifen. Schon 1910 hatte die

Der gespaltene Stein von Klobenstein.

Volkskundeforscherin Marie Andree-Eysn geschrieben: „Dass es sich um eine sehr alte Vorstellung handelt, wird allein schon durch ihre weite Verbreitung – nicht nur über ganz Europa, sondern auch andere Erdteile bei Kultur- und Naturvölkern – nahe gelegt".
So kamen die Leute von weit und breit zur „Bucklwehluckn" in St. Thomas am Blasenstein (Oberösterreich) und noch im 20. Jahrhundert stiegen Leute aus dem Tal zum auf 2000 Meter Höhe gelegenen Moserboden bei Kaprun auf, um in dem Felsspalt der „Heidnischen Kirche" ihre Kreuzschmerzen loszuwerden.
Alte magische Vorstellungen unterlagen oft einem Wandel oder bekamen einen neuen Sinn. Jahrhunderte lang sind die über den Falkenstein nach St. Wolfgang ziehenden Wallfahrer durch einen Spalt in dem Stein gekrochen. Im 17. Jahrhundert wurde er von einer Kapelle überbaut und es hieß dann auch, dass ihn sogar der dickste Mensch durchkriechen kann, wenn er frei von Schuld ist. Ein magisches „Nadelöhr" für die Wallfahrer vor dem Betreten eines heiligen Platzes.
Solche gab es auch bei anderen Wallfahrtsorten. In Mariazell gibt es gleich zwei: für die aus dem Süden Kommenden den mit der Entstehungsgeschichte verbundenen „G'spaltenen Felsen" in Rasing und für die aus dem Osten Kommenden das „Luckerte Kreuz" (einen durchschreitbaren Bildstock). Ein durchkriechbarer Bildstock entstand in Straßburg für die Wallfahrer nach Gurk und beim Aufstieg zur Wallfahrtskirche Maria Kirchenthal im Land Salzburg wurde ein natürliches Felsentor durchschritten.
Interessant ist die Hypothese, welche die nach siegreichen Kriegen errichteten römischen Triumphbogen mit der uralten Vorstellung von der „reinigenden Kraft" von Engstellen in Beziehung stellt. Und auch im sakralen „Opfergang" (durch die Engstelle zwischen Hochaltar und Chorwand katholischer Kirchen) wird eine solche Beziehung gesehen.
Zu den eindrucksvollsten Durchkriechsteinen Österreichs gehört der Klobenstein bei Kössen in Tirol. Niemand weiß, wann der Riesenfelsblock vom Berg herabgestürzt und dabei in der Mitte „gekloben" (gespalten) worden ist. Aber mit guten Gründen wird angenommen, dass die Menschen schon seit alter Zeit durch den engen Spalt geschloffen sind und davon die Hilfe höherer Mächte erwarteten.
In der Zeit der Gegenreformation sollte der Heidenstein christianisiert werden. Es entstand die Sage von einer alten Frau, die unterwegs war, als der Stein vom Berg herabdonnerte, und nur ein Stoßgebet zu Maria bewirkte, dass er sich teilte und sie in der Mitte unverletzt blieb. Diese Wundersage und ein am gespaltenen· Stein angebrachtes Marienbild ließen bald auch von weither Hilfesuchende zu dem Stein kommen.
1674 entstand bei ihm eine Holzkapelle, die von zwei Männern gestiftet wurde, welche beim Klobenstein Gesundung nach schwerer Krankheit gefunden hatten. Anfang des 18. Jahrhunderts wurde diese Mariahilfkapelle als Steinbau neu errichtet. In dieser Zeit entstand daneben

Dieses Felsentor durchschritten früher die Wallfahrer beim Aufstieg nach Maria Kirchenthal (Salzburg).

noch eine zweite Kapelle „zu Ehren unserer Lieben Frau von Loreto". Doch keine der beiden Kapellen hielt die Wallfahrer davon ab, sich auch weiterhin durch die „heilsame Enge" des Klobensteins zu zwängen.

Papst Gregor der Große hatte als erster begriffen, dass es im Menschen Urgefühle gibt, die man ihm nicht wegnehmen kann. Im Jahre 597 wies er in einem Handschreiben die Missionare an, heidnische Kultplätze nicht zu zerstören, sondern in christliche Andachtsstätten umzuwandeln, damit sich das Volk weiterhin nach vertrauter Sitte an den gewohnten Orten versammeln könne.

In St. Wolfgang hatte man eine Kapelle über den Durchkriechspalt erbaut, am Klobenstein wurde auf besonders schlaue Art der gute Rat des großen Papstes befolgt. Das Durchschreiten des Felsens ist durch Glätten aller Unebenheiten und mit schön ausgehauenen Stufen erleichtert worden und wer den Spalt hinter sich hat, steht vor einem – eigens für die Begeher geschaffenen – schmalen Separateingang in die Mariahilfkapelle … „Grüß Gott, tritt ein!"

Außergewöhnliches nördlich der Donau

Die Holzsäule im Zwettler Kreuzgang

„Im Kreuzgang vom Stift Zwettl ist eine der Säulen aus Holz!" – das hatte ich einmal gehört, und als wir 1981 zur Landesausstellung *Die Kuenringer* nach Zwettl fuhren, wollte ich diese Säule sehen.
Im Kreuzgang drängten sich damals die Menschenmassen. Und während ich ein Säulchen nach dem anderen genau anschaute, manchmal prüfend an einem klopfte, hatte ich bald auch das Gefühl, dass mich die Leute ebenfalls anschauten. Ein Irrer?
Ich fragte einen Pater nach der Säule. Er führte mich zum Brunnenhaus des Kreuzganges und zeigte in dessen linke hintere Ecke. Dort konnte ich auf einer der Säulen tatsächlich auf Holz klopfen …
Von den vielen anderen Säulen aus Granit, Sandstein und Marmor war die Holzsäule nicht zu unterscheiden. Der Pater sagte, dass sie nur ein Provisorium gewesen sein soll für eine beschädigte Steinsäule und dann vergessen wurde, sie wieder aus Stein nachzumachen. Wurde das wirklich vergessen? Oder hat die Holzsäule doch eine besondere Bedeutung?
In Frankreich soll es in einem Kreuzgang ebenfalls eine solche Soloholzsäule geben (leider hatte der Mann, der uns das erzählte, vergessen, wo er diese gesehen hatte).
Jedenfalls: Eine der Säulen vom Kommuniongitter der Kirche auf dem Mariahilfberg bei Gutenstein ist aus Holz; angeblich sogar aus dem Holz der Buche, auf der 1661 das Gnadenbild befestigt worden ist.
Im Zwettler Stiftsbuch 1310/11 heißt es über die Stiftsgründung Hadmars von Kuenring im Jahre 1137: „Als sein Plan, eine Abtei zu gründen einigermaßen der Verwirklichung nahe kam, wurden ihm auf seine Bitte zwölf Mönche aus Heiligenkreuz mit einem dreizehnten als Abt namens Hermann gesandt, und dies geschah vor Weihnachten 1137. Wie es bei Neugründungen üblich ist, erbaute

Die linke Säule – das ist die Holzsäule im Zwettler Kreuzgang.

er zuerst ein hölzernes Klösterlein" (Kuenringer-Ausstellungskatalog, 1981). Der Kreuzgang verbindet alle Klosterräume miteinander, ist der am meisten betretene Teil eines Klosters. Ganz bestimmt hatte das „hölzerne Klösterlein" auch einen hölzernen Kreuzgang. Im 13. Jahrhundert ist dann Stift Zwettl aus Stein erbaut worden. Sollte die Holzsäule im Steinernen Kreuzgang an die Anfänge des Stifts erinnern?
Bei unsrem letzten Besuch (2007) sahen wir an ihrem unteren Ende eine ganz feine Fuge, in die ein schmaler Holzstreifen als Stütze gesteckt worden ist. Jetzt ist die Holzsäule etwas leichter erkennbar. Ein rätselvolles Gebilde ist es noch immer.

Wie Frau Valentina aus Rom in Drosendorf zur Blumenheiligen wurde

Im Sommer 1967 kam der Wiener Universitätsprofessor und Frühgeschichtsforscher Rudolf Noll nach Drosendorf und in der Pfarrkirche fiel ihm sogleich der sargartige Glasschrein auf, in dem ein mit einem kostbaren Gewand bekleidetes, halbaufgerichtetes Skelett liegt. „Sta. Valentina" las er auf dem Schrein. Und groß war seine Überraschung, als er den Text der neben dem Skelett liegenden Tafel zu lesen begann ... das war keine der üblichen Echtheits-Beurkundungen von Reliquien, er stand vor der originalen Grabinschrift!
Eine verschollene Katakombeninschrift – Unter diesem Titel veröffentlichte Rudolf Noll dann 1968 das Ergebnis seiner Forschungen in Band 5 der in Düsseldorf erscheinenden „Epigraphischen Studien".
Der Text: „Balentine (spätlateinisch für Valentinae) hat 36 Jahre gelebt, ging von hinnen am 15. Februar, an einem Freitag, am 17. Mond(tag)." Keine Jahreszahl. Es ist eine der sehr seltenen „Luna-Inschriften" (die von Drosendorf ist die sechzehnte aller bis dahin gefundenen), welche auf einem Mystizismus basieren, der auf die Gestirne als ewige Zeugen des Göttlichen bezogen war. Die Jahreszahl konnte nur mit Hilfe astronomisch-kalendarischer Berechnungsgrundlagen ermittelt werden – es ist das Jahr 317. Das Fischsymbol am Ende des Textes bezeugt, dass die Verstorbene eine Christin war.
Die Gebeine der Valentina stammen aus der römischen Catacombe di San Lorenzo o di Ciriaca. Sie waren ein Geschenk des Papstes an die Frau des Drosendorfer Herrschaftsbesitzers und österreichischen Botschafters beim Heiligen Stuhl, des Reichsgrafen von Lamberg. Zuerst wurden die Gebeine in die Kapelle vom Schloss Drosendorf gebracht, 1704 wurden sie in die Pfarrkirche übertragen.
Damals bestand noch der Glaube, dass alle in den Katakomben bestatteten Christen auch Märtyrer waren und daher Heilige sind. Aus diesem guten Glauben kam es dann auch zu den vielen päpstlichen Echt-

Frau Valentinas Gebeine in Drosendorf.

heits-Zertifikaten von „Katakomben-Heiligen". Und nach der Wiederentdeckung der durch Jahrhunderte verschütteten und vergessenen Katakomben im 16. Jahrhundert rollten bald unzählige Wagenladungen voll Gebeinen von vermeintlichen Märtyrern über die Alpen, weil erhofft wurde, dass diese Reliquien den Christen in den Glaubenskämpfen Kraft geben können.

Frau Valentina war keine Märtyrerin, weil in ihrem Todesjahr 317 das Christentum schon seit 313 eine anerkannte Religion war. Die „Sta. Valentina" von Drosendorf war keine Heilige.

Bis ans Ende des 20. Jahrhunderts lag sie still in ihrem Glassarg. Für die Drosendorfer gehörte sie zum Kircheninventar und wurde kaum noch beachtet, fremde Kirchenbesucher haben sie nur kurz betrachtet. Als wir vor mehr als vier Jahrzehnten erstmals vor ihr standen und Näheres über sie wissen wollten, konnte uns niemand was sagen. Das hat sich in den letzten Jahren geändert … St. Valentin hat das bewirkt!

St. Valentin ist ein seltsamer Heiliger. Es gibt nämlich zwei heilige Valentin, die im Volksglauben zu einer Person verschmolzen sind. Valentin von Rätien (Festtag 7. Jänner) war ein (aus England kommender?) vor allem in Bayern und Tirol tätiger Wanderbischof, der um 470 in Mais (Südtirol) gestorben ist.

Der andere Valentin (Festtag 14. Februar) war Bischof von Terni, hatte nach der Legende junge Paare mit Blumen aus seinem Garten beschenkt, einen Knaben von Epilepsie geheilt und ist 268 enthauptet worden. Schon im 5. Jahrhundert wurde am 14. Februar ein „Valentinsfest" gefeiert und aus dem 14. Jahrhundert wird berichtet, dass an diesem Tag auch kleine Geschenke gegeben werden. Er wurde zum Blumenvalentin, Patron für eine gute Heirat und Helfer gegen Epilepsie.

Der in den Alpenländern auch als Viehpatron hoch verehrte Valentin geht auf den rätischen Valentin zurück.
Der Blumen-Valentinstag ist bei uns erst in den letzten Jahrzehnten von Blumenhändlern wiederbelebt worden (und jetzt haben auch schon andere Branchen entdeckt, welch gute Geschäfte mit diesem Heiligen zu machen sind). In Drosendorf wurde die durch Jahrhunderte im Dornröschenschlaf dahinschlummernde Valentina hurtig mit St. Valentin und seinem Blumen-Valentinstag verheiratet und so gibt's jetzt auch einen Valentina-Tag.
Sogar ein Lebensbild ist von Valentina schon erstellt worden (erschienen in „Denkmalpflege in Niederösterreich," Band 31, 2004). Demnach war sie eines der „jungen Mädchen, denen der Eintritt in die frühchristliche Gemeinde persönliche Unabhängigkeit, Zugang zu einem geistig-intellektuellen Leben" versprach und die als 36-jährige asketische römische Dulderin gewaltsam oder „heiliger Selbstauszehrung starb". Selbstverwirklichung und Magersucht – das könnte fast eine junge Frau von heute sein.
Um das Jahr 300 soll es nach Schätzung der Katakombenforscher an die 100.000 Christen in Rom gegeben haben. Eine davon war Frau Valentina. Sie kann eine fromme Frau gewesen sein oder auch eine grantige Bissgurn. Und nie hätte sich diese Römerin in ihrem Leben gedacht, dass einmal in Drosendorf im Waldviertel ein großer Opferkerzenständer neben ihrem Glassarg stehen wird, vor dem Gläubige voll Andacht beten, und dass biedere Geschäftsleute sie zu einer Valentinatag-Ikone machen werden.

„Mega-Maisteigerl" im Waldviertel

In der „Walpurgisnacht" – das ist die Nacht vor dem 1. Mai – ist auf dem Lande noch immer etwas los! Das ist die Nacht der Hexen und bösen Geister und da wird im Nachbarort der tags zuvor aufgestellte Maibaum boshaft umgeschnitten und im Wald- und Weinviertel werden die „Maisteigerl" auf die Straßen gepinselt …
Das machen die Burschen. Bäuerliche Burschenschaften sind ein Relikt aus alten Zeiten. Sie sind kein Verein und auch kein Geheimbund. Jeder zum Mann gewordene Knabe wird zum Bursch – und das bleibt er bis zu seiner Hochzeit. Heiratet er nicht, bleibt er bis zu seinem Tod ein Bursch (auch wenn er hundert Jahre alt werden sollte).
Hat sich ein Bursch schon öfter mit einem Mädchen getroffen, dann schreiben die Burschen die Namen der zwei mit Kalk vor ihre Wohnhäuser. „Anzeigen" wird das genannt. Ist das Verhältnis schon inniger geworden, dann werden zwischen beiden Häusern (meist weite) Verbindungslinien gezogen – das sind die „Maisteigerl". Die Burschen wissen alles, was in ihrem Ort geschieht. Sie ziehen auch ihre Linien zwi-

schen den Häusern von verheirateten Seitenspringern. Und – so wurde uns erzählt – haben diese in der verflixten Walpurgisnacht schon Wasserschaffel und Bürste bereit, um ein solches „Maisteigerl" schnell wieder wegzuwischen. In dieser Nacht bringen die Burschen auch ihre „Maitaferl" vor oder an den Häusern an …

„Ein Hoch zum 1. Mai unserer Feuerwehrspritzenpatin!" – Einst wurden kleine Maibäumchen nur vor den Häusern der Honoratioren aufgestellt (und dafür ein Trinkgeld kassiert), jetzt bekommen auch die anderen Leut ihr „Maitaferl". Und wenn sie keinen Titel haben, dann steht darauf „Ein donnerndes Hoch unserem Sportsfreund!"

Diese Burschenschaften sind aber keineswegs nur Gaudigesellschaften, sie waren durch Jahrhunderte die Ausführenden von altherkömmlichen Bräuchen („Das machen unsere Burschen!" sagen die älteren Leute auch heute noch). In dem bereits 1260 als *Stinchenprune* urkundlich genannten Unterstinkenbrunn hatten die Älteren schon öfter an eine Ortsnamenänderung gedacht. Aber die Jungen – die Burschen – die waren immer dagegen.

Mai 2006. Durchs Weinviertel waren wir hinauf ins Waldviertel gefahren … auch vorbei an Maitaferln und über Maisteigerln. Doch so viele wie noch vor zwanzig, dreißig Jahren waren es nicht mehr. Auch die Welt der Landbewohner hat sich verändert. Ob es in zwanzig, dreißig Jahren noch immer Maisteigerl geben wird?

Justament an diesem Tag sahen wir das schönste und längste Maisteigerl, das wir bisher gesehen hatten!

„BIENE + TONI" war – von einem großen Herz umschlossen – bei einem Bauernhof auf der Straße über dem Yspertal zu lesen. Und von dem Herz weg zog auf ihr eine lange weiße Linie hinunter ins Tal. Wir folgten ihr. Am schönen Pranger von Ysper vorbei führte die Linie hinaus zur Bundesstraße. An der Kreuzung war wieder etwas zu lesen …

Der Toni der Schlawina
küsst heimlich die
BETTINA

Na, da schau her! In Altenmarkt machte die Linie eine Ehrenrunde um den Hauptplatz. Da steht auch ein Gasthaus. Deshalb die Ehrenrunde? Weiter gings dann durch eine Berggasse bis zu einem der letzten Häuser Altenmarkts und dort waren BIENE + TONI (ohne Herz) wiederum verewigt, dort endete das Maisteigerl. Fast drei Kilometer war es lang. Ein Mega-Maisteigerl!

Jetzt glauben wir wieder daran, dass es in zwanzig, dreißig Jahren vielleicht doch noch Maisteigerl geben wird.

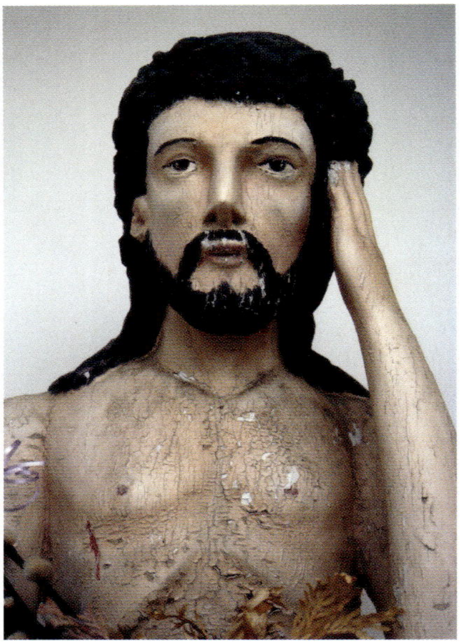

Der „Salutierende Heiland“ von Fritzelsdorf

Aus dem von Bernhard von Clairvaux im 12. Jahrhundert gepriesenen mystischen Versenken in die Leidensgeschichte Christi entstanden im 15. Jahrhundert die szenischen Darstellungen der Passion ... Ölberge, Kalvarienberge, Kreuzwege. In der Barockzeit wurde auch der gemarterte Erlöser als „Christus im Elend“ auf viele Bildstöcke oder in kleine Kapellen gestellt. Ein Trost für die Menschen sollte er sein ... sogar der Herrgott hat auf dieser Welt viel leiden müssen!
Fritzelsdorf im südlichen Waldviertel zwischen Weitental und Ostrong: Östlich vom Dorf steht neben der Straße eine erneuerte Wegkapelle, in der ein solcher „Christus im Elend“ sitzt. Kein großer Bildhauer hat diesen im 18. Jahrhundert geschaffen, es war eher ein patscherter. Einen Schmerzensmann wollte er darstellen, der sich voll Schmerz an den Kopf greift – und zum „Salutierenden Herrgott“ ist er geworden. So haben ihn die Bauernburschen, die in späterer Zeit in der k.k. Armee eingerückt waren, genannt und als solcher ist er weithin bekannt.
Bernhard von Clairvaux hatte das mystische Versenken in die Leidensgeschichte Christi „heilvoll“ genannt. Tröstend heilvoll wirkte der Anblick eines Schmerzensmannes schon auf viele verzweifelte Menschen. Nur bei dem in Fritzelsdorf ist es ein bisserl anders, dieser „Salutierende Heiland“ lässt die Leute nur schmunzeln (was aber ebenfalls heilsam sein soll).

Maria Laach: Warum hat die Madonna sechs Finger?

Maria Laach hoch über der Donau ... „Läge das Dörfchen irgend wo anders als in Österreich, so wäre in Zeitschriften, Reisebeschreibungen etc. des Rühmens der Kunstschätze kein Ende“ – Das schrieb Adolf Schmidl in seinem 1835 erschienenen Reiseführer *Wiens Umgebungen auf zwanzig Stunden im Umkreise.* Die Kirche des Ortes hielt er für „eine der interessantesten im ganzen Lande“.
In der im 15. Jahrhundert entstandenen Pfarrkirche beherrscht ein gotischer Doppelflügelaltar mit seiner thronenden Muttergottes eindrucksvoll den Raum. Unübersehbar ist auch das Renaissance-Grabmal mit dem darauf knienden Herrn Georg von Kuefstein inmitten der Kir-

Die schöne Madonna und die „Madonna mit den sechs Fingern" in Maria Laach.

che, in der außerdem noch so viele andere Kunstwerke sind, dass sie fast einem Museum gleicht. Doch die meisten Besucher schauen über alles hinweg, suchen die berühmte „Madonna mit den sechs Fingern". Das ist ein im Rheinland in der Zeit um 1475 entstandenes Altarbild, das einer der Herren von Kuefstein 1636 der Kirche gestiftet hat. Es ist kein Meisterwerk. Fad schaut die Gottesmutter mit dem Kind drein, fad auch die daneben musizierenden Engel (wobei die Sänger den Mund bumfest zu haben). Nur die sechs Finger der Madonna haben das Bild berühmt gemacht. Wie kam sie dazu?
In der Volkserzählung ist das ganz klar: Dem Maler soll das unabsichtlich (oder im Rausch) passiert sein. Nachdem er das Malheur bemerkt und vergebens versucht hatte den sechsten Finger wieder wegzumachen, soll er dann gesagt haben: „Maria, lach zu deinen sechs Fingern!" – So kam der Ort zu seinem Namen (in Wirklichkeit soll er auf das althochdeutsche *lo* oder *lah* = „Wald" zurückgehen).
Patscherte Künstler können ungewollt Kurioses schaffen. Die sechs Finger der Muttergottes von Maria Laach sind jedoch so überlegt ins Bild gesetzt, dass sie wohl kaum auf ein Versehen zurückgehen. Darum werden bei sachlichen Interpretationen immer wieder auch die mittelalterlichen Wandmalerein von Gurk und Maria Wörth genannt, bei denen die Apostel um Christus sechs Zehen haben – was die vom Heiland ausgehende Kraftwirkung symbolisieren soll. Oder: Die sechs Finger sollen auf die besondere Bedeutung des Rosenkranzes hinweisen, den Maria in Maria Laach in der Hand hält.
Dieser schaut ganz anders aus als die Rosenkränze, die wir kennen. Er ist noch eine lange Perlenschnur für Wiederholungsgebete wie den „Marien-Psalter", bei dem 150 Ave Maria gebetet wurden. Der Name

„Rosenkranz" kam erst Mitte des 13. Jahrhunderts auf, vorher wurden solche Zählschnüre „Paternosterschnüre" genannt. Im Rheinland haben um 1400 Mönche dem Rosenkranzgebet neue Impulse gegeben, aus dem Rheinland stammt auch unser Bild der Madonna mit den sechs Fingern, auf dem sie die lange Perlenschnur – vielleicht als Zeichen ihrer Verbundenheit – um ihre Brust geschlungen hat.
Schon seit dem Mittelalter war Maria Laach ein Ort der Marienverehrung mit einer Marienstatue in einer Kapelle. Nach Erbauung der Kirche kamen dann auch aus der näheren Umgebung werdende oder junge Mütter zu der am Flügelaltar thronenden Himmelsmutter, die ein wuzldickes Jesuskind mit einem Lutscher auf ihrem Schoß sitzen hat.
Zum Wallfahrtsort, der auch von Wallfahrern aus der Ferne aufgesucht wurde, ist Maria Laach nach einer Gebetserhörung im Jahre 1709 durch die Madonna mit den sechs Fingern geworden. Ein blindes Kind wurde wieder sehend – und niemand ging dann noch mit den Bitten oder einem Dankeschön zu der schönen Gottesmutter auf dem Flügelaltar. Sie hatte die Gläubigen an die Sechsfinger-Madonna verloren. Im Volksglauben gab es das Leistungsprinzip auch schon in der Verehrung von Heiligenbildern.
Abnormales wurde von Künstlern vergangener Zeiten dargestellt, um einen besonderen (magischen) Effekt zu erzielen. Heute ist es ein bisserl anders. Abnormales wird produziert, um zu schockieren, um dadurch ins Gerede zu kommen und berühmt zu werden.

Mold: Schule mit eingebautem Kirchturm

In Mold bei Horn liegt neben der Bundesstraße eine große Steinplatte, die dem durch die Lüfte fliegenden Teufel beim Läuten der Kirchen-

Der „Teufelsstein" oder „Riesenstein" in Mold.

glocken von Maria Dreieichen aus der Hand gefallen ist (seine Fingerabdrücke sind noch darauf zu sehen). Nach einer anderen Sage hatte eine Riesin den Stein verloren.

„Teufelsstein“ oder „Riesenstein“ ... wir sind in einem schon seit der Jungsteinzeit besiedelten Gebiet und es wird angenommen, dass der Stein einst aufrecht stand und ein Menhir gewesen sein könnte – ein Denkmal aus alter Zeit.

Ein kurioses Baudenkmal steht in Mold aus neuerer Zeit ... die Schule mit dem eingebauten Kirchturm.

Bereits 1076 wird in Mold urkundlich eine Kirche genannt. Es war eine Michaelskirche über deren Aussehen leider nichts Konkretes berichtet wird. 1784 wurde sie abgebrochen nachdem Mold 1783 in die 1782 neu gegründete Pfarre Maria Dreieichen eingegliedert worden ist. Nur den kurz zuvor umgebauten Turm ihrer alten Kirche hatten die Molder vor dem Abbruch retten können ...

... und damit hatten sie – wenn auch nur zum Schein – ihr Ansehen gerettet. Denn ein Dorf ohne Kirche galt damals als kein richtiges Dorf und ohne den stehen gelassenen Turm wäre Mold für alle daran vorbeikommenden Fremden nur ein armseliges Dorf gewesen „das nicht einmal eine Kirche hat“.

Das Kirchenschiff war abgerissen und die Ortsbewohner hatten nunmehr einen weiten Kirchweg bergauf nach Maria Dreieichen (vor dem sie sicherlich kein Halleluja angestimmt haben).

Und als dann in Mold eine Schule errichtet werden sollte beschlossen sie, den jetzt mutterseelenallein stehenden Kirchturm in diese einzubauen.

So gibt's jetzt in Mold einen Kirchturm ohne Kirche und eine Schule mit Kirchturm. Wo gibt's das noch?

„Heilige Theater"

„Mach kein Theater!" – Dieser Spruch geht in die Barockzeit zurück, in der aus allem ein Theater gemacht wurde, sogar aus dem Leiden von Jesus Christus.
Nach der Liturgie durfte der „Leib Christi" (die Hostie) am Karfreitag nicht auf dem Hochaltar verbleiben, wurde daher am Gründonnerstag bis zur Auferstehung am Karsamstag auf einen Nebenaltar übertragen und schon seit dem Mittelalter sind manche davon zu einem Grab-Christi-Altar gestaltet worden.
Reformation – Gegenreformation. In Zuge der „katholischen Erneuerung" sollte auch in den Gotteshäusern die Schaulust des Volkes befriedigt werden und dabei wurden dann Altäre zu Bühnen für figurale Darstellungen vom ganzen Heilsgeschehen der Weihnachts- und Osterzeit. „Heilige Theater" wurden diese später genannt. Einst gab es viele davon, heute sind in Österreich nur noch ganz wenige (und die auch nicht mehr vollständig) erhalten geblieben. Jedes ist daher eine Rarität.
Frisch restauriert zeigt sich jetzt in der Zwettler Stiftskirche die von Franz Anton Danne 1744 geschaffene Theaterdekoration um das Heilige Grab. Schreiend und mit drohenden Händen verlangen die Menschenmassen vor dem Palast des Herodes den Tod von Jesus. Ästhetische Kunstbetrachter späterer Zeiten sahen in solchem auf Holzbrettln gemalten Spektakel keine hohe Kunst und das Heilige Grab blieb lange von den Kirchenbesuchern unbeachtet.
In der Barockzeit liebte man Spektakel. In Großweikersdorf im Weinviertel wurde 1742 sogar der damals berühmteste Theaterdekorateur Guiseppe Galli-Bibiena für die Gestaltung eines Heiligen Grabes engagiert. Eine Kapelle der Pfarrkirche wurde zur Felsgrotte, in der die Kreuzabnahme dargestellt wird. Die Personen der Handlung agieren auch hier wie es damals im Barocktheater üblich war mit großen Gesten … erhobene Hände, um Mitleid heischende Hände …
Ein besonders eindrucksvolles „Heiliges Theater", das einst zur Weihnachts- und Osterzeit von unzähligen Menschen aufgesucht wurde, ist noch in Maria Brunn am Wiener Stadtrand erhalten.
Nach der Legende entstand Maria Brunn im 11. Jahrhundert, wahrscheinlich war es schon ein vorchristlicher Quellkultplatz. In der Barockzeit wurde es ein viel besuchter Wallfahrtsort. Durch die Wienflussverbauung und zunehmende Besiedelung dieses Gebietes ist das Wasser des Ursprungsbrunnens in seiner Qualität bedenklich geworden. Er wurde trockengelegt, der Pumpschwengel an dem schönen Brunnen (aus dem Jahre 1655) ist jetzt nur noch eine Attrappe. Und stiller wurde es um Maria Brunn.
Das „Heilige Theater" in der Wieskapelle der Wallfahrtskirche entstand um 1770. Es sind die Kulissen eines Kirchenraumes, dessen Decke

Kulissen vom „Heiligen Theater“ in Maria Brunn und der Hochaltar als Bühne in der Johannisbergkirche.

hübsch gekräuselte Wolken bilden und der anstatt eines Altars den Ausblick auf einen Paradiesgarten hat. Auf diese Bühne wurden dann die auf Holzbretter gemalten Figuren für eine Weihnachtskrippe, Anbetung der Heiligen drei Könige, für ein letztes Abendmahl und Heiliges Grab aufgestellt.

Noch bis in das 20. Jahrhundert war es sogar in der Großstadt Wien noch Brauch, am Karfreitag möglichst viele Heilige Gräber aufzusuchen. Der Grund dafür: Es wurde erzählt, dass jedes aufgesuchte Heilige Grab das Leben des Besuchers um ein Jahr verlängere. Und sogar in den kleinsten und ärmsten Pfarrgemeinden war man bemüht, ein möglichst „schönes Heiliges Grab“ aufzustellen.

Zum Heiligen Grab von Großweikersdorf sind seinerzeit die Leute von weither zu Fuß gekommen, von bis zu zwanzig Kilometer weit entfernten Orten ... hin und zurück vierzig Kilometer Fußmarsch. „Aber das sind die Leute gern gegangen!“ erzählte uns eine ältere Frau. „Damals hat es noch kein Fernsehen gegeben. Aber g'schaut hat man schon immer gern!“

Darum wurden in der Barockzeit sogar Hochaltäre zu Bühnen für theatralische Darstellung religiöser Themen. Vergnüglich anzuschauen ist der in der Johannisbergkirche oberhalb von Harmannstein (südlich von Weitra) ...

Auf dem Johannisberg (836 m) stand einst eine Burg des Kuenringers Hadmar II. Sie ist längst zerstört, nur ihre Gräben und Wälle sind noch erkennbar. Im 14. Jahrhundert entstand auf dem weithin sichtbaren

Berg die Johannes dem Täufer geweihte Kirche, dessen Geburtstag schon seit dem 5. Jahrhundert am 24. Juni gefeiert wird … zur Zeit der Sommersonnenwende. „Jener muss wachsen, aber ich muss abnehmen", soll Johannes bei seiner Taufe von Jesus gesagt haben. Und der uralte Sonnenwende-Feuerbrauch ist zum christlichen Johannisfeuer geworden.

Als Johannes Jesus taufte sprach Gottvater aus dem Himmel: „Das ist mein geliebter Sohn an dem ich Wohlgefallen habe." In der Johannesbergkirche wird das „Vaterlob" auf der Altarbühne sehr groß und sehr bunt dargestellt … Christus und Johannes in den blauen Wellen des Jordan … oben Gottvater von weißer Wolkenglorie umgeben und mit goldener Weltkugel in der einen Hand und mit der anderen auf seinen Sohn weisend …

1717 ist der Altar aufgestellt worden. Wer ihn geschaffen hat, ist nicht bekannt, sicher ist nur, dass der unbekannte Künstler mit viel mehr Begeisterung als Können gearbeitet hat. Seine Wolkenglorie mit den herauslugenden Engelköpfen gleicht eher hübsch gekräuselten Schlagoberspatzeln, in denen die armen Engel zu versinken drohen …

Niederösterreichs Landeskonservator Univ. Prof. Dr. Franz Eppel: „Am Hochaltar plumpe Wolkenumrahmung, welche die bühnenartig wiedergegebene Szenerie der Taufe Christi einfasst, kulissenartig davor große adorierende Engel. Das Ganze nicht eben von kunstvoller Qualität, jedoch bemerkenswert als bäuerliche phantasievolle Arbeit". – Man kann diese auch anders sehen.

„Madeln, einen so schönen Altar habt's ihr wahrscheinlich schon lang net g'sehn!" sagte die Anführerin von einer Schar Jungbäuerinnen beim Hineingehen in die Kirche. Und vor dem Altar: „So wie jeder Christ ist auch unser Christus getauft worden. Und über ihm sitzt der Gottvater und ist stolz auf seinen Buam!"

Schmunzelbilder in Gobelsburg und Neukirchen

St. Bartolomäus war einer der zwölf Apostel und starb als Verkünder der Lehre Christi einen besonders grausamen Märtyrertod: Es wurde ihm bei lebendigem Leib die Haut abgezogen.

Die makaberste Darstellung von St. Bartholomäus ist auf dem Jüngsten Gericht von Michelangelo in der Sixtinischen Kapelle zu sehen: Der Heilige hält seine Haut in der Hand deren Gesicht ein Selbstporträt Michelangelos ist.

Makaber erscheint auch, dass St. Bartholomäus später zum Schutzpatron für alle häuteverarbeitenden Berufe wurde … Gerber, Schuster und Handschuhmacher, Buchbinder u. a. Und weil er mit einem Messer (mit dem ihm die Haut abgezogen wurde) als Attribut dargestellt wird und weil das Messer einst ein notwendiges Werkzeug der Weinhauer war, wurde er auch deren Schutzpatron.

Gobelsburg ist ein Weinhauerort zwischen Krems und Langenlois mit einer Kirche und einem Schloss, die beide ins Mittelalter zurückreichen. Vier Reliefs in dieser Kirche gehören zu den interessantesten Werken romanischer Kunst Österreichs und außerdem ist in ihr noch ein Fresko von St. Bartholomäus zu sehen, das an Skurrilität kaum noch zu überbieten ist …

Auf den ersten Blick glaubt man, dass das Fresko einen fröhlich dahinziehenden Wanderburschen zeigt, der seinen Janker auf dem geschulterten Wanderstecken trägt. Aber der Janker hat zwei Arme und zwei Beine und bis auf das Antlitz ist der Körper ohne Haut, nur Fleisch mit tiefen Wunden.

St. Bartholomäus spaziert mit seiner eigenen Haut am Stecken dahin!

Gobelsburg, Pfarrkirche: St. Bartholomäus mit seiner Haut am Stecken.

Um die Mitte des 14. Jahrhunderts wurde das Fresko vom Meister von Thunau gemalt. Er wollte das Grausame vom Enthäuten drastisch zeigen und gleichzeitig auch St. Bartholomäus als einen aus dem Martyrium hervorgegangenen Sieger darstellen, der seinen Weg fortsetzt (auch die Volkslegenden lassen den Heiligen mit seiner abgezogenen Haut über der Schulter durch das Land ziehen um die Menschen wieder zum Besuch des Feiertagsgottesdienstes zu bekehren). Aber was der Meister darstellen wollte ist ihm nicht recht gelungen … ein schaurig-komisches Schmunzelbild ist's geworden.

Auch in Neukirchen am Ostrong ist ein Fresko, das im Betrachter zumindest ein innerliches Lächeln hervorzaubert …

Neukirchen ist der älteste Marienwallfahrtsort des Waldviertels – ein im 12. Jahrhundert entstandener Kirchenbau, der im 14. Jahrhundert gotisiert wurde. Das Gnadenbild – Maria mit Kind wird in die Zeit um 1375 datiert.

Nach der Legende stand diese Muttergottes zuerst in einem Schloss bei Ysper, doch bevor dieses wegen der Laster seiner Bewohner versank, flüchtete sie nach Neukirchen. Dort markierte sie mit Holzschnitzel

Neukirchen am Ostrong.

Neukirchen am Ostrong: Salome empfängt vom Henker das Haupt von Johannes dem Täufer.

den Platz, wo sie ihre Kirche haben wollte. Als sie in der neuen Kirche auf einen Sockel unter der Empore gestellt wurde, war sie damit nicht zufrieden – sie wollte auf den Hochaltar. Und so oft man sie wieder auf den Sockel zurückversetzte – in der Nacht wanderte sie auf den Hochaltar zurück. Dort steht sie auch heute noch. Das ist auch geomantisch ein besonders starker Platz.
Neukirchen war einmal ein viel besuchter Wallfahrtsort, der erst nach der Gründung von Maria Taferl seine Bedeutung verlor. Verblieben ist ein urtümlicher Kirchenraum mit Fresken und Glasmalereien aus dem 14. Jahrhundert, mit einem spätgotischen Altarschrein und einem Grabstein mit eingeritzter Ritterfigur. Wer über die schmale Steinstiege auf die Empore hinaufsteigt, kann dort oben im Gewölbe noch zwei Fresken aus dem Anfang des 16. Jahrhunderts sehen: Taufe Christi durch Johannes dem Täufer und dessen Enthauptung. Dieses zeigt wie der Henker das abgeschlagene Haupt Salome übergibt, die es als Belohnung für ihren Tanz vor König Herodes auf Wunsch ihrer Mutter Herodias verlangt hatte.
Links im Bild stehen Salome und ihre Mutter. An einem Ohr hebt der schwarz gekleidete Henker das abgeschlagene Haupt hoch. Salome hält ihm eine Schüssel entgegen um es in Empfang zu nehmen – und das schaut eher aus wie eine Szene vor einer Armenküche, wo eine Hungrige erwartungsvoll ihren Essnapf hinhält …

Oberhautzenthal: Beichtstuhl mit Münzeinwurf

„Zum 15. August geht man nach Hautzenthal" wurde in einer Chronik aus dem Jahre 1320 notiert (15. August: Maria Himmelfahrt, der älteste Marienfeiertag). Oberhautzenthal im Weinviertel ist ein alter Wallfahrtsort.
Auf dem Hochaltar der im 15. Jahrhundert neu erbauten Kirche steht die um 1460 entstandene Gnadenstatue. Und in der Hinterseite des Altartisches ist eine große Öffnung, die früher zur Aufnahme von lebenden Hühnern bestimmt war. Huhnopfer wurden einst St. Veit dargebracht (siehe auch Seite 112); tatsächlich gab es in der Kirche früher einen Veitsaltar. Nach Aufstellung der Gnadenstatue auf den Hochaltar brachten die Gläubigen ihre Hendln dann der Gottesmutter.
Oberhautzenthal – ein urtümlicher Bauernwallfahrtsort. Noch heute werden in der Kirche alte Wachsvotive aufbewahrt, welche einst von den bittenden Wallfahrern entlehnt und um den Altar getragen wurden: Nachbildungen von Körperteilen, aber auch von Häusern und Tieren … der Haxn soll nicht so weh tun, dem Haus soll nix Böses geschehen … das Vieh soll gesund bleiben!
In der Oberhautzenthaler Kirche steht außerdem noch eine Rarität: ein Beichtstuhl mit Münzeinwurf.

Oberhautzenthal, Pfarrkirche: Hühnerstall hinter dem Hochaltar und Münzauswurf im Beichtstuhl.

Seit der Lateransynode von 1215 sind Christen zur jährlichen Beichte verpflichtet. Dabei saß durch lange Zeit der Priester auf einem hölzernen Armlehnstuhl irgendwo im Kirchenraum und der Beichtende kniete vor ihm. Ein solcher Holzstuhl ist heute noch in der Kirche von Sarling (siehe Seite 111) hinter dem Hochaltar zu sehen.

Erst nachdem das Konzil zu Trient (1545–63) der Beichte erhöhte Bedeutung zugemessen hatte, entstand der Beichtstuhl als Gehäuse. Der später heilig gesprochenen Bischof von Mailand Carl Borromäus hatte genau sein Aussehen bestimmt und auch festgehalten, dass im Beichtstuhl keine Schlitze für den Beichtgroschen sein dürfen und auch keine Opferstöcke in der Nähe. Der Dominikanermönch Tetzel, dessen muntere Ablassverkäufe („Wenn das Geld im Kasten klingt, die Seele aus dem Fegefeuer springt!") ebenfalls zur Reformation geführt hatten, schwebte noch lange als ein Gespenst über der Gegenreformation.

Doch nicht überall wurde das Beichtgroschen-Verbot sofort befolgt. In St. Lorenzen ob Murau (Steiermark) steht ein Beichtstuhl mit der Jahreszahl 1607 – und mit einem Schlitz zum Einwerfen des Beichtgroschens so wie in der Kirche von Oberhautzenthal.

Der Herr Pfarrer, der uns dort zu dem Beichtstuhl geführt hatte, meinte „Es war unseren Weinbauern halt einige Kreuzer wert, wenn sie ihre Sünden irgendwo haben abladen können!"

Altlichtenwarth, Nikolauskirche: Vor der Gruft im Seitenschiff.

Altlichtenwarth: Geheimnisvolle Tontöpfe in der Gruft

Der Hutsaulberg im Weinviertel bei Altlichtenwarth war ursprünglich ein im 12. Jahrhundert befestigter Hausberg (s. auch Seite 120), später ein Wachtberg und im Jahre 1923 wurde auf ihm eine Krieger-Gedenkkapelle mit Aussichtswarte errichtet. Die Aussicht von dieser ist so unendlich weit, dass viele der Schaulustigen die unter ihr liegende sehenswerte Nikolauskirche von Altlichtenwarth glatt übersehen.
Der erste Kirchenbau wurde im 12. Jahrhundert errichtet und in der Mitte des 13. Jahrhunderts weiter ausgebaut. Nach 1300 entstanden in der Apsis des Seitenschiffs Fresken, welche zu den wertvollsten Niederösterreichs zählen. Und vor dem Altar in dieser Apsis ist ein Deckel

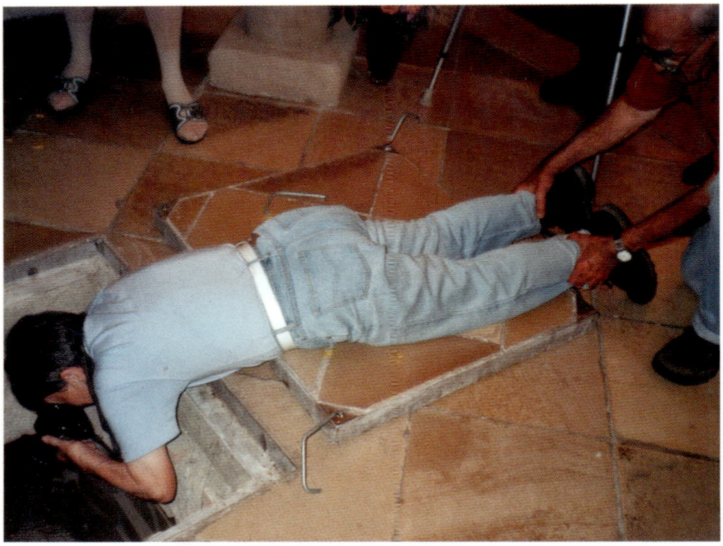

So wurde die Mumie ohne Kopf fotografiert (Foto: Inge Hausner).

Unten: Skelett mit Tontopf.

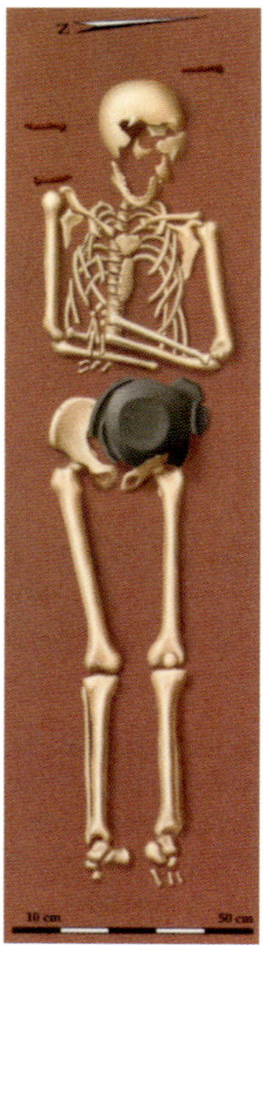

im Boden und wer diesen hochhebt sieht unter sich in der Kirchengruft drei Holzsärge aus dem 17./18. Jahrhundert mit (wahrscheinlich durch Lufttrocknung) natürlich mumifizierten Körpern. Der im linken Sarg zeigt sich wie aus einem Horrorszenarium … ein mächtiger Rumpf ohne Kopf (dieser liegt einsam und verlassen in einer der hinteren Sargecken). Er war aber schon bei der Freilegung nur noch durch die Muskulatur mit dem Rumpf verbunden, hat sich vermutlich bei den wissenschaftlichen Untersuchungen von diesem gelöst.

44 Gräber mit insgesamt 71 Skeletten aus dem 12. bis 18. Jahrhundert wurden bei der 1993 durchgeführten archäologischen Untersuchung der Kirche freigelegt. Dabei stieß man auch auf zwei außergewöhnliche Bestattungen aus der Zeit um 1450: Es lagen umgestülpte Tontöpfe auf den Skeletten.

Solche mysteriösen Tontöpfe hatten schon Christine und Johannes Neugebauer bei ihren Grabungen (1977–82) unter der Martinskirche in Klosterneuburg gefunden. Damals war für sie nur eines klar: Dass die Töpfe kaum „als Behälter für Speise- oder Getränkebeigaben in ur- und frühgeschichtlichem Sinne zu deuten" seien.

Nachdem diese umgestülpten Tontöpfe einmal wahrgenommen waren, stellte sich dann bald heraus, dass es solche auch noch in anderen Grüften Ostösterreichs gibt (Hollabrunn und Niederhollabrunn, Sachsendorf, Jedenspeigen, Laa/Thaya) und sicherlich auch noch zu entdecken sind. Die Töpfe sind Schwarzhafnerware aus dem 14. und 15. Jahrhundert und dieser Bestattungsbrauch scheint nur auf diesen kurzen Zeitraum beschränkt gewesen zu sein.

Von den zwei Skeletten in Altlichtenwarth war eines männlich und hatte den Topf auf dem Brustkorb, das andere war weiblich und der Topf lag im Beckenbereich. Nach den anthropologischen Untersuchungen

könnte in diesem Bereich auch der Herd der todbringenden Krankheit für die Frau gewesen sein. Das würde zu der Deutung passen, dass in den Töpfen die Krankheit eingefangen sein sollte und mit den Toten begraben wurde.
Wasserstein auf der Innenseite der Töpfe lässt schließen, dass sie nur als Wasserbehälter gedient haben. In der Volksmedizin wurde unter das Bett gestelltem Wasser fieberheilende Wirkung zugesprochen.
Wenn Gott nicht helfen wollte, dann lag für die ärmere Bevölkerung des Mittelalters im Heilzauber und in den Heilmitteln der Volksmedizin ihre ganze Hoffnung. Manche davon waren freilich recht kurios ... auch gedörrter Gänsekot – in ein Tüchlein eingebunden und in Wasser gekocht – war ein Heilmittel gegen Fieber.
Auf dem Lande waren die Menschen überhaupt ganz auf sich selbst gestellt. In Altlichtenwarth des 15. Jahrhunderts gab es nichteinmal einen Bader, der Erste Hilfe leisten konnte. Nach den Skelettfunden in der Kirche wurden die Bewohner damals im Durchschnitt nur 30–40 Jahre alt.

Die Tontöpfe aus der Gruft von Altlichtenwarth.

Ob in den Tontöpfen tatsächlich die eingefangene Krankheit der Toten mit bestattet worden ist? Im Volksglauben wie in der Volksmedizin gibt es auch Tiefen, die aus heutiger Sicht nicht ganz durchschaubar sind. Ein geheimnisvoller Zauber umgibt daher diese Töpfe noch immer.
In der Altlichtenwarther Kirche sind die zwei schlichten Tontöpfe aus der Gruft in einer Vitrine ausgestellt. Sie haben uns nicht weniger fasziniert als alle die kostbaren Gefäße, die aus antiken Gräbern geborgen wurden und jetzt in den Museen zu sehen sind.

Die Hügelgrabkapelle von Rabensburg – ein Denkmal der Toleranz

Im Jahre 1868 wurde begonnen den Grabhügel von Unterzögersdorf (bei Stockerau) auszugraben. Das war die erste offizielle Untersuchung von einem der prähistorischen Grabhügel Ostösterreichs und dabei gab es gleich eine große Überraschung: Unter den Grabbeigaben aus dem 7. Jahrhundert v. Chr. fand man auch eine Silbermünze aus dem Jahre 1682. Ein Ziesel hatte sie in sein Nest in dem Grabhügel geschleppt.
Sehr überrascht war auch der Vor- und Frühgeschichtsforscher Mathäus Much bei der Öffnung der hallstattzeitlichen Hügelgräber von Bernhardsthal und Rabensburg in den Jahren 1875–78 ... ungefähr 200 Gefäße aus dem 1. Jahrtausend v. Chr. konnte er bergen „von einer Schönheit und Mannigfaltigkeit, wie sie wohl kaum je auf so kleinem Raum beisammen waren".

Die Kapelle auf dem Grabhügel von Rabensburg (vor ihrer Restaurierung).

Außergewöhnlich ist die Anordnung der Grabhügel! Drei stehen in einer Reihe bei Bernhardsthal, drei in einer Reihe bei Rabensburg. Große Grabhügel stehen sonst fast immer allein auf weiter Flur.
Einen der drei Grabhügel bei Rabensburg hatte Mathäus Much aus Pietät jedoch nicht geöffnet (was ihm sicherlich nicht leicht gefallen ist), weil auf ihm eine Kapelle steht. Groß ist auf dieser die Inschrift angebracht:

DER VEREHRUNG GOTTES
UND
DEM ANDENKEN DER VORZEIT
MDCCCXXV

Im Jahre 1825 ist die Kapelle errichtet worden und diese Inschrift macht sie zu einem besonderen Baudenkmal. Dass die großen Hügel aus „grauer Vorzeit“ stammen, wusste die Landbevölkerung schon lange bevor die ersten angegraben und wissenschaftlich untersucht wurden. Mit dieser Inschrift wird aber – wie Otto H. Urban in seinem „Wegweiser in die Urgeschichte Österreichs“ 1989 schrieb – „meines Wissens das einzige Mal in einer christlichen Weiheinschrift auf die (heidnische) Vorzeit, aus der dieser Hügel stammt, hingewiesen“.
Als „heidnisch“ galten durch lange Zeit alle Völker, die nicht christlich waren; noch am Beginn des 19. Jahrhunderts wurden prähistorische und römische Funde als „heidnische Altertümer“ bezeichnet. „Heidnisch“ war vor allem für die katholische Landbevölkerung etwas ganz Schreckliches. Die Heiden hatten die Christen gemartert und Götzen angebetet und müssen dafür in Ewigkeit in der Hölle braten. Die Wir-

Kaufmann Otto Berger in seinem Heimatmuseum von Bernhardsthal.

kung der im 18. Jahrhundert begonnenen Aufklärung ist in der Rabensburger-Inschrift spürbar ...„dem Andenken der Vorzeit" ...
Das macht die Kapelle auf dem Grabhügel auch zu einem Denkmal der Toleranz in dem außerdem noch ein kleines Dankeschön steckt an die Vorfahren, welche das Land zu einem Lebensraum gemacht haben.
Es ist ein weithin ebenes Ackerland, in dem die drei Grabhügel viel höher erscheinen, als sie in Wirklichkeit sind: Etwa 4 Meter Höhe hat der höchste und der Kapellenhügel ist sogar nur 2 1/2 Meter hoch. Und doch berührt uns bei jedem Besuch gerade dieser weit mehr als alle die anderen großen hallstattzeitlichen Grabhügel (16 Meter hoch ist der von Großmugel) des Weinviertels.
Der Kaufmann Berger aus Bernhardsthal hatte daran geglaubt, dass in dem Kapellenhügel noch ein intaktes Grab steckt, weil Gebäudefundamente in diesem Gebiet nie tief in den Boden reichen und die Grabkammer daher unangetastet bleiben konnte. Otto Berger (1907–2002) war Kaufmann, weil er den Familienbetrieb übernehmen musste. Viel lieber wäre er Archäologe geworden; in seiner Freizeit war er das dann auch sein Leben lang. Er arbeitete bei Ausgrabungen mit und 1977 gründete er in Bernhardsthal ein Heimatmuseum, in dem auch viele der Ausgrabungsfunde ausgestellt sind.
Bei unserer letzten Begegnung schilderte er begeistert, wie er sein Museum neu gestalten möchte. „Das ist ja ein Zehnjahresplan!" wollte ich sagen. Doch Herr Berger kam mir zuvor: „Ich weiß, dass ich das nicht mehr erleben werde. Aber so lang man lebt, so lang muss man was tun!"

Wo es Sonntag im Gemüt wird und wo Fragezeichen groß werden

„Hagmoar-Ranggeln“ auf dem Hundstein

Ranggeln – so werden in Österreichs Bergwelt bäuerliche Ringkämpfe mit alter Tradition genannt. Im letzten Krieg bei den Hochgebirgsjägern hatte ich erstmals einen Ranggler in Aktion erlebt.
Er hieß Rupert und kam aus dem Pinzgau. Und es gab auch einen Wiener bei unserem Haufen, der Jugend-Judomeister war. Natürlich wollten wir wissen, wer von beiden der Bessere ist.
Der Judoka sah für den Ranggler keine Chance.
„Derfst net bös sein, wenn i dich niederhau! Wehtun will i dir dabei net!“ sagte er.
„Na, na … bin net bös. Wehtun will auch ich dir net!“ sagte der Ranggler.
Der Ringkampf begann – und war auch schon wieder aus.
Blitzschnell – so schnell hatten wir Rupert noch nie sich bewegen gesehen – warf der Pinzgauer den Judomeister zu Boden, setzte sich rittlings auf seinen Bauch, drückte mit seinen Riesenpratzen dessen Schultern ins Gras und fragte: „Und was is jetzt?“
„G'wonnen hast, du Rindviech!“, riefen wir begeistert.
Einige Jahrzehnte später machten wir im Lungau Urlaub auf einem Bauernhof. Der Besitzer sah mit seiner Brille wie ein Universitätsdozent aus, war eher ein Gelehrtentyp, gscheit und voll guter Ideen. Doch Flur und Wohnzimmer des Bauernhauses waren voll Trophäen, welche der Jungbauer als Sieger beim Ranggeln mit nach Hause gebracht hatte …
„Ich weiß, was Sie jetzt denken!“ sagte er. „Aber beim Ranggeln genügt's nicht, dass einer stark wie ein Ochs ist. Da brauchst auch ein bisserl Hirn!“
Und deswegen nahmen auch viele Sieger von Ranggelkämpfen nachher in ihren Heimatorten eine besondere Stellung ein (wie als Schlichter kleiner Streitigkeiten für die man keinen Richter brauchte). Zum „Hagmoar“ wird heute noch der Sieger des berühmten „Hundstein-Ranggelns“ (*Hag* = „eingehegte Siedlung“, *Moar* hat die Bedeutung von „Anführer, Meister“).
Der Hundstein (2117 m) mit dem Statzerhaus auf seinem Gipfel, ist in

Hundsteinranggler und ihr Kampfrichter.

dem Land um den Zeller See weithin sichtbar. Er ist ein Almberg (also ein Kuhberg) und auf ihm sollen nach der Überlieferung schon „in sagenhaften Vorzeiten“ die Hirten geranggelt haben. Später wurde das Ranggeln am Jakobitag (25. Juli) zum Brauch, der die Burschen von weit und breit anlockte. Der Volkskundler Gustav Gugitz in seiner 1952 erschienenen Arbeit über „Die alpenländischen Kampfspiele und ihre kultische Bedeutung“: „Wenn am Jakobitag am Hundstein nicht gerauft wurde – hieß es – dann gab es auch keinen Segen der Fruchtbarkeit“. Nachdem der Jakobitag als Feiertag abgeschafft wurde, wird der Brauch jetzt an einem Sonntag vor oder nach dem Jakobitag abgehalten. 2006 fand er am 30. Juli statt und bumvoll war das aus steilen Grashängen bestehende natürliche Amphitheater um den Kampfplatz. Nach einer Bergmesse (auch der sie zelebrierende Pfarrer war einmal ein Ranggler) begannen die Kämpfe.

Es waren die unter 8-jährigen die damit begannen, nach ihnen kamen die 8- bis 10- und die 10- bis 12-jährigen. Und auch schon bei den Kleinen schauten die Kampfrichter genau hin, dass die strengen Regeln eingehalten wurden.

Eine Altersklasse folgte der andern. Mittagspause gab es keine, müdes Publikum auch nicht. Wer immer da unten auf dem Rasen kämpfte, fand aufmerksame Zuschauer. Überhaupt fanden wir, dass dieses Hundstein-Ranggeln von einem eigenartigen Zauber umfangen war. Es gab kein Geschrei und Gebrüll wie sonst bei heutigen Sportveranstaltungen, es gab nur innerlich frohe und irgendwie feierlich gestimmte Menschen rundum.

„Das Hundstoa-Ranggeln is auch ein ehrwürdiger Brauch!“ sagte neben uns ein alter Pinzgauer (der ebenfalls einmal ein Ranggler war). Und noch einmal Gustav Gugitz: „Kult ist stets gewesen, was später Brauch

Der Hundstein-Hagmoar des Jahres 2006.

geworden ist und diesem merkt man, vorausgesetzt, dass er sich als unverfälscht erweist, noch immer etwas von der früheren kultischen Innerlichkeit an."

Volkskundler wie auch Sportwissenschaftler haben überzeugend nachgewiesen, dass in diesen Ringkämpfen die kultischen Kampfspiele der Vorzeit weiterleben. Es gab diese in verschiedenen Variationen und es gab sie bei vielen Völkern dieser Erde. Bei den Etruskern in Italien wurden zu Ehren vornehmer Verstorbener Ringkämpfe oder Faustkämpfe abgehalten. In einigen mit Fresken bemalten Grabkammern wurden sie auch dargestellt. Aus diesen Leichenspielen wurden später die blutigen Gladiatorenspiele der Römer.

Am Nachmittag wurde es auf dem Hundstein spannend: Es begann das Ringen der Hagmoar-Klasse. Man sagte uns, dass der Titel Hundstein-Hagmoar für die Ranggler weit mehr bedeute als alle Landes-, Europa- und Weltmeistertitel der Ringer, dass im Pinzgau viele kleine Buben nur davon träumen, einmal Hundstein-Hagmoar zu werden.

Rupert Rieß aus Rauris ist 2006 Hundstein-Hagmoar geworden; er hat – wie es nachher in der Zeitung stand – „den Ranggler-Olymp erklommen". Und sein Vater sagte im Fernsehen: „Das ist ein Titel, der nur mit Demut getragen werden darf!"

Für uns ist der Tag hoch über den Tälern und dem Himmel näher zu einem unvergesslichen Tag geworden. Wir hatten zwar keine Ahnung von Ringkämpfen – und waren trotzdem davon fasziniert. Kurz bevor der Sieger zum entscheidenden „Heber" angesetzt hatte, hörte ich den alten Pinzgauer Exranggler neben uns leise zischen: „Jetzt pack'n!"...

... und da hatte ihn dieser auch schon gepackt, so blitzschnell gepackt wie schon vor vielen Jahrzehnten unser Rupert von den Hochgebirgsjägern den Wiener Judomeister derpackt hatte.

Bad Kreuzen:
Die Kuranstalt in der Wolfsschlucht

Warum begegnet man in Klammen nur selten grantigen Leuten? Warum grüßen in Klammen die Leute einander und gehen nicht (was heute mehr und mehr üblich wird) stumm aneinander vorbei?
In der Kitzlochklamm im Salzachtal fanden wir des Rätsels Lösung, hatten einmal – nur so aus Neugierde – Wünschelrute und Pendel hervorgeholt und konnten bald feststellen, wie positiv die aus dem stark bewegten Wasser strömende Energie auf uns wirkte und in Halleluja-Menschen verwandelte. Seither besuchen wir öfter Klammen und verbleiben länger vor Wasserfällen – und jedes Mal hat es uns gut getan.
Einige Jahre später sahen wir eine Fernsehreportage über die Heilkraft der stürzenden Wasser. Vor den tosenden Krimmler Wasserfällen saßen

Stürzende Wasser in der Kitzlochklamm.

an Messinstrumente angeschlossene Versuchspersonen, welche bald sehr positiv reagierten bei diesem Test. In Zukunft – so wurde angekündigt – sollte diese neu entdeckte Heilkraft mehr genützt werden …

Bad Kreuzen: Die Wolfsschlucht war einmal eine „Heilklamm".

Neu entdeckte Heilkraft? Schon vor mehr als 150 Jahren ist die romantische „Wolfsschlucht" bei Bad Kreuzen zu einer „Heilklamm" gestaltet worden.

Geistiger Vater dieser Anlage war der Naturheiler Viktor Priessnitz (1799–1851) aus Gräfenberg in Schlesien. Mit seinen Kaltwasserkuren (Priessnitz-Umschlag) hatte er in seiner Heilanstalt an die 40.000 Menschen aus vielen Ländern (auch aus Australien und Amerika, Ägypten und Brasilien) persönlich behandelt, darunter auch Österreichs Erzherzog Karl, den König von Sachsen und Chopin. Auch eine „Barfußgehwiese" gab es bereits in seiner Heilanstalt.

„Kneippen" ist also keine Erfindung von Pfarrer Sebastian Kneipp (1821–1897). Er hatte nur die Heilmethoden von Priessnitz übernommen und ohne Skrupel als die seinen ausgegeben.

Noch zu Priessnitzs Lebzeiten entstanden auch in vielen anderen Orten Kaltwasser-Heilanstalten; 1846 wurde die von Kreuzen gegründet. Vorher war der Wundarzt Maximilian Kheil zu Priessnitz gereist, um dessen Wassertherapie zu studieren. Und eine von dessen Vorstellungen hatte er dann auch aufgegriffen: Dass eine das Gemüt bewegende Umgebung die Heilkraft des Wassers noch zu steigern vermag.

Eine Klamm unterhalb des Ortes mit vielen Wasserfällen und tiefen Wasserbecken – die Wolfsschlucht – präsentierte sich wie ein Geschenk des Himmels dafür. Ritter Josef von Moczarski, Doktor der Medizin und „k.k. Bezirks-Fisiker", hat sie in einer 1850 erschienenen Broschüre begeistert geschildert: „Alle Pracht ist hier vereinigt, und alles ist Natur. Der Donner des unaufhaltsam stürzenden Wassers übertäubt hier alles und sondert die Badenden von der Außenwelt gänzlich ab."

Die Wasserfälle wurden zu Duschen, bei denen der Wasserstrahl bei den Herren in einer Stärke von etwa 8 cm und Fallhöhe von 6–7 Metern niederprasselte. In der „Damen-Douche" waren Stärke und Fallhöhe des Wasserstrahls galanterweise geringer. Und in den zu Vollbädern gestalteten Wasserbecken „glaubt man wirklich sich in der Unterwelt, in der Wohnung der Najaden zu befinden."

Doch nicht allzu lange bestand dieses Heilbad, zu weit war für viele Kurgäste der Weg in die Wolfsschlucht. Das Heilmittel Natur wurde der Bequemlichkeit geopfert. In einem neuen Kurhaus entstanden Bassins für Vollbäder und Duschkabinen. Heute ist es ein „Kneippkurheim".
Von den vielen Holzbauten der „Heilklamm" sind heute nur noch die Fundamente und Pfostenlöcher zu sehen. Es war aber eine großartige Idee, vor den Plätzen der einstigen Badeeinrichtungen Schautafeln mit alten Ansichten davon zu stellen. Mit dieser Dokumentation wird aus einer kleinen Wanderung durch die Wolfsschlucht auch eine faszinierende Begegnung mit einer Kuranstalt, die in ihrer Art einzigartig war.

„Götzenmandln" mit vielen Fragezeichen

Das „Götzenmandl" am „Templerhaus" in Drosendorf.

An der Kirche von Kühnring im Waldviertel schaut das „Götzenmandl" ins Land und solange es das tut – so heißt es –, geht die Welt nicht unter.
Es ist eine 80 cm hohe Steinfigur über der Ostapsis der im Mittelalter entstandenen Kirche. Gut ausgearbeitet ist nur der wie eine Maske wirkende Kopf mit fremdartigen Zügen. Der Körper ist nicht länger als die herabhängenden Arme und steht auf einem umgestülpten Kessel. Es ist ein abstruses Mandl ohne Unterleib.
Von einem Heidentempel soll es nach der Überlieferung stammen. „Romanische (?) Figur hl. Veit (?)" – so wurde es im Dehio-Kunsthandbuch (1990) gedeutet (der Kessel, ein Attribut von St. Veit, dürfte dazu geführt haben). In seiner Kunstmonographie *Das Waldviertel* will Franz Eppel in dem Mandl Gott oder einen König (mit Fragezeichen) erkennen. Und natürlich gibt es auch noch andere Deutungen, ebenfalls alle mit Fragezeichen.
Weil aber die Welt noch immer besteht, scheint das Götzenmandl bisher erfolgreich ins Land geschaut haben.
In Drosendorf (am so genannten „Templerhaus", Ecke Hauptplatz/Hornerstraße) gibt es ebenfalls ein Götzenmandl. Im Dehio-Kunsthandbuch wird es etwas diffus beschrieben: „Rom.(?) Frauenfigur, 13. Jh.(?), sogen. Götzenmanderl". Manderl oder Weiberl? Jedenfalls soll die angeblich aus dem Morgenland stammende Figur die Stadt Drosendorf vor allem Bösen schützen.
Natürlich hat auch diese stark verwitterte und – so wie die von Kühnring – außergewöhnliche Plastik schon viele Deutungen gefunden:

- Frau mit Wickelkind und Korb mit Äpfel?
- Frau mit Äpfel im Schoß und Keule?
- Frau mit Äpfel im Schoß und Phallos?
- Erdgöttin mit Kind?
- Eine besonders gruselige Deutung: Klosterschwester mit Köpfen von

- Kindern, die sie mit ihrer Keule erschlagen hat?
- Frau Justitia (sie wurde früher mit Ölzweig oder einem Füllhorn dargestellt)

Das „Götzenmandl" von Kühnring.

In Drosendorf schützt das Götzenmandl den Ort, in Kühnring die ganze Welt. Mit Schutz- und Trutzfiguren das Böse abzuschrecken ist eine seit ältesten Zeiten unter allen Völkern dieser Erde verbreitete magische Vorstellung. Sie zeigt sich in den verschiedensten Variationen auch in unseren Zonen ... von den Schreckfratzen an Kirchen bis zu den Schreckmasken der Alpenbewohner (mit denen sie den Winter vertreiben wollten). Und so entstanden auch diese kuriosen Steinfiguren wie das Mandl ohne Unterleib in Kühnring und das Götzenmandl in Drosendorf, das eigentlich ein Götzenweiberl ist. Ohne Zweifel hatten auch diese ursprünglich eine Schutzfunktion. Aber bis heute konnten sie weder als heilige noch als mythologische oder nur symbolische Gestalten eindeutig identifiziert werden. Werden sie noch eine Deutung ohne Fragezeichen finden?

Die mysteriöse Lindenallee von Ladendorf

Um 1900 begann sich Ladendorf bei Mistelbach zur Sommerfrische aufzubauen und der 1907 gegründete Verschönerungsverein konnte dabei außer „sehr gesunder Luft" auch noch andere Verlockungen anbieten ... ein schönes Schloss, eine drei Kilometer lange Lindenallee, ein heilkräftiges Eisenbad.
Heute stehen Wohnhäuser dort, wo einmal das Bad war. Das schöne Schloss wurde im Zweiten Weltkrieg Unterkunft für die Wehrmacht, Kriegsgefangenenlager, Lazarett und nachher war es nicht mehr so schön.
Die Lindenallee gibt es noch in ihrer vollen Länge. Angelegt wurde sie ab 1722 beim Umbau des im 17. Jahrhundert entstandenen Schlosses ... bis zu 25 Meter breit mit vier Baumreihen (wobei die Hauptallee für

Kutschen und Reiter bestimmt war und die beiden Nebenalleen für Fußgänger).
Feldmarschall Wirich Daun (1669–1741), Vizekönig von Neapel, Statthalter der Niederlande, Gouverneur von Mailand hatte diese Lindenallee pflanzen lassen. Das hat ihn viel Geld und seinen Untertanen im Frondienst viel Schweiß gekostet. Aber bis heute wird gerätselt, warum er das getan hat?
Für sich selber nicht. Denn es dauert, bis aus Setzlingen Bäumchen werden und aus den Bäumchen richtige Bäume. Der Feldmarschall war ganz bestimmt kein Phantast voll Glauben, selber einmal unter den hohen Bäumen seiner Allee lustwandeln zu können.
Damals wurden viele Alleen angelegt. Zielgerade sollten sie zum Herrenhaus hinführen und diesem erhöhte Bedeutung geben. Aber Wirich Daun und auch sein Sohn Leopold (er war einer der großen Feldmarschälle von Kaiserin Maria Theresia) waren keine auf einem Landsitz residierenden Adeligen, sondern Weltmänner, welche nur selten ihr Schloss in Ladendorf aufsuchten. Noch im 18. Jahrhundert ist dann auch die Herrschaft von der Familie Khevenhüller übernommen worden.
Alleen verbinden Orte, Alleen führen aus Orten zum Herrschaftssitz. Die Lindenallee von Ladendorf beginnt (oder endet) am Rande eines Waldes und führt durch ein weit und breit unbewohntes Gebiet. War sie für Jäger bestimmt? Die Dauns waren (so viel bekannt ist) keine großen Jäger und dass sie eine solche Prunkallee nur fürs Haserl- und Rehleinschießen von Nachkommen geschaffen haben, ist kaum anzunehmen. Es lässt sich kein Sinn und Zweck erkennen und das macht diese Lindenallee mysteriös.

Doch herrlich ist es auf dem weichen Grasboden durch sie hinauszuspazieren ins Land. Das führt auch zu interessanten Begegnungen mit dem Lebewesen Baum.

Alle Linden der Lindenallee sind zur gleichen Zeit gepflanzt worden, haben sich aber individuell entwickelt. Da steht ein Klotz von Baum und nur einige Meter neben ihm ist hingegen ein Zniachtl sein Bruder. Der Boden, aus dem ein Baum seine Lebenskräfte zehrt, bestimmt auch sein Wachsen. Und dieser Boden kann steinig sein oder aus guter Erde bestehen und außerdem können auch Wasseradern oder Verwerfungen das Wachstum eines Baumes beeinflussen. Solche ließen manche Bäume zu phantastischen Gebilden auswachsen, wie sie sonst nur in den Wäldern der Horrorfilme zu sehen sind. Ein Augenschmaus für fotografische Augen! Jetzt stehen in den Lindenreihen auch Kastanien. Sie wurden nachgepflanzt, wenn einer der Urbäume den Stürmen der Zeit nicht gewachsen war oder der Blitz zugeschlagen hatte.

Im vorderen Teil wird die Allee von der nach Mistelbach führenden Bahnlinie durchquert. Nach dieser stehen besonders mächtige Bäume, von denen einige – wären sie allein stehend schon längst als „Tausendjährige Linden“ bewundert werden würden (wobei freilich die meisten dieser „Tausendjährigen Linden“ nur vier/fünfhundert Jahre alt sind).

Die Linden der Ladendorfer Lindenallee haben ihren Geburtsschein, niemand hält sie für „Tausendjährige“. Niemand weiß aber auch, was den Feldmarschall damals bewogen hat, diese Riesenallee anzulegen. Ob es stimmt, was manche Ladendorfer meinen „Weil er zuviel Geld gehabt hat“?

Die Stigmatisierte aus Ulrichskirchen

In Ulrichskirchen (bei Wolkersdorf) steht vor der Kirche ein Opferstein aus vorchristlicher Zeit und über dem Altar der Kirche schwebt eine wunderschöne gotische Madonna, welche der jetzige Pfarrer Johann Burgmann auf dem Dachstuhl eines Bauernhauses gefunden und dann liebevoll restauriert hat.

Juliana Weiskircher, die Stigmatisierte aus Ulrichskirchen, gemalt von Pfarrer Msgr. Johann Burgmann.

Um die Mitte des 19. Jahrhunderts wurde der Ort durch eine junge Frau weithin bekannt …

Enthüllungen über die ekstatische Jungfrau Juliana Weiskircher aus Ulrichskirchen-Schleinbach ist der Titel eines vom Pfarrer von Würnitz Philipp Mahler verfaßten und 1851 erschienenen Buches. Es ist ein Tatsachenbericht über eine Stigmatisierte (= Person, bei der die Wundmale Christi zum Vorschein kommen).

Juliana Weiskircher (1824–1862) war eine Bauerntochter aus Ulrichskirchen, der 1842 etwas recht Seltsames zustieß: Beim Trinken aus einem Pumpbrunnen spürte die junge Frau, dass sie ein dünnes schlüpfriges Tier in sich hineingetrunken hatte. Sie bekam heftige Schmerzen im Unterleib; helfen konnten aber weder die Landärzte noch die Wiener Ärzte. Erst nach zwei Jahren konnte sie nach Einnahme eines besonderen Brechmittels ein langes schwarzes Tier ausspeien. „Doch war hiemit keineswegs der in ihrem Organismus herbeigeführte Schaden beseitigt“, schrieb Pfarrer Mahler.

Juliana Weiskircher litt unter großer Reizbarkeit ihrer Nerven (jedes Öffnen der Zimmertür, jedes laute Wort bereiteten ihr Kopfschmerzen), verfiel oft in Krämpfe oder lag tagelang wie tot da, konnte oft drei/vier Tage keine Speisen zu sich nehmen (und wenn, dann nur etwas Milch, Suppe und Brot), konnte nur wenig Schlaf finden (ab 1847 wöchentlich bloß etwa eine Sunde).

Viele Ärzte untersuchten sie – helfen konnte noch immer keiner. Immer öfter geriet sie in Ekstase. Sie bekam hellseherische Fähigkeiten, sah

Feuersbrünste oder Hochwasser wie eine Augenzeugin – „Fernsehen in Raum und Zeit“ nannte es Pfarrer Mahler. Und sie hatte Schmerzen, Schmerzen …

„Ich stelle mir das Leiden Jesu vor Augen und behalte es in meinem Herzen; in allen meinen Schmerzen ist es mir die größte Freude und mein einziger Trost“, hatte die leidende Frau in einem Brief geschrieben. Im Dezember 1849 zeigte sich an ihrem Körper das erste der fünf Wundmale Christi, am Karfreitag 1850 bluteten auch die an Händen und Füßen besonders stark.

Grab von Juliana Weiskircher in Schleinbach.

Es war aber nicht nur ihr Blut, das aus den Wunden floss, die Frau erlitt auch die Schmerzen, welche Christus in seinem Todeskampf hatte. Pfarrer Mahler: „Ich habe schon öfter als zweihundert Mal am Sterbelager gestanden, und alle diese Phasen des Todeskampfes an den Sterbenden gesehen; ich sah sie aber immer nur bei jedem vereinzelt, nirgends aber alle so beisammen, wie hier bei Julianen. Ihr Todeskampf schien auch nicht der Todeskampf eines einzelnen Sterblichen, sondern der Todeskampf Vieler zusammen zu sein, und zwar solcher Kinder Adams, die eines harten Todes sterben.“

Bernhard von Clairvaux (1091–1153) hatte als Kirchenlehrer das Versinken in die Leidensgeschichte Christi als besonders heilbringend gepriesen. Das haben nicht nur Mystiker getan, sondern auch viele kranke Menschen, für die es in ihrem Leiden ein Trost war, dass auch der Herrgott Schmerzen ertragen musste. Wird aber dieses Versenken in die Passion zu einem andauernden Seelenzustand, dann kann das – so unerklärbar es auch scheinen mag – solche Folgen wie eine Stigmatisation hervorrufen.

Die Wundmale der Stigmatisierten in den Handtellern können allerdings nur durch Autosuggestion entstanden sein. Denn bei allen Gekreuzigten wurden die Nägel durch die Handwurzeln geschlagen und nicht – so wie die Künstler jahrhundertelang Christus am Kreuz darstellten – durch die Handteller (weil diese den Körper nicht gehalten hätten). Alle die Stigmatisierten hatten die Wundmale an den falschen Stellen in ihren Visionen von diesen Bildwerken abgeschaut.

Bis zum heutigen Tag steht die katholische Kirche Stigmatisationen sehr zurückhaltend gegenüber. Wundmale allein genügen nicht für eine Seligsprechung. Auch der damalige Erzbischof von Wien Vinzenz Milde war skeptisch und die weltliche Behörde ebenfalls. So wurde die junge Frau aus Ulrichskirchen im Sommer 1850 „zur Erhebung der

Wahrheit" ins Allgemeine Krankenhaus nach Wien gebracht, wobei sie die Amtsmänner mit dem Feingefühl eines Krokodils in der „Abteilung für Gebärende" unterbrachten.
Schon vorher hatten Verwandte im benachbarten Schleinbach die junge Frau bei sich aufgenommen, um sie vor den in Massen nach Ulrichskirchen strömenden Neugierigen zu schützen. Die Zeitungen hatten die Neugier angeheizt ... ist die Stigmatisierte eine Wunderheilige oder nur eine Schwindlerin, die sich die Wunden selbst beibringt?
Anfang 1851 wurde Juliana Weiskircher aus dem Spital entlassen. Die Blutungen hatten aufgehört. Also doch eine Schwindlerin?
„Das Verschwinden einer Stigmatisierung ist kein Beweis eines vorausgegangenen Betruges", hatte schon damals der Arzt aus Kremsmünster Karl Mayrhofer bei einem Vortrag gesagt. Sigmatisierte können nur in ihrem vertrauten kleinen Umfeld in jenen Zustand geraten, der Wundmale entstehen lässt.
Juliana Weiskircher kehrte nach Schleinbach zurück. Die „außerordentlichen Zustände" (Ekstasen, Mitleiden mit Christus, stellten sich vermindert wieder ein (unblutige, aber doch schmerzhafte Stigmata) und hörten erst auf als sie gegen Ende ihres Lebens an Brustkrebs erkrankte. 1862 starb sie.
In der Pfarrkirche von Ebergassing zeigt das Hochaltarbild die Himmelfahrt Marias. Josef von Führich hat es 1852 gemalt. Als Vorbild für das Antlitz der Gottesmutter nahm der Maler höchstwahrscheinlich eine Bleistiftskizze vom Kopf der ekstatisch aufwärtsblickenden Juliana Weiskircher, die er von ihr 1852 bei einem Besuch in Schleinbach angefertigt hat.
In der Kirche von Ulrichskirchen erinnert noch ein von Pfarrer Burgmann gemaltes Bild an die in dieser Kirche getaufte Juliana Weiskircher. Und auf dem Friedhof von Schleinbach steht noch der Grabstein, den ihr der damalige Pfarrer gesetzt hat. Grabhügel hat sie keinen. Dort, wo er war und wo die Tote immer noch liegt, ist heute ein Friedhofsweg. An dieser Stelle zeigt sich bei Pendelmutungen etwas Außergewöhnliches: Sie ist ein positiver Platz, während alle Grabhügel des Friedhofs, unter denen Tote liegen, wie üblich negativ sind.
Die Stigmatisierte von Ulrichskirchen hatte vorausgesagt, dass über ihr Grab einmal die Leute gehen werden.

Exkurs: Das „Rasenkreuz" von Eisenberg

Als wir im Lebensraum der Stigmatisierten von Ulrichskirchen unterwegs waren und dabei auch von Autosuggestion redeten, mussten wir ganz unwillkürlich und immer wieder an einen Ort denken, wo ebenfalls Selbstbeeinflussung wesentlich zum Tragen kommt ... im kleinen Dorf Eisenberg bei Jennersdorf im Burgenland. Hier kam im Jahre 1956 das „Rasenkreuz" zum Vorschein.

Das jetzt überwachsene Rasenkreuz von Eisenberg.

Das geschah auf einer Wiese vor dem Bauernhaus der Familie Karl und Aloisia Lex. Schon zwei Jahre vorher hatte auf der Wiese die kleine Tochter Annemarie eine helle Frauengestalt gesehen; ein Jahr darauf sah sie auch Frau Aloisia. „Am 6. Sept. 1956 bezeichnete ein mächtiger Engel Gottes den Rasen an dieser Stelle mit dem Zeichen des heiligen Kreuzes. Am 14. September 1956, dem Feste Kreuz-Erhöhung, war das geheimnisvolle Kreuz vollkommen ausgeprägt. Wunderbare Bekehrungen und plötzliche Heilungen bezeugen dieses gewaltige Ereignis.“ – Das steht jetzt auf einer Tafel beim Rasenkreuz, einem Kreuz (ca. 80 x 60 cm) im blanken Boden „wie mit einem Rasiermesser vom Rasen

abgetrennt." Heute ist es nicht mehr erkennbar; verwachsen, von einem Gitter umschlossen.
Natürlich hatte das Erscheinen des Rasenkreuzes sofort weithin Aufsehen erregt und natürlich gab es auch sofort zwei Meinungen darüber: „Ein Wunder ist geschehen!" oder „Es ist alles ein Schwindel!" – Tausende und Abertausende kamen nach Eisenberg, um das Rasenkreuz mit eigenen Augen zu sehen. Die katholische Kirche stand ihm von Anfang an skeptisch und ablehnend gegenüber.
„Winkelandachten" wurden solche Plätze auch genannt und es gibt sie schon seit ältester Zeit und ohne sie – so der Begründer der Religiösen Volkskunde Rudolf Kriss – „können auch die subtilsten Religionen nicht auskommen".
1994 fuhren wir nach Eisenberg; wollten wissen, ob es das Rasenkreuz noch gibt. Große Überraschung: Zwölf Busse aus Österreich, Deutschland, Slowenien und Ungarn, etliche Kleinbusse und viele Autos standen auf dem großen Parkplatz. Und überall betende, singende, kniende und auch verzückt auf dem Boden liegende Menschen um das Bauernhaus. Nach dem Tod von Aloisia Lex (1984) und ihres Mannes (1985) wurden die Räume des Hauses in Kapellen umgewandelt, deren Wände überdeckt sind von Heiligenbildern und Votivbildern.
Eine lange Warteschlange stand vor der Wasserleitung des Bauernhauses. Ihr Trinkwasser war zum heilsamen „Eisenbergwasser" geworden und wurde in Flaschen und Kanistern abgefüllt. Und wir sahen Leute, die Grashalme oder Blätter aus dem Garten behutsam in ihr Gebetbuch legten oder Erde in ein Plastiksackerl („Dieser Ort und Boden sind heilig" verkündet ebenfalls eine Tafel).
Schon damals (1994) wurde Frau Aloisia Lex von Vielen nur noch „Mutter Lex" oder „Seherin" genannt, von einigen sogar für eine Heilige gehalten. Nach dem 1986 erschienenen Buch von Pfarrer Hermann Wagner „Licht über Eisenberg" könnte man fast glauben, dass Jesus wie auch die Gottesmutter tagtäglich nach Eisenberg gekommen wären, um Frau Lex ihre Botschaften an die Menschen mitzuteilen …
So sprach Maria: „Wehe allen, die das Kreuz hier am Boden bekämpfen, auch wenn es Personen der kirchlichen Obrigkeit sind. Sie lassen sich von Satan blenden. Darum sollen alle wissen: Wer immer dieses Kreuz hier bekämpft, wird durch einen plötzlichen Tod vor den Richterstuhl Gottes gerufen!"
So viele Menschen beim Rasenkreuz wie bei unserem ersten Besuch 1994 haben wir später nicht mehr gesehen. Auffällig ist die hohe Zahl der Besucher aus dem Ausland. In der Schweiz gibt es sogar einen „Rasenkreuz-Pilgerverein" sowie einen „Förderverein für das Rasenkreuz in Eisenberg" und 2005 erschien die erste Ausgabe des *Eisenberg-Boten*, einer „Zeitschrift für die Förderung und Verehrung des Rasenkreuzes".
Interessant sind die Eintragungen im Besucherbuch von Eisenberg …

auf vielen Seiten finden sich Danksagungen für Heilungen (auch mit Namen samt Adresse). Wunder? Oder Selbstheilungen? An solche haben auch schon die Heiler vom Asklepiostempel in Epidauros geglaubt und im 4. Jahrhundert v. Chr. vor dem Heilheiligtum Inschriftenplatten aufgestellt auf denen alle bisherigen Wunderheilungen aufgezeichnet waren. Mit diesen sollte auch der Wille zur Heilung gestärkt werden.

Erst Ende des 19. Jahrhunderts kam es auch in der Neuzeit zu einer neuen medizinischen Auffassung, bei der auch die seelische Beeinflussung des menschlichen Organismus als wichtig anerkannt wird. 1930 hatte dann der Danziger Arzt Erwin Liek in seinem Buch *Das Wunder in der Heilkunde* schon klipp und klar festgestellt: „Es gibt keine Betriebsstörung im lebenden Organismus, keine Krankheit, die nicht der seelischen Beeinflussung mehr oder weniger zugänglich wäre." Und „Wunderorte" – so glaubte er „wird es geben und geben müssen solange es der wissenschaftlichen Medizin nicht gelungen ist, allen Kranken Heilung oder wenigstens Trost und Hoffnung zu bringen."

Wallfahrer beim Rasenkreuz von Eisenberg.

So ist auch Eisenberg zu einem Ort geworden, von dem geglaubt wird, dass dort Wunder geschehen sind und noch immer geschehen können. Und weil es gut ist, dass es solche Plätze gibt, ist es auch gar nicht so wichtig genau zu wissen, was 1956 tatsächlich dort geschah.

Als wir auf den Spuren der Stigmatisierten von Ulrichskirchen unterwegs waren mussten wir deswegen auch an Eisenberg denken, weil uns da die ungeheure Spannweite des Phänomens „Seelische Beeinflussung" bewusst geworden ist, welche zu blutenden Wunden wie auch „wundersamen Heilungen" führen kann.

St. Sebald am Heiligenstein.

Heiligenstein: Von einem Heiratspatron, der seiner Braut davonlief

Sankt Sebald war ein sonderbarer Heiliger … nach der Legende ein Königssohn, der seiner Braut nach der Trauung und vor der Hochzeitsnacht mitteilte, dass er ein frommer Einsiedler werden wolle und davonging. Paradox: Ausgerechnet dieser wurde auf dem Heiligenstein zum Heiratspatron!

Der Heiligenstein (782 m) bei Gaflenz ist nur wenige Kilometer vom Sonntagsberg entfernt. Auf beiden Bergen waren bereits in vorchristlicher Zeit Kultplätze: Der Sonntagsberg wurde ein berühmter Wallfahrtsort, der Heiligenstein nur zu einem von den Bewohnern seiner Umgebung aufgesuchten Volksheiligtum, wo sie von St. Sebald wundersame Hilfe erhofften und noch immer erbitten.

St. Sebald ist bis heute ein geheimnisvoller Heiliger geblieben: Man weiß nicht genau, wann (vermutlich im 8. Jahrhundert) und wo er geboren wurde und wer er war. Doch im Jahre 1072 – das ist schriftlich festgehalten – war sein Grab in Nürnberg bereits Ziel von Wallfahrten und die Zahl der Wundergeschichten um ihn wuchs von Jahr zu Jahr … Sebald hatte auf seinem Mantel wie in einem Boot die Donau übersetzt, Sebald hatte frierenden Armen aus Eiszapfen ein wärmendes Feuer entzündet …

Die Nürnberger haben ihren 1424 heilig gesprochenen Sebald bald so geliebt, dass sie ihn am liebsten in der ganzen Welt verehrt haben wollten. Nürnberger Händler waren hochgeschätzte Einkäufer in der Eisenwurzen, sie haben dafür ihren Stadtheiligen auch dorthin exportiert. So kam St. Sebald auf den Heiligenstein.

Zuerst bekam er eine kleine Kapelle, im 15. Jahrhundert eine große Hallenkirche und um dem Heiligtum noch mehr Bedeutung zu geben hieß es auch bald, dass er 15 Jahre lang auf dem Heiligenstein als Einsiedler gelebt habe. Heute ist die felsige Gipfelkuppe bewaldet, alte Ansichten zeigen am „Heyligen Stain“ noch blanken Fels. In einer kleinen Grotte des Felsens soll Sebald gehaust haben. 1691 wurde darüber eine Kapelle erbaut und eine steinerne Liegefigur des Heiligen in die Grotte gelegt. So wurde der Heiligenstein zum Heiratsberg.

Die Kirche auf dem Heiligenstein.

Um diese Liegefigur entwickelte sich ein früher in Bayern und im Alpenraum weit verbreiteter Brauch, der von der Volkskunde „Heberitus“ genannt wird. Das war das Heben und Tragen schwerer Gegenstände (meist Heiligenfiguren) von zum heiratsfähigen Mann herangewachsenen Jünglingen. Nur ein von Todsünden freier Bursch (noch keuscher Bursch) war dazu imstande. Der Wunsch nach baldiger Ehe war mit dem Heben verbunden. Im Villacher Stadtmuseum steht ein 90 Kilogramm (!) schwerer eiserner St. Leonhard, der von Burschen die sich eine Frau wünschten dreimal (!) um die dortige Leonhardskirche getragen wurde. Wir haben uns davor gefragt: Wie sind schwache zniachtige Mandln zu einer Frau gekommen?

Am Heiligenstein war St. Sebald auch für die Frauen hilfreich.

Jungfrauen und Witwen die ihn hoben – so hieß es – sollten noch im selben Jahr Hochzeit halten. Und weil ihnen der steinerne Sebald zu schwer war, hoben sie einen hölzernen. Aber das war kein Sebald! Das war eine Liegefigur von Christus im Grabe, den sie irrtümlich für den Heiratspatron hielten.

Die katholische Kirche hat den in vorchristliche Zeiten zurückgehenden Hebekult nur widerwillig geduldet. Am Heiligenstein wurden zuletzt beide Figuren am Boden fest gemauert. Doch heiratswillige Frauen und Männer stiegen weiterhin auf den „Heiratsberg“ um still ihre Bitten vorzubringen und auch noch in dem 1993 erschienenen Kirchenführer wird die „Eheanbahnung“ als Beweggrund für Wallfahrten genannt.

Warum aber ausgerechnet der in der Hochzeitsnacht seiner Braut entschwundene St. Sebald zum Heiratspatron geworden ist? In einer

Arbeit über die Volkskunde des Ybbstales (1931) meinte Edmund Friess, dass nach dem Volksglauben die „Entsagungskraft des Heiligen einen ewigen Fruchtbarkeitszauber“ bewirkt habe. Doch eher ist anzunehmen, dass der schon im Mittelalter als „sanctum lapidem“ urkundlich genannte Felsen bereits ein vorchristlicher Fruchtbarkeits-Kultplatz war.
Der Heiligenstein ist heute noch ein sehr urtümlicher Wallfahrtsort. Mit der Kirche und den Kapellen auf der Felsenspitze ist er auch ein alpiner Wallfahrtsort … „Wer net tief abischaun kann, soll lieber net zur Sebaldikapelln abigehn!“ hörten wir einmal einen Vorbeter zu seiner Schar sagen. Und als wir ein andermal unten im Tal nach der Fahrstraße auf den Berg fragten bekamen wir wohl die Auskunft, aber mit der Rüge „Normal fährt man nicht auf den Heiligenstein, sondern geht brav aufi!“

„Toter Mann“ und „Tote Frau“ im Dunkelsteinerwald

„Zur toten Frau“ heißt eine Kapelle im Dunkelsteinerwald zwischen Wölbling und Oberbergern. Sechshundert Meter daneben steht der Bildstock „Beim toten Mann“.
Die Ursprungslegende: 1603 wollte ein Ehepaar aus St. Pölten bei der Gottesmutter von Maria Langegg Hilfe für ihre kranke Tochter erbitten. Im Dunkelsteinerwald wurden sie jedoch von Räubern überfallen und der Mann getötet. Die Frau bat die Räuber, sie mögen sie noch so weit gehen lassen, bis sie die Wallfahrtskirche von Maria Langegg sehen kann. Das war der Platz bei einer großen Eiche und dort wurde sie auch getötet. 1803 ist die Eiche gefällt und an ihrer Stelle eine Kapelle erbaut worden.
Tatsache ist, dass es im Jahre 1603 noch keine Wallfahrtskirche Maria Langegg gab, erst 1604 entstand dort eine Kapelle, gestiftet von dem Güterinspektor Matthäus Häring als Dank für die am Ende des 16. Jahrhunderts erfolgte wundersame Genesung seiner kranken Tochter. 1652 wurde die Kapelle ausgebaut (jetzt Ursprungskapelle). Die große Wallfahrtskirche wurde erst 1765–73 errichtet.
Sagen um auf einer Pilgerfahrt Verstorbene sind bei allen Religionen verbreitet. Weil die Räubergeschichte vom Dunkelsteinerwald ebenfalls mit einer kranken Tochter beginnt, wird vermutet, dass das Sagenmotiv aufgenommen wurde um den neuen Wallfahrtsort Langegg in Beziehung zu bringen mit den schon vorher bestehenden zwei Kultplätzen im Wald. Das waren mehr als nur Andachtsplätze, waren mit Bräuchen verbunden, welche ihre Wurzeln in uralter Zeit haben.
Von der Volkskundlerin Marie Eysn gibt es aus dem Jahre 1898 eine Beschreibung der Kapelle „Zur toten Frau“. Das Innere war von Votiv-

bildern ganz bedeckt, neben dem Altar hingen „wächserne Körperteile und Figuren" und in den Ecken lehnten „Krücken, welche die Genesenen in das einsame Heiligtum gebracht haben". Drei Krücken lehnen auch heute noch in einer Ecke.

Denkmal für die „Tote Frau" im Dunkelsteinerwald.

Beim „Toten Mann" sah die Volkskundlerin noch eine alte Buche mit vielen in die Rinde geritzten Christusmonogrammen, Herzen mit drei Nägeln und angenagelten Heiligenbildern. Unter dem Baum lag ein mächtiger Reisighaufen … „Jeder Vorübergehende legte einen Zweig hinzu. Die Zweige liegen sorgsam geschichtet. Alle mit der Spitze in der gleichen Richtung; man findet sie vom frisch gepflückten bis zum fast vermoderten Rest. Fragt man nach, warum dieselben hingelegt wurden und werden, so erfährt man, es sei ein unheimlicher entrischer Ort, und das sei gut dagegen, das heißt, es schütze gegen die bösen Geister, die dort hausen."

Einst war es ein weit verbreiterter Brauch Reisig an Plätzen niederzulegen, an denen ein Mensch auf unnatürliche Weise ums Leben kam. Dem Reisig wurde reinigende Kraft zugesprochen und es sollte vor bösen Mächten schützen. So wurden auch noch bis in das 20. Jahrhundert an etlichen Wallfahrtsorten sogenannte „Besenopfer" dargebracht, kleine Zweige deponiert, welche bei Verunreinigungen (z. B. Ausschlag) reinigen sollten. Und in vielen Bauernhöfen werden Besen noch immer vor die Stalltür gestellt. Warum – das weiß heute kaum noch jemand, nur, dass es immer schon so gemacht wurde. Früher haben die Leute geglaubt, dass der Besen vor der Stalltür das Vieh vor dem Verhexen schützt.

Neben der Kapelle „Zur toten Frau" wurde ein Grabhügel mit der Aufschrift „Tote Frau" errichtet. Das ist ein geomantisch stark positiver Platz; vermutlich stand dort die 1803 gefällte große Eiche.

Auch die alte Buche beim „Toten Mann" gibt es nicht mehr. Aber bei jedem Besuch haben wir dort noch einige Zweige oder zu Büscheln gebundene lange Gräser liegen gesehen. Bei unserem letzten Besuch lag in der Nische des Bildstocks das Sterbebild eines vor kurzem verstorbenen Siebzehnjährigen neben einem Grablicht. Im Gegensatz zur „Toten Frau" ist der „Tote Mann" ein negativer Platz.

„Unser keltisches Erbe" – in diesem Buch hatte die Keltenforscherin Inge Resch-Rauter festgestellt, dass „Toter-Mann-Plätze" stets auf

Der alte und der vor wenigen Jahren erneuerte Bildstock „Toter Mann".

Höhen mit weitem Rundblick liegen. Sie will in solchen Versammlungsorte sehen, an denen die Bewohner umliegender Siedlungen für wichtige Beratungen und sakrale Handlungen zusammenkamen. Dass sie später „Toter Mann" genannt wurden soll auf das keltische *teuto/tota* (= „Volk, Stamm") und *magos* (= „Feld") zurückgehen, ursprünglich also: „Volksfeld". Eine interessante Hypothese ... aber was bedeutete im Dunkelsteinerwald die „Tote Frau" neben einem „Volksfeld"?
Auch in der Steiermark wird ein „Toter Mann" in der Sage mit einem „Toten Weib" verbunden.
„Toter Mann" heißt eine Anhöhe zwischen Strallegg und Wenigzell, wo sich sechs Wege – darunter auch die Trasse einer Römerstraße – kreuzen. Jetzt steht eine Kapelle auf dem Platz, wo der Mann eines nach Mariazell ziehenden Ehepaares an Erschöpfung gestorben sein soll. Und bei dem aus einer Höhle herausrauschenden Wasserfall „Zum toten Weib" im oberen Mürztal starb dann die allein nach Mariazell weiterziehende Frau.
Der Bericht von Marie Eysn aus dem Jahre 1898 über die „Hinterwinkel-Andacht" im Dunkelsteinerwald hat seither schon zu viel Nachdenken angeregt, Konkretes konnte aber noch immer nicht erfasst werden. Vor eine 1980 erschienene Arbeit über diese Plätze hatte der Volkskundler Leopold Schmidt die Worte von Matthias Claudius gesetzt „... der Wald steht schwarz und schweiget".

Vom Eremitenkreuz der Wetterkreuzkirche

Wetterkreuzkirche über Hollenburg (bei Traismauer).

Im „Wein-Gebürg" über Hollenburg an der Donau stand – so heißt es in einem alten Bericht – „seit unvordenklichen Jahren ein hölzernes Creutz", das Wetterkreuz genannt wurde. Anfang des 17. Jahrhunderts wurde eine Kapelle erbaut und 1651/52 eine Kirche (die 1727 erweitert wurde). Neben der „Wetterkreuzkirche" entstand zugleich auch eine Einsiedelei.

Der Einsiedler bei der weithin im Land sichtbaren Kirche musste vor allem bei heranziehenden Gewittern die Wetterglocke läuten. Durch Lärm alles Böse zu vertreiben ist die älteste Abwehrreaktion des Menschen und lange Zeit wurde auch fest daran geglaubt, dass das Läuten von geweihten Glocken besonders Gewitter vertreibend wirkt. Im Volksglauben bekamen auch die Wetterkreuz-Einsiedler magische Funktionen zugesprochen …

„Die Eremiten vom Wetterkreuz gehörten zu den bekanntesten im Lande, sie galten als Wettermacher und Diener gestrenger Wetterherren. Selten konnte ein Einsiedler schöner hausen als auf dem hohen Berg, von wo sich die prachtvolle Fernsicht ins Donau- und Alpengebiet erschließt. Freilich war da oben auch Sturm und Donner und ein gestrenger Winter. Selten hat einer mehr Heimsuchungen durch die Wettermächte erlebt als ihr Diener und Beschwichtiger: der Eremit beim Wetterkreuz." (Heinrich Güttenberger in seinem Buch über die Einsiedler).

Nachdem durch die Kirchenreform Kaiser Josephs II. die Einsiedelei 1782 aufgelassen wurde und es dann einige Blitzeinschläge (ohne besonderen Schaden) gab sagte man, dass das nur möglich war, weil auf dem Berg kein Einsiedler mehr haust.

1729 wurde Lorenz Wagner Eremit beim Wetterkreuz. Er war ein besonders eifriger und frommer Mann, baute auf eigene Kosten ein neues Einsiedelhäuserl und schnitzte 1736 für den Hochaltar der Kirche eine Kreuzigungsgruppe. 1739 verließ Wagner die Einsiedelei. Als Nachfolger wurde gesucht ein „Tugendsamer Mann, der durch sein aufferbaulichen Lebens Wandl das von seinen Vorfahrer gegebene Ergernis" wieder gutmacht. Welches „Ergernis"? Darüber wurde geschwiegen.

Die Kreuzigungsgruppe des Eremiten Lorenz Wagner in der Wetterkreuzkirche.

Sicher ist, dass das Leben der Eremiten nicht so romantisch war wie es Poeten und Maler empfanden … oft zu viel Einsamkeit, zu viel Kälte und zu wenig zum Beißen. Die Eremiten bei der „Wetterkreuzkirche“ hatten es etwas besser. Die Weinhauer vom „Wein-Gebürg“ ließen sich das Wetterläuten etwas kosten und der Eremit durfte auch eine „Weinsammlung“ durchführen. Ob das Ergebnis dieser Sammlung dem Lorenz Wagner zuletzt zum Verhängnis geworden ist?

Seine Kreuzigungsgruppe steht heute noch auf dem Hochaltar der Kirche.

Obwohl …

… 1826 die Kirche ausgebrannt ist und dabei nur der Altar verschont blieb …

… 1913 ein Blitz in die Kirche einschlug und ein Brand in ihrem Inneren ausbrach …

… 1920 noch einmal ein Blitz einschlug …

… 1945 das Kircheninnere verwüstet wurde und – wie in der Kirchenchronik berichtet wird – „durch den Plafond der Himmel herein schien“.

Das alles hatte die Holzplastik des „Ergernis“ erregenden Eremiten Wagner überstanden. Ist das ein Wunder oder ein Zufall? Sonderbar ist es jedenfalls.

Die Kirche mit dem schiefen Turm neben der Westbahn

Die Martinskirche von Lanzendorf ist eine seltsame Kirche. Sie steht kaum 100 Meter von den Geleisen der Westbahn entfernt auf denen ein Zug nach dem andern dahinrattert … und doch hat man vor ihr das Gefühl in einer stillen Welt weit aus unserer Zeit zu stehen …
Die „alte Kirche neben der Westbahn“ (zwischen den Stationen Kirchstetten und Böheimkirchen) kennen Tausende und Abertausende Bahnreisende vom Vorbeifahren. Und wenngleich auch noch viele andere Kirchen neben der Westbahn stehen – diese kleine Kirche mit dem windschiefen Turm inmitten einer Wiese vergisst niemand, der sie einmal gesehen hat.
Über den Ursprung der Kirche ist wenig bekannt. Der Bau ist um 1200 entstanden, der Turm kam erst im 15. Jahrhundert dazu und ist bald nach seiner Vollendung zum „Schiefen Turm“ geworden, weil er auf feuchtem Grund errichtet wurde. Nur wenige Meter neben der Kirche fließt ein Bächlein dahin …
Warum wurde die Kirche so dicht am Bach erbaut? Warum nicht auf der (auch hochwassersicheren) Anhöhe über dem anderen Ufer? Mit guten Gründen wird angenommen, dass es an dem Platz einen Vorgängerbau gab. War er ein Platz eines besonderen Geschehens? Geomantische Mutungen der jetzigen romanischen Kirche ergeben eine stark positive Strahlung. Wurde vielleicht diese irgendwann zum Anlass für die Errichtung eines kleinen Heiligtums?
Zum Lebensraum ist dieses Gebiet schon in der Jungsteinzeit geworden. Kirche und Friedhof von dem nur zwei Kilometer von Lanzendorf entfernten Böheimkirchen stehen auf dem Boden einer bedeutenden Siedlung des 2. Jahrtausends v. Chr. (5000 kg Funde wurden dort bei Grabungen um 1980 geborgen!). St. Jakob ist diese Kirche geweiht; die Lanzendorfer Kirche ist eine Filialkirche von ihr, darum ist auch eine Pilgermuschel (Attribut von St. Jakob) an ihrem schiefen Turm angebracht.
Von der Lanzendorfer Kirche gibt es keine Legenden, keine Überlieferungen, nur eine Sage von einem Wolf, der in das Kircheninnere geraten ist und darin im Stein des Kirchenbodens einen Abdruck seiner Riesenpfote hinterlassen haben soll. Er wurde über dem Kircheneingang angebracht und war in Wirklichkeit ein sogenannter Lichtstein (eine runde Steinplatte in dessen Schalen Öl gegossen und Schwimmdochte entzündet wurden).

Die Kirche ist verschlossen (wer in den urtümlichen Innenraum will, findet an der Tür Name, Adresse und Telefonnummer von Bewahrern des Schlüssels). Doch obwohl schon unzählige Bahnreisende die Kirche vom Zugfenster aus gesehen und spontan sich vorgenommen haben, sie einmal aufzusuchen … einen Besucherstau hat es vor ihr noch nie gegeben. Konkret Sooft wir noch vor ihr gestanden sind, trafen wir dort niemand.
Wir sind oft dort. Das Kircherl auf der Wiese neben der Westbahn ist etwas, das froh macht es anzuschauen und wo man sich jedes Mal aufs Neue freut, dass es so was gibt.

Ferdinand Raimunds „Verlobungssäule"

Oberhalb von Neustift am Walde (Wien, 19. Bezirk) steht auf einer hohen Säule Maria auf einer Weltkugel mit Schlange – eine barocke Darstellung der Unbefleckten Empfängnis der Gottesmutter. Sie sollte das Dorf und die Weingärten schützen. Dem biblischen Vers im Medaillon unter der Säule dürften die Weinhauer aber eher verständnislos gegenübergestanden sein …

ICH WIL
FEINDSCHAFT SEZEN
ZWISCHEN DIER O SCH
LANGE UND DEM WEIB UND
ZWISCHEN DEINEN SAMEN
UND IHREN SAMEN SIE
WIRD DIER DEN KOPF
ZERTRETTEN
I. B. MOSES CAP
III.V.XV.
1697

Diese Säule wird auch „Verlobungssäule" genannt weil sich vor ihr am 10. September 1822 Ferdinand Raimund und Toni Wagner ewige Treue gelobt hatten.
1819 hatte der damals 29-jährige Ferdinand Raimund die Kaffeehausbesitzerstochter Toni Wagner kennen gelernt; 1820 wollte er sie heiraten, doch ihre Eltern waren dagegen. Worauf der enttäuschte Raimund ein „Gspusi" mit der recht flotten Schauspielerin Luise Gleich begann. Sie wurde schwanger, Raimund musste zum Traualtar. Doch am Vormittag der Trauung gab es Streit, und Raimund erschien darauf nicht in der Kirche. Das missfiel dem Theaterpublikum; es zischte bei seinen Auftritten. So kam es dann doch zur Hochzeit.
Erst zwei Jahre später erfuhr Raimund, dass er gar nicht der Vater dieses Kindes war. Luise Gleich war schon seit dem 13. Lebensjahr die

16 97
1697

Geliebte des Grafen Alois Kaunitz, an den sie ihr Vater um 500 Gulden verkauft hatte. Aufgeflogen ist das erst anno 1822, als bekannt wurde, dass der edle Graf mehr als hundert minderjährige Mädchen aus dem Kinderballett des Theaters an der Wien „fleischlich gebraucht" hatte. In diesem Jahr bewilligte der Magistrat die Scheidung Raimunds von Luise Gleich. Doch nach dem Kirchenrecht blieb er an die unauflösliche Ehe mit dieser Frau gebunden und konnte keine neue eingehen.
Toni Wagner war noch immer Raimunds große Liebe und so kam es dann zum Treuegelöbnis bei der Neustifter Mariensäule. Raimund hatte außerdem noch versprochen, wenn ihn nicht viele, viele Meilen von der Säule trennen „am 10ten Septembris zum Andencken des mir unvergeßlichen Tages eine halbe Stunde im Gebethe an ihrem Fuße zuzubringen". Und Toni Wagner war bis zu Raimunds letzter Stunde im Jahre 1836 an seiner Seite.
Raimund war bereits zu seinen Lebzeiten ein Idol. Und so wie heute waren Idole auch schon seinerzeit Vorbilder und wurden nachgeahmt. Die Mariensäule bei Neustift am Walde wurde bald von vielen jungen Menschen aufgesucht, die sich etwas Besonderes sagen wollten. Ein Romantiker-Kultplatz war entstanden und das ist er bis in das 20. Jahrhundert geblieben.
In der Vorstadtgasse des 19. Wiener Gemeindebezirkes in der ich aufgewachsen bin, war es noch in den Dreißigerjahren für die Frauen ein ganz großes Bassenathema, wenn sich wieder ein „junges Paarl draußen bei der Säuln" verlobt hatte.
Und in unserem Zinshaus gab es ein älteres Ehepaar, das noch jedes Jahr am Hochzeitstag „zur Säuln" (und nachher in Neustift zum Heurigen) ging. Sonst kamen sie nicht weit hinaus aus unserer Gassen.

Flatzerwand: Höhlen unterm „Jausenstein"

Über dem Steinfeld steht neben der Hohen Wand die Flatzerwand. An beiden Bergen gibt es am Wandfuß Höhlen, in denen Funde aus prähistorischer Zeit gemacht wurden. Im „Langen Loch" unter der Flatzerwand gab es am Beginn des 20. Jahrhunderts sogar ein Museum.
Es waren die Neunkirchner „Naturfreunde", welche diese Tropfsteinhöhle für Besucher begehbar machen wollten und dabei auf bis in das 2. Jahrtausend v. Chr. zurückreichende Topfscherben und auch Knochen von der eiszeitlichen Tierwelt stießen. Worauf sie beschlossen, aus der Höhle ein Museum zu machen. Was der Besucher um 40 Heller Eintrittsgeld (ein Suppenwürfel für 1/4 Liter Rind-

In der Marienhöhle an der Flatzerwand.

suppe kostete damals 5 Heller) alles zu sehen bekam, verrät ein Bericht aus dem Jahre 1908:
„Unter Vorantritt eines freundlichen Führers stiegen wir durch eine eiserne Tür über 17 Stufen in die ziemlich steil abwärts führende, mit Azetylengas beleuchtete Höhle hinab. Wir passierten drei Hallen, deren schönste der Rohrauer-Dom ist. Von ihm gelangt man über eine kleine hölzerne Stiege in die letzte Halle: Museumshalle. Viele interessante Tropfsteingebilde, vom magischen Licht umspielt, erregen in dem langen, durch zerklüftetes Kalkgestein führenden Gang unsere Aufmerksamkeit, als: die Orgel, der obere Wasserfall, der Fuchskopf, das Ochsenbeuschl, das Wasserbecken, die Kanzel mit der Draperie, der Dichterkopf, der untere Wasserfall, der Kapuzinerkopf und der Elefantenkopf. In der Museumshalle sind in einem Glaskasten die in dieser Höhle gemachten Funde, auf mehreren Tafeln befestigt, zu sehen."
In der Notzeit nach dem Ersten Weltkrieg kam auch das Ende dieses originellen Museums. Nur eine Tafel vor dem „Langen Loch" erinnert noch daran. Stufen hinein gibt's nimmer.
Nur 150 Meter östlich vom „Langen Loch" ist die „Marienhöhle", eine Halbhöhle, „welche durch ihr spitzbogiges Portal und dem von der Natur gebildeten Wandaltar ein kapellenartiges Aussehen hat" (wie Julius Caspart vom Bundesdenkmalamt schrieb). Rauchgeschwärzt sind die Wände der Höhle, auch heute noch stecken Kerzenreste in den Vertiefungen; Wachsblumen, Rosenkränze, kleine Andachtsbilder haben Gläubige ebenfalls darin deponiert. Sogar ein großes Marienbild wurde in die Höhle gestellt.
Auf der Flucht nach Ägypten soll die Heilige Familie in der Höhle gerastet haben. Und in der Heiligen Nacht – so wurde einst erzählt – ist lautes Singen und Beten aus ihr zu hören. Bei der Christianisierung

Linke Seite: Der „Jausenstein" an der Flatzerwand.

Der „Weiße Stein" im Melktal.

hatte die Gottesmutter sehr oft die Patronanz über vorchristliche Kultplätze übernehmen müssen. Einiges spricht dafür, dass auch diese Höhle ein solcher war.
Sie ist ein geomantisch starker Platz.
Um 1900 wird noch von einem länglichen, oben spitzen Stein vor der Höhle berichtet. Dort steht er nicht mehr, aber ein Fragment von ihm könnte der im Hintergrund der Höhle liegende (sichtlich bearbeitete) Stein sein. War es ein Kultstein (Menhir)?
Ein Felspfeiler im Hintergrund bildet mit der Höhlenwand einen engen Durchschlupf, der möglicherweise in früheren Zeiten dem Durchkriechbrauch gedient haben könnte. Einen solchen Durchschlupf gibt es auch in der von der Flatzerwand nicht weit entfernten Kulmriegelhöhle im Pittental, welche jetzt zu einer Lourdesgrotte gestaltet ist. Bei Grabungen in ihr wurden prähistorische und römerzeitliche Funde gemacht, die auf eine kultische Benützung der Höhle schließen lassen.
Oberhalb von den Höhlen der Flatzerwand steht der „Jausenstein", eine natürliche Felssäule, die sich hell vom Hintergrund abhebt … sie wird nämlich immer wieder weiß gestrichen. Jausenstein heißt er, weil er angeblich früher als Sonnenstandzeiger für die Jausenzeit gedient haben soll. Warum er immer wieder weiß gestrichen wird? Darüber haben uns die Leute nur sagen können, weil das schon immer Brauch war …
In Niederösterreich gibt es noch zwei andere Steine, die bis heute immer wieder weiß gekalkt werden: Der „Weiße Stein" im Melktal oberhalb von Matzleinsdorf und der „Weiße Stein" bei Perchtoldsdorf unter-

Der „Weiße Stein" bei Perchtoldsdorf.

halb der Föhrenberge. So wie der „Jausenstein" stehen auch sie in einem Steilgelände, das für kultische Zusammenkünfte kaum geeignet ist. Das führte auch zu der Vermutung, ob diese weiß gestrichenen Steine nicht „weisende Steine" für einen besonderen Platz in ihrem Umkreis waren?

In vorkarolingischer Zeit verlief die Grenze zwischen West- und Ostland (Slawen) über den Hiesberg oberhalb des Melktales. Der „Weiße Stein" an seinem Abhang könnte ein – nach damaligen Brauch – weiß gestrichenes Grenzzeichen gewesen sein oder ein Hinweis auf den von unten nicht sichtbaren „Rogelstein". Das war ein Wackelstein und solche wurden in alter Zeit oft zu Kultstätten.

Der „Weiße Stein" bei Perchtoldsdorf wird u. a. auch mit einem römerzeitlichen Kultplatz des Weingottes Dionysos-Bacchus in Beziehung gestellt. Tatsächlich ist die Hügelkuppe oberhalb des Steins ein geomantisch starker Platz. Sollte der weiß gestrichene Stein auf diesen hinweisen?

Sollte auch der weiße „Jausenstein" auf die Kulthöhle am Wandfuß hinweisen? Höhlen waren einst bevorzugte Fruchtbarkeitskultstätten – stand der Stein wegen seiner phallusähnlichen Form in einer Beziehung zu ihr? Oder diente er nur als Zeiger einer Sonnenuhr zur Zeitbestimmung (aber das nicht nur für die Jausenzeit)?

Hell leuchtet jeder dieser drei Steine im Sonnenlicht, aber sonst ist es dunkel um sie. Es sind recht sonderbare Steindenkmäler ... schon seit langer Zeit werden sie weiß gestrichen, weil es so Brauch ist – aber niemand weiß heute wirklich, warum es Brauch ist.

Der steirische Kulm – kein Berg wie alle anderen!

„Unter tausend Meter ist ein Berg kein Berg!“ sagen sture Gipfelstürmer. Der Kulm bei Weiz in der Steiermark ist nur 975 Meter hoch – und doch galt er schon als bedeutsamer Berg in Jahrtausenden, in denen die viel höheren und heute berühmten Berge noch gar keinen Namen hatten.

4. Jahrtausend v. Chr: Auf der Höhe des Kulm entstand die erste menschliche Ansiedlung. Waffen und Werkzeuge waren noch aus Stein, das Geschirr bereits aus Ton. Die bei der Grabung 1977 geborgenen Bruchstücke von Töpfen und Schalen haben bereits einfache Verzierungen … nebeneinander gereihte Punkte und Kerben. „Schöner leben!“ wollte auch schon der Mensch der Urzeit.

Kultbild am Kulm: „Christus in der Kelter“.

Im 1. Jahrtausend v. Chr. wurde die Höhensiedlung befestigt. Dann kamen die Römer. Wohin die Römer kamen holten sie die Berglandbewohner von den Höhen herunter und siedelten sie in den Tälern an, wo sie besser zu kontrollieren waren. Die auf dem Kulm gefundenen römischen Dachziegel und römischen Münzen dürften daher kaum mit Profanbauten in Verbindung zu bringen sein, eher mit einem Bergheiligtum.

Einen Opferplatz gab es auf dem Kulm sicherlich schon lange vor den Römern. Als das „Urgeschichtliche Freilichtmuseum“ noch unterhalb des Gipfels war, hatte man den dort stehenden „Teufelsstein“ mit fotogenen Tierschädeln auf Pfählen zum „Museums-Opferplatz“ gemacht. Heute glaubt man, dass der Felsen tatsächlich einer war. Geomantisch stark negative Mutungen würden ebenfalls bestätigen, dass auf ihm einst blutige Tieropfer – auch wenn's nur Hendln oder Schafe waren – dargebracht wurden.

Jetzt führt der Mitte des 18. Jahrhunderts entstandene Kreuzweg Christi am „Teufelsstein“ vorbei zum Gipfel.

Der Kulm war nie ein Berg wie alle anderen. Er war Siedlungsberg und Heiliger Berg, Erz wurde von ihm abgebaut und eine Signalfeuerstätte stand auf seiner Höhe, das Wetter soll auf ihm „gemacht“ worden sein und von Hexen wurde er angeflogen. Heute schweben Paragleiter und Drachenflieger von ihm hinunter.

„Himmelsberg“ wurde der Kulm früher genannt und scheint auch eine besondere Anziehungskraft für Außenseiter gehabt zu haben, für Gläubige welche eine etwas andere Beziehung zum Herrgott hatten als die Katholische Kirche und für religiöse Schwärmer. Im frühen 18. Jahrhundert war es ein Glasermeister aus Birkfeld der dem alten „Heilprun auf dem Kulmb“ neue Impulse gab …

Tiefblick vom Kulmgipfel zur Kapelle „Maria am Kulmbrunn“.

Von der Quelle unterhalb des Kulmgipfels werden wohl schon die ersten Kulmbewohner getrunken haben. Wasser hoch oben auf einem Berg ist etwas Besonderes. So wurde auch das Kulmbründlwasser bald als heilsam gepriesen.

Ein Kreuz stand bei dem Bründl mit einem Bild der hl. Dreifaltigkeit und einem von „Christus in der Kelter“(= Weinpresse). 1713 soll der erblindete Glasermeister Jakob Dillinger wieder sehend geworden sein, nachdem er seine Augen mit dem Bründlwasser gewaschen hatte. Worauf er zum Klausner neben dem „Heilprun“ und Initiator von Wallfahrten wurde, Predigten und Andachten hielt und Abbildungen des angeblich wunderwirkenden Christusbildes zum Kuss herumreichte, wobei

Der einstige „Museums-Opferplatz“ am Kulm.

mit jedem Kuss eine Seele aus dem Fegefeuer gerettet werden sollte.
„Christus in der Kelter“: Eine aus mittelalterlicher Mystik entstandene Darstellung vom Opfertod Christi (der sich selber als Weinstock und Rebe bezeichnet hatte). Der Pressbalken wurde zum Kreuzbalken, an dem Christus sein Blut vergoss. Am Beginn des 19. Jahrhunderts fand die kirchliche Obrigkeit diese Darstellung zu „unwürdig und anstößig“ und so wurde das Bild 1804 im Pfarrhof von Stubenberg verbrannt und durch ein „anständiges Christusbild“ ersetzt. Dieses wollten aber die Wallfahrer nicht und um die Mitte des 19. Jahrhunderts hing dann wiederum ein Bild mit dem „Herrgott in der Preß“ in der Kulmkapelle.
Gräfin Anna Wurmbrand hatte um 1720 die Kapelle erbauen lassen. Damals kam auch die Marienstatue auf den Hochaltar … Maria, Quell des Lebens – Maria am Kulmbrunn. Seltsamerweise kamen damals die Leute mit ihren Anliegen lieber zum „Hergott in der Preß“. Der Volksglaube ist wandelbar … Wallfahrtsorte kommen auf und wieder ab, Heilige werden über Nacht hoch verehrt und später wieder vergessen. Jetzt kommen die Menschen mit ihren Anliegen zu Maria und der „Hergott in der Preß“ wird kaum beachtet. Kaum beachtet wird heute auch noch der berühmte alte „Heilprun“ – sein Wasser ist versiegt.
Nach dem Glasermeister Dillinger im 18. Jahrhundert war es dann im 19. Jahrhundert ein Schwärmer ganz besonderer Art, der den Kulm aufs Neue zum Kultberg werden ließ – es war der „Schreibknecht Gottes“ Jakob Lorber …
Jakob Lorber (geb. 1800 in Kanischa, Südsteiermark, heute Slowenien; gest. 1864 in Graz; Musiker und Musiklehrer) hörte am frühen Morgen des 15. März 1840 in seinem Inneren eine Stimme, die ihm befahl: „Steh auf, nimm deinen Griffel und schreibe!“ Das tat er dann.
Bis zu seinem Tod schrieb Lorber fast täglich mehrere Stunden all das

nieder, was ihm seine innere Stimme (= „Gott der Herr") diktierte. Das ergab insgesamt 10.000 Druckseiten, die bisher eine Gesamtauflage von über eine Million Exemplaren erreichte. Aber: „Was er niederschrieb, war nicht sein Geistesprodukt. Wer seine Aufzeichnungen über die Atome und Elementarteilchen oder die paläntologischen Sachverhalte liest, kann unmöglich annehmen, dass das, was dort ausgesagt ist, seinem Gehirnverstand entstammt. Niemand war in der damaligen Zeit befähigt, auch nur annähernd so erstaunlich präzise Angaben über wissenschaftliche Details zu machen, die erst in den fünfziger, sechziger Jahren unseres Jahrhunderts von der modernen Wissenschaft gewonnen worden sind." (*Kurt Eggenstein*, 1991)
„Der Großglockner – Niederschrift nach wörtlichem inneren Diktat an Jakob Lorber (30. 4.1842–28. 5. 1842)". In diesem Frühwerk schrieb der „Schreibknecht Gottes" über den Kulm: „Ich brauch' euch nicht mehr'res von allen den heiligen Bergen zu sagen, auch nicht von der Schule der Seher und Künder des ewigen Wortes aus Mir; – geht nur öfter auf Berge, und weilt recht gerne auf selben, da werdet ihr allzeit die Fülle des Segens der ewigen Liebe des heiligen Vaters erfahren! Der Kulm (ein Berg bei Graz), schon einmal von Mir euch geraten, wird geben dem, welcher aus Liebe zu Mir wird besteigen des grünenden Scheitel, was einstens der Tabor dem Petrus, Jakobus und Meinem Johannes". – Ein sehr verschnörkeltes Diktat.
Beim Abstieg vom Kulm hatte Lorber über dem Pischelsdorfer Friedhof sogar einmal „Friedhofsseelen" herumschweben gesehen ... „Seelen, deren Herz sehr stark auf dieser Welt gehangen ist, hängen nach dem Hinscheiden noch lange an der materiellen Erde und namentlich gern an dem Ort, wo ihr Leib verwest".
Lorber verkündete auch eine „Wiederkehr des Herrn" ... „wenn die Trübsal hoch angeschwollen". Wann? „Nach nahezu 2000 Jahren von der Geburt Christi". Dann sollte die Erde gereinigt werden; etwa 100 Jahre sollte das dauern.
Das war eine etwas verschwommene Prophezeiung. Einige Anhänger Lorbers haben sie jedenfalls falsch interpretiert. Der Heimatforscher Leopold Farnleitner berichtet: „Im Jahre 1900, so erzählte mir Diözesanarchivar Dr. Karl Klamminger, seien Scharen festlich gekleideter Männer, Frauen und Jugend, die weiblichen Teilnehmer durchwegs in weißen Kleidern, von der Bahnstation Unterfladnitz aus auf den Kulm gezogen, um auf dieser Höhe den ihrer Überzeugung nach bevorstehenden Weltuntergang zu erwarten. Es waren wohl Anhänger des Mystikers Jacob Lorber" – Sie konnten den Weltuntergang nicht „erleben", mussten dann wieder eine Bahnkarte für die Heimfahrt lösen.
Der Kulm – er ist kein markanter Berg und er ist nicht einmal tausend Meter hoch. Trotzdem: „Zentrum der Urzeit – Berg des Glaubens" wird er heute genannt und als solcher ist er einer der kulturgeschichtlich faszinierendsten Berge der Alpen.

Vom „prächtigen Bergkalvari zu St. Radegund“

Erst im 18. Jahrhundert wurde es allgemein üblich, Gabeln als Essgerät zu verwenden. Am Kalvarienberg von St. Radegund unterm Schöckl sitzen Jesus und seine Jünger schon beim „Letzten Abendmahl“ an einem mit Teller, Messer und Gabeln vornehm gedecktem Tisch …
Kalvarienberge gibt es erst seit dem 15. Jahrhundert. Sie sollten ein Ersatz sein für die gefährlich gewordenen Pilgerfahrten ins Heilige Land, sollten aber vor allem dem Volk drastisch vor Augen führen, wie sehr auch der Herrgott auf dieser Welt leiden musste. Der Radegunder Kalvarienberg mit seinen vielen Kapellen, vielen Figuren und seiner Heiligen Stiege gehört zu den eindruckvollsten unseres Landes.
Unter dem Kalvarienberg entspringt die „Eremitenquelle“ und bei ihr sollen schon im 12. Jahrhundert Einsiedler gehaust haben. Das Wasser der Quelle ist energetisch stark aufgeladen (viel gutes Wasser quillt aus dem Schöckl; im 19. Jahrhundert ist St. Radegund daher auch zum Kurort geworden).
Über die Entstehung des Kalvarienberges wird erzählt, dass ein frommer Bauer nach einem Besuch der Abendandacht die der Kirche gegenüberliegende Bergflanke hell erleuchtet und von Engeln umflogen sah. Worauf der Pfarrer Xaver Braun das Grundstück kaufte, darauf eine Kapelle mit dem gegeißeltem Heiland errichten ließ und 1770 mit dem Bau eines Kalvarienberges begann. 1772 war dieser fertig (einige Bauten kamen später noch dazu). „Heiliger Kreuzweg Jesu Christi auf dem prächtigen Bergkalvari zu St. Radegund am Schöckl. Täglich mit Erlangung aller Abläß, wie zu Jerusalem“ – das war der Titel einer 1773 „mit Erlaubniß der Oberen“ erschienenen Schrift.
1772 war Pfarrer Braun nach Rom und angeblich sogar in das Heilige Land gereist, um Reliquien für seine Nachbildung der „Heiligen Stiege“ (über die Christus in Jerusalem zu Pontius Pilatus hinaufgegangen ist und die später von St. Helena nach Rom übertragen wurde) zu erwerben. Damals blühte noch der Reliquienhandel und der gutgläubige Pfarrer konnte eine unglaubliche Vielzahl „echter Reliquien“ (die ja nur millimetergroß waren) in Metallkapseln gehüllt in die Stufen der Stiege einbetten …
… Reliquien vom Hauptschleier der seligsten Jungfrau Maria und vom Mantel ihres Gemahls Josef, vom Grabe der Unschuldigen Kinder, vom Orte wo die Engel den Hirten erschienen und wo Stefanus gesteinigt worden ist. Eine Reliquie des hl. Petri und vom Ort, wo er bitterlich weinte, und eine von Paulus und dem Orte, wo er bekehrt wurde und auch eine der hl. Maria Magdalena und eine von ihrem Hause …
Selbstverständlich sind auch Partikel vom Kreuz Christi in den Stufen und außerdem noch „viele heilige Gebeine von heiligen Märtyrern“. Diese reliquienreichen Stufen werden auch heute noch von den Gläubigen nur kniend erklommen.

Leider hatte Pfarrer Braun bei seinem Reliquien-Großeinkauf auf einen Heiligen vergessen: St. Bürokratius!

Pfarrer Braun hatte edle Spender aktiviert und den ganzen Bau organisiert – er hatte aber ohne kirchliche Baugenehmigung gebaut. Und nach einer Grenzberichtigung im Jahre 1774 stellte Graf Stubenberg fest, dass die Heilige Stiege auf seinem Grund stand und beschwerte sich beim Bischof. Auch viele Pfarrer beschwerten sich, dass ihre Leute jetzt zu oft nach St. Radegund pilgerten und deshalb ihre Einnahmen zurückgingen. 1774 sollte der Kalvarienberg sogar wieder abgerissen werden. Das geschah aber dann doch nicht, weil man den Zorn der Gläubigen fürchtete, welche die neue Andachtsstätte (besonders die Heilige Stiege) bereits voll und ganz angenommen hatten.

Es waren keine berühmten Künstler die den St. Radegunder Kalvarienberg geschaffen haben, keine Architekten, sondern Maurermeister, nur einfache Bildhauer und der „Malermichl“ von dem viele Fresken stammen war Mesner, Vorbeter und Vorsänger der Pfarrkirche. Bergknappen hatten den Weg auf den Kalvarienberg aus den Felsen gesprengt. Heu-

Die Petrusgrotte am St. Radegunder Kalvarienberg.

te ist er dicht mit Rasen bewachsen und die Besucher können wie auf einem grünen Teppich von Kapelle zu Kapelle dahinwandeln. Besonders originelle Werke der Volkskunst sind darin zu sehen …
… wie in der Petrusgrotte, wo der Hahn (der dreimal gekräht hatte als Petrus seinen Herrn verriet) so prächtig und dominierend dasteht als wäre er und nicht Petrus das Thema der Darstellung …
… oder in der Kreuzfallgrotte, wo einer der Henkersknechte mit zwei Fingern im Mund den am Boden liegenden Herrgott auspfeift …
… und den armen Christus in der Gefängnisgrotte hatte man in so breite schwere Eisenbanden gezwängt, dass von seinem Leib kaum noch was zu sehen ist.
Für unzählige Menschen ist der Kalvarienberg von St. Radegund zum Andachtsweg geworden oder zum Schau-Erlebnis … nur für den Pfarrer wurde sein Kalvarienberg auch zum Schmerzensweg seines Lebens. 1775 wurde er von den „Oberen" als Pfarrer von St. Radegund abgesetzt und ist dann verbittert und krank im Grazer Augustinerkloster gestorben.
1773 hatte er sich noch gewünscht „dass die ganze Welt meine Pfarre wäre und dass man meinem Eifer die uneingeschränkte Freiheit ließe".

Von einer „Heiligen Linie" im Virgental

Im Virgental bei Matrei (Osttirol) stehen die Kirchen von St. Nikolaus, Mitteldorf, Virgen und Obermauern in einer geraden Linie in der Landschaft. Zufall? Oder …

1921 wurde von dem Engländer Alfred Watkins zuallererst das Phänomen wahrgenommen, dass viele heilige Stätten aus der Vorzeit seines Landes durch gerade verlaufende energetische Linien miteinander verbunden sind. *Leylines* wurden sie genannt (nach dem alten angelsächsischen Begriff *ley* für „Visierlinien"). Zu „Magischen Linien" oder auch „Heiligen Linien" wurden sie im deutschsprachigen Raum.
Bald wollte man solche Linien auch zwischen Sakralplätzen christlicher Zeit erkennen, außerdem noch „Magische Dreiecke". Diese unterirdischen Kraftströme faszinierten immer mehr und so wurden oft von Übereifrigen mit dem Lineal auf Landkarten so viele Linien und Dreiecke eingetragen, dass darauf kaum noch etwas anderes zu sehen war. Was natürlich Skeptiker noch skeptischer gegenüber diesen Heiligen Linien und Magischen Dreiecken machte.

Die Gottesmutter am Kirchturm von Obermauern will diesen Platz verlassen, wenn die Menschen nicht wieder fromm werden ...

Jedoch bei aller Skepsis: Im Virgental steckt bei den durch eine schnurgerade Linie verbundenen Kirchen doch Tiefgründigeres ...
So sind die Kirchen von Virgen und Obermauern eng verbunden mit einem der seltsamsten Bräuche des Ostalpenraumes – mit der aus dem Virgental auf den Kirchbühel von Lavant ziehenden „Widderprozession". Das ist eine Wegstrecke von ca. 50 Kilometern.
Auf dem Lavanter Kirchbühel befand sich schon ein vorchristlicher Kultplatz und im 4. Jahrhundert eine der ersten frühchristlichen Kirchen des Landes. In dieser Zeit wurde er auch Bischofssitz. Die „Widderprozession" ist allerdings ein Relikt aus wesentlich früherer Zeit, einer Zeit in der noch Tieropfer dargebracht wurden und der Widder ein Fruchtbarkeitssymbol war. In Welzelach (Gemeinde Virgen) wurde 1889 in einem Brandgrab aus dem 5. Jahrhundert v. Chr. eine Situla (mit Bildern verzierter Bronzeblecheimer) gefunden, von der eine – leider nur in Fragmenten erhaltene – Szene als ein solcher Widderopfer-Umzug gedeutet wird.
Bei den Prozessionen in christlicher Zeit wurde der ausgewählte Widder schon ein ganzes Jahr vorher „unbeansprucht gehalten" (was eigentlich paradox für ein Fruchtbarkeitssymbol ist), besonders gut gefüttert, am Festtag geschmückt, ging bei der Prozession gleich hinter der Fahne, stand in der Kirche unter der Kanzel – und wurde dann versteigert, wobei der Erlös an die Kirche ging. In alten Zeiten ist er noch geschlachtet worden.
Im Jahre 1920 wurde beschlossen, das Widderopfer nicht mehr in Lavant darzubringen. Jetzt zieht die Prozession mit dem Widder nur noch von Virgen in die Kirche Obermauern. Beide Kirchen sind alten

Das „Lukasserkreuz" im Virgental.

Ursprungs: Auf dem Platz der Kirche „Zu unserer Lieben Frau Maria Schnee" in Obermauern dürfte schon in prähistorischer Zeit eine Kultstätte gewesen sein. Die Kirche St. Virgilius in Virgen soll ihren Ursprung in karolingischer Zeit haben. Beide Kirchen wurden auch Wallfahrtsorte.

Keine Wallfahrtskirche ist St. Nikolaus bei Matrei; ihre Fresken aus der Zeit um 1270 machen sie aber zu einem großen Ziel für Kunstfreunde. Vor allem die Darstellungen der vier Elemente in den Gewölbezwickeln der oberen Chorturmkapelle sind Werke, welche spontan faszinieren. Ihre Wurzeln haben sie in jenen ururalten Zeiten, in denen in den Elementen noch lebende Wesen gesehen wurden. In St. Nikolaus erscheinen sie wie Wesen aus einer anderen Welt …

… die Erde als braunes Wesen, dessen rechte Hand Samen ausstreut und die linke ein Tier hält …

… das Wasser ist grün und hält einen Krug und einen Fisch …

… beim Feuer lodern Flammen aus der linken Hand, die rechte hält eine Scheibe (Sonnenscheibe?) …

… die Luft hat einen Vogel und eine Regenwolke in den Händen.

Auf dieser kirchenverbindenden Linie im Virgental steht auf einem formschönen Hügel westlich der Nikolauskirche das „Lukasserkreuz". Es wurde uns erzählt, dass früher die Leute besonders gern zu dem Kreuz hinaufgestiegen sind, um zu beten.

Die Steinsäule des Senator Popaius in Bichl bei Matrei (Aufnahme aus dem Jahre 1962).

Geomantische Mutungen bestätigten, dass wir da oben auf einem „starken Platz" standen, dass aber auch der Weg auf den Hügel dieselben positiven Werte hat, wie sie auf alten Wallfahrerwegen feststellbar sind. War auch auf diesem Hügel in alten Zeiten ein Kultplatz?
Auf dieser kirchenverbindenden Linie hatten wir 1962 in Bichl oberhalb von Matrei eine interessante Entdeckung gemacht. – Wir hatten den kleinen Ort aufgesucht, um „Österreichs ältesten Römergrabstein" zu fotografieren. Beim Pflügen einer Wiese ist 1932 die drei Meter hohe Steinsäule mit der Inschrift POPAIUS SENATOR zum Vorschein gekommen; fünfzehn Meter davon entfernt ein Steinkopf. Jetzt steht die Säule mit dem aufgesetzten Kopf vor dem Haus Nr. 5 in Bichl.
Der Stein wurde in das 2. oder 1. Jahrhundert v. Chr. datiert; ein einheimischer Bildhauer soll das „älteste Porträt der Ostalpenländer" geschaffen haben. Es wurde angenommen, dass der Senator einer der Erschließer dieses Bergbaugebietes für Rom war. „Es ist das Gesicht eines glatt rasierten älteren Herrn, das uns hier entgegenblickt. Welke pergamentene Haut liegt über dem Knochengerüst, schmale Lippen über zahnlosem Kiefer… " – so wird es im *Anzeiger der Akademie der Wissenschaften in Wien* (1938) beschrieben.
Chloritschiefer – aus dem die Bildstele besteht – ist kein für Plastiken gut geeignetes Gestein. So ist die rechte Kopfseite des Senators etwas deformiert worden und wir haben in dem Gesicht weniger das „eines

Das Element Erde. Fresko in St. Nikolaus bei Matrei.

glatt rasierten älteren Herrn" gesehen – eher das eines bösen Dämons.
Einige Jahre später wurde das ganze Denkmal mit anderen Augen gesehen. In der 1975 erschienenen Bezirkskunde des ältesten Osttirol schrieb Stefan Karwiese von „Zweifel an der Authentizität der Stele, zu der auch noch ein Kopf gehört. Gerade um diesen ranken sich Fälschungsgerüchte, aber auch an der Inschrift scheint nicht alles geheuer." – Im Dehio-Kunsthandbuch 1980 wird die Stele bereits kurz und bündig als „dubios" bezeichnet.
Ist sie „dubios"?
Es gibt immer noch Leute die meinen, dass der Senator Popaius echt sei oder zumindest echt sein könnte. Und wir, die ihn jetzt doch schon recht lang kennen, sind noch immer von ihm – ob er nun dubios oder nicht dubios ist – ebenso hellauf begeistert wie an jenem Tag, an dem wir ihn erstmals gesehen hatten. Damals – 1962 – sind wir vom Senator noch auf den dahinter liegenden Bühel gestiegen, der dem Ort Bichl seinen Namen gab. Eine Kapelle aus dem frühen 19. Jahrhundert steht jetzt oben.
Doch in dem felsigen Boden entdeckten wir etwas Älteres … einige ausgeriebene Schalen (siehe Seite 19).
Wir erbaten in einem der Bauernhöfe Werkzeuge, begannen von dem Felsen die Gras- und Moosdecke abzuheben und konnten in einer Tiefe von etwa 20 Zentimeter eine Schale neben der anderen freilegen, von denen die größte einen Durchmesser von 20 Zentimeter hatte.
Bald hatten wir dabei viele Zuschauer. Wir erzählten ihnen von der kultischen Bedeutung solcher Schalen und auch von unserer Vermutung, dass die Kapelle auf dem Boden eines vorchristlichen Kultplatzes steht (wobei wir aber bald das Gefühl hatten, dass die Bichler in uns doch nur Leute sahen, die nach einem verborgenen Schatz gruben).
Leylines, heilige Linien, magische Linien, oder wie immer sie noch genannt werden … unzählige und schon seit langer Zeit durchgeführte ernsthafte Untersuchungen haben ergeben, dass es solche Energieströme im Boden tatsächlich gibt. Und weil die Menschen vergangener Zeiten ihre Sakralplätze nur auf geomantisch starken Plätzen errichteten, darum sind auch die vier Kirchen des Virgentales auf eine solche Energielinie gestellt worden. Freilich: Über die Entstehung solcher Linien gibt es noch immer Diskussionen.
2007 sind wir diese Energielinie in Begleitung einer ortskundigen Salzburger Heimatforscherin abgefahren und abgegangen und dabei zu so

Die Römerkaiser Konstantin der Große und Theodosius der Große in der Antoniuskapelle in Virgen.

vielen Kraftplätzen gekommen, dass wir zuletzt schon glaubten, das ganze Tal wäre ein einziger Kraftplatz. Und am Abend ist uns dann auch noch bewusst geworden, an wie viel Außergewöhnlichem wir an diesem Tag vorbeigekommen sind …

Da waren in der Kirche von Obermauern die 1484–88 entstandenen Fresken, welche so bunt und frisch aussehen, als wären sie erst gestern gemalt worden. Und oben in der Turmwand sahen wir die eingemauerte Gottesmutter mit Kind, von der erzählt wird, dass sie auf und davon gehen werde, wenn die Leute nicht zur wahren Frömmigkeit zurückkehren.

In der Antoniuskapelle in Virgen standen wir vor den im 18. Jahrhundert entstandenen Büsten zweier in einem Prunkharnisch steckenden Männer. Heilige? Keine Heiligen! Nach den Inschriften darunter sind es die Kaiser Konstantin der Große (der 313 das Christentum als Religion anerkannte) und Theodosius der Große (der es 380 zur Staatsreligion machte). Zwei Römerkaiser in einer dem Patron der Armen geweihten Kapelle wird es kaum sonst wo noch geben.

Eine einmalige architektonische Besonderheit der Kirche St. Nikolaus sind die zwei übereinander liegenden Altarräume; wobei die Fresken der nackten, nur mit weißen und braunen Socken bekleideten Gestalten der vier Elemente ein Anblick sind, den wohl niemand so schnell wieder vergisst …

… und der nur noch vom „dubiosen Popaius“ übertroffen wird!

Vom Hochschneeberg bis Gramatneusiedl fließt die Piesting

„Da steht er, der Schneeberg, der mächtige Greis,
Von Gemsen in Angst nur erklettert …“

hatte Franz Grillparzer gedichtet. Angstvolle Gemsen am Schneeberg? Die gibt's nicht! Nicht alles stimmt, was Dichter dichten.
Am Schneeberg – unter den Fadenwänden und an der Mamauwiese – entspringen die Quellbacherl der Piesting. Und bei einer der Quellen (deren Wasser allerdings nicht zur Piesting wird, sondern ins Puchberger Tal abfließt) stand einmal ein besonders originelles Quelldenkmal:

„Der Wastl von der Mamauwiese“

Den Namen hat die Mamauwiese von den Mumen (= mystische, dem uralten Mutterkult zugehörige Matronengestalten). Es wird angenommen, dass bei der heute Sebastianbründl genannten Quelle schon ein vorchristlicher Kultplatz war. Sicher ist, dass der aus dem Flachland ins Alpenland führende „Römerweg“ an dem Bründl vorbeiführte und dessen Wasser schon seit alten Zeiten als heilsam galt.
In Pestzeiten suchten die Menschen auch Zuflucht bei dem Bründl und im 17. Jahrhundert stellten sie eine Steinstatue des Pestpatrons St. Sebastian daneben auf. Ende des 18. Jahrhunderts wurde diese vom Blitz zerschlagen. Für einen neuen Sebastian fehlte den armen Waldbauern das Geld, aber eine Heiligenfigur wollten sie bei dem heilsamen Bründl doch haben. Und sie bekamen eine … einen Putto (wahrscheinlich aus der 1787 aufgelassenen Wallfahrtskirche auf dem Sebastianikogel bei Ternitz).
Lange Zeit stand dann dieser in einem ausgehöhlten Baumstrunk, seine Nacktheit sittsam unter einem groben Leinenhemdchen verhüllt, als neuer Sebastian (liebevoll „Wastl“ genannt) beim Sebastianbründl unterm Schneeberg. Und er war für die Waldbauern Jesuskind, Schutzengel und Nothelfer zugleich, war Vertreter von allem Himmlischen auf dieser Erde zu dem sie ihre Bittgänge machten. Eine einmalige Heiligengestalt des Volksglaubens, die freilich in keinem „Heiligenlexikon“ aufscheint.
In unserer Zeit wurde der hilfreiche „Wastl“ von der Mamauwiese ins Tal gebracht und ist jetzt vor dem „Waldbauernmuseum“ in Gutenstein aufgestellt. Sich selber hätte er nicht helfen können, wenn er von Kunstdieben gestohlen worden wäre.

Große Überraschung im Urgersbachtal

Zwischen Klostertaler-Gscheid und Gutenstein fließt der Urgersbach in die noch junge Piesting. Im Urgersbachtal – so erzählte uns ein alter Wanderer – hätte er die größte Überraschung seines Wanderlebens erlebt. Ahnungslos wäre er in das stille Waldtal hineingewandert – und plötzlich vor einer Traumvilla in einem Märchengarten gestanden.
Urgersbachtal – der Name klingt so fremd und urtümlich, macht neugierig. Als wir einmal daran vorbeiradelten, erinnerten wir uns an die Geschichte des alten Wanderers und fuhren hinein in das Tal. Doch als wir dann in eine düstere Felsschlucht kamen, glaubten wir nimmer daran, eine Traumvilla zu erreichen …
So waren auch wir sehr überrascht, als sie hinter einem Waldriegel groß vor uns stand – die „schlossartige Großvilla" und das sie umgebende Villenensemble „mit bühnenhafter Einbeziehung der umliegenden Kuppen und Landschaftsformationen" (wie es im „Dehio-Kunsthandbuch" formuliert wird). Wir aber fragten uns bei diesem Anblick: Was hatte einen Menschen dazu animiert, in diesem weltabgeschiedenen engen Talwinkel ohne Aussicht und ohne viel Sonne das alles errichten zu lassen?
Bauherr war der durch den Besitz seiner Kohlengruben zum reichen Mann gewordene David Berl. Er hatte den Grund mitsamt den Häusern einiger Waldbauern 1884 erworben; 1887 wurde mit dem Bau der „Villa Berl" nach Plänen von Julius Deiniger (Schüler der Ringstrassenarchitekten Ferstl und Schmidt) begonnen. Prunkvoll wurde ihr Inneres mit Gemälden, Fresken und goldverzierten Holzdecken künstlerisch gestaltet, mit dem Besten und Modernsten ihr Inneres eingerichtet.
Zu diesem Nobelbau kam dann noch die „Villa Flora" dazu. Außerdem gab es auch noch eine Meierei, ein Gesindehaus und eine Gemeinschaftsküche für das bis zu 40 Personen starke Personal, ein Glashaus (aus dem zu Weihnachten Weintrauben eigener Ernte auf die Festtafel kamen), eine Kegelbahn, ein beheiztes Freibad, ein Springbrunnen, Forellenteiche in einem wohl gepflegten Garten …
Zuletzt (1903) ließ David Berl am Waldrand oberhalb der Villa ein Familienmausoleum erbauen … „Im Einklang mit dem prächtigen Rahmen, den die Berls ihrem Leben gaben, stand ihre Begräbnisstätte: Ein Kunstwerk, in dem mosaiische Sakralkunst mit Elementen des Jugendstils verschmolz, ein monumentaler Grabbau aus behauenen Granitquadern" (Hiltraud Ast).
Nach dem Ersten Weltkrieg verlor die Familie Berl ihr Vermögen und die Villa ihren Glanz. 1963 übernahmen die Bundesforste das desolate Anwesen; jetzt ist es wieder in Privatbesitz und wird restauriert.
Heute ist die Straße in das Urgersbachtal asphaltiert. Einst war es nur ein schmaler Fahrweg auf dem das ganze Baumaterial sowie die Einrichtung für die Villa zur Baustelle gebracht wurden. Was sich wohl die

Villa Berl im Urgersbachtal und das Familienmausoleum.

Füchse gedacht haben (die sich bisher in dem Hinterwinkel „Gute Nacht" sagten) als sie Fuhrwerke sahen, welche hochbeladen mit kostbaren Teppichen und Spiegeln, Tafelgeschirr, Badewannen, schönen Statuen und anderen prächtigen Dingen durch das Waldtal rollten?
Schon seit alten Zeiten haben reiche Leute ihre Villen gerne am „Busen der Natur" gebaut, an aussichtsreichen Plätzen und auch an solchen, an denen ihr Tusculum schön zu sehen und zu bewundern ist. Herr Berl hat das nicht getan. Er hat sich im Urgersbachtal niedergelassen (von dem zu seiner Zeit wie auch noch in unserer Zeit fast niemand weiß, wo das überhaupt ist). Und unergründbar bleibt, warum er das getan hat.

Wundersames um den Mariahilfberg

Im 17. Jahrhundert entstanden im Zuge der Gegenreformation viele Wallfahrtsstätten, mit denen der Marienkult wiederbelebt werden sollte. In Niederösterreich gibt es kurioserweise sogar drei mit gleicher Gründungslegende: Die Gottesmutter erteilt einem Bürger die Weisung, ihr Bild an einem bestimmten Ort an einem Baum anzubringen. So kam es 1642 zur Gründung von Maria Taferl, 1656 von Maria Dreieichen, 1661 vom Mariahilfberg bei Gutenstein.

Die Legende vom Mariahilfberg: 1661 erschien dem Schmied Sebastian Schlager aus Gutenstein im Traum siebenmal die Gottesmutter und forderte ihn auf, ein Bild von ihr an einem Baum am Buchschachen (wie damals der Mariahilfberg noch hieß) anzubringen. Worauf der Schmied in Mariazell ein auf Blech gemaltes Marienbild anfertigen ließ und auf dem Berg an einer großen Buche befestigte.
Der Auftrag war erfüllt, das Bild blieb unbeachtet. 1664 rasteten vier Gutensteiner an jenem Platz, an dem dann 1700 eine Mariensäule aufgestellt wurde und sahen eine weiße Taube um den Bildbaum schweben und in hellem Glanz das Marienbild leuchten. 1665 stieg einer der vier Männer mit seinem Bruder, der einen gelähmten Arm hatte, zu dem Bildbaum auf mit der Hoffnung auf ein Wunder. Das geschah und das sprach sich schnell herum. 1665 entstand bei dem Baum eine kleine Holzkapelle, 1668 wurde der Bau einer Kirche begonnen und 1672 kamen Mitglieder des Servitenordens zur Betreuung der Wallfahrer auf den Mariahilfberg.

Wallfahrtskirche Mariahilferberg mit Mariensäule.

Das alles klingt so, als hätte es auf dem Buchschachen vor dem Jahr 1661 der Legende nur Wald und Wiesen gegeben.
Jedoch in einer Handschrift aus dem Jahre 1835 berichtet Pater Albrecht Faustinus, dass 1685 beim Bau eines Wallfahrerwirtshauses – dem Bergwirt – unter dem Boden Mauerreste und ein alter Brunnen freigelegt wurden. Außerdem: In einem Brief aus der Zeit um 1675 teilte der Grundbesitzer Graf Hoyos den Serviten mit, dass in die lang verlassene Einsiedelei auf dem Buchschachen wieder ein Eremit kommen solle. Pater Faustinus vermutete, dass auf dem Buchschachen einst ein Kloster stand, das dem Klostertal (dem oberen Piestingtal) den Namen gegeben hat.
Und die verlassene Einsiedelei? Einsiedeleien entstanden fast immer nur in der Nähe von „Plätzen der Verehrung“, bei Kirchen, Kapellen oder auch gewissen Quellen. Solche standen meist unter der Patronanz der Gottesmutter („Maria – Quell des Lebens“) als Marien- oder Frauenbründl. Auch am Buchschachen gab es einst ein Frauenbründl. Es befand sich am Weg zur „Magdalenengrotte“ und in seiner Nähe soll auch die Einsiedelei gewesen sein.
Neun Klafter tief (das wären etwa 17 Meter) soll der Brunnenschacht gewesen sein; 1764 fiel die Schwester der Bergwirtin in ihn hinein. Sie verlobte sich der Gnadenmutter und konnte – wie es im Mirakelbuch

Mauritius Lang: Buche mit Gnadenbild anno 1668, Kupferstich 36,5 × 26 cm

Eine der Säulen vom Kommuniongitter der Wallfahrtskirche auf dem Mariahilfberg soll aus dem Holz des Bildbaums der Ursprungslegende geschnitzt sein. Rechts: Alte Ansicht vom Bildbaum am Mariahilfberg.

heißt – „wieder glücklich“ herausgezogen werden. Jetzt steht neben dem lange Zeit zugeschütteten Brunnen eine Informationstafel.
Die „Magdalenengrotte“ war einmal ein großes Schauerlebnis für alle Mariahilfbergbesucher … eine natürliche Höhle, welche 1727 Magdalena Gräfin von Hoyos mit Grottenbahneffekten ausbauen ließ. Neben einer Statue der heiligen Maria Magdalena war ein Spiegel so angebracht, dass man dahinter ein unübersehbares Felsenlabyrinth zu sehen glaubte. 1880 wurde dieser Spiegel entfernt, weil die Patres kein Verständnis mehr hatten für eine solche theatralische und typisch barocke Inszenierung; für sie war es nur noch „eine unwürdige, gewissermaßen gauklerische Spielerei“.
1708 zerstörte ein Großbrand die Kirche, 1727 wurde der viel größere Neubau geweiht. Das Gnadenbild war unbeschädigt geblieben, der Baum stark angebrannt. Er soll dort gestanden sein, wo jetzt der Hochaltar der Kirche ist. In diesen soll ein Rest von dem Baum eingebaut sein, aus einem anderen wurde – nach der Überlieferung – eine der kleinen Säulen vom Kommuniongitter geschnitzt.
Diese Säule schaut zwar genauso aus wie alle die anderen Marmorsäulen links und rechts von ihr, aber wer daran klopft, merkt den Unterschied: Man klopft auf Holz, klopft auf ein Stück geschnitztes und bemaltes altes Stück Holz, das noch immer so stark positiv aufgeladen ist, dass es bei geomantischen Mutungen Wünschelrute und Pendel heftig reagieren lässt. Bei den echten Marmorsäulen tun sie das nicht.
Geomantisch gleich stark ist der Platz vor dem Hochaltar (wo der Gna-

denbaum einst gestanden ist) wie auch die Zone um die Mariensäule auf dem Kirchenplatz (die dort steht, wo 1664 der Bildbaum wiederentdeckt wurde). Kirche und Kirchenplatz bilden also einen großen „Ort der Kraft“. Und das ergibt die Frage, ob dieser gute Platz nicht schon viel früher von den Waldbauern als solcher erkannt und aufgesucht worden ist. Das würde auch die Existenz der alten Einsiedelei auf dem Buchschachen begründen. Mit der Legende von dem Marienbild an der Buche ist dann der Platz zum christlichen Wallfahrtsort geworden.
Als schönster Wallfahrtsort Niederösterreichs gilt der Mariahilfberg schon seit langer Zeit. Viele der heutigen Wallfahrer sagen auch, dass er besonders feierlich stimmt. Der Mariahilfberg ist ein Berg, auf dem man nicht nur dem Himmel ein bisserl näher ist, sondern auch jene positiven Kräfte spüren kann, die aus der Erde kommen.

„Wasser speiendes Riesenmaul vom Unterberg“

In Pernitz mündet in die Piesting der Mirabach, der einen spektakulären Ursprung hat: Aus der Miralucke – eine Höhle am Fuße des Unterberges (1342 m) – kommt er als fixfertiges Bächlein heraus.
Nach der Sage hat es seinen Namen von der bildhübschen Bauerntochter Mira, in die sich der Sohn des Burgherrn vom Hausstein verliebt hatte. Der junge Ritter fiel in einem Kampf und Mira stürzte sich in den unterirdischen See des Unterberges. Ihre Tränen bringen noch immer diesen See zum Überfließen und bilden das Mirabachl ...
Die Burg auf dem Hausstein hat es wirklich gegeben. Als imponierender Felsturm steht dieser über Muggendorf und den Mirafällen. Dass einmal eine mittelalterliche Burg auf ihm gestanden ist, bezeugen Mauerreste und erkennbare Bearbeitungen des Gipfelplateaus. Doch 1950 fand der Heimatforscher Ernst Katzer noch mehr: Er entdeckte Scherben im Boden, welche aus wesentlich älterer Zeit stammen.
Archäologische Untersuchungen in den Jahren 1966–68 brachten dann ein überraschendes Ergebnis: Der Felszacken inmitten der Voralpen war vom Ende der Jungsteinzeit an bis übers Mittelalter hinaus als Zufluchtsort genützt worden. Bis zu 60 Meter hoch sind die Felsen des Haussteins. Nur an einer Stelle ist er leicht ersteigbar.
Unter dem Hausstein wird das Mirabachl zu den Mirafällen. In seinem 1807 erschienenen Werk *Die Naturwunder des österreichischen Kaiserthums* beschreibt diese Franz Sartori so dramatisch, als wären es die Niagarafälle ... da rauschen Wassermassen „hinab in die schwarze Tiefe der Schlünde, aus welchen zerstäubte Wellen in rauchenden Wasserwolken heraufwirbeln“ und in den Felswänden „Widerhallt der Donner der stürzenden Wellen“.
Die ersten Alpenreisenden am Beginn des 19. Jahrhunderts hatten die Berglandschaft noch voll euphorischer Romantik erlebt. Und so wurde

Der Hausstein bei Muggendorf.

damals auch das geheimnisvolle Loch am Unterberg, aus dem die Mira herausfließt, bald zum Ziel für alle, die Außergewöhnliches sehen wollten. „Der Unterberg soll ganz mit Wasser gefüllt seyn, und zu nicht geringer Besorgnis der umliegenden Ansiedler durch merkbare Erschütterungen und unterirdisches Getöse eine vulkanische Natur verrathen!?" – Mit Ruf- und mit Fragezeichen hatte das Adolf Schmidl in seinem 1839 erschienenen Buch *Wiens Umgebungen auf zwanzig Stunden im Umkreise* geschrieben. Die „umliegenden Ansiedler" konnten aber noch viel mehr erzählen.

Am Eingang der Miralucke.

Jeder kannte einen von den Mutigen (natürlich schon längst Verstorbenen), welche es gewagt hatten in das unheimliche Felsenloch einzudringen …

… Riesenhallen und Riesenseen hatten sie gesehen …

… furchtbaren Ungeheuern waren sie begegnet …

… gewaltige Schätze lagen zum Greifen nahe vor ihnen.

Und Supermänner müssen diese Leute gewesen sein, denn – das weiß man heute – einem Einzelgänger ohne Spezialausrüstung war es gar nicht möglich, weit in die Höhle hineinzukommen!

Erst im 20. Jahrhundert drangen Höhlenforscher tiefer in diese bekannteste Wasserhöhle Niederösterreichs ein. Dabei wurden Engstellen erweitert, Holzbalken über Wasserlöcher gelegt, Leitern angebracht. Auch die Feuerwehr wurde zum Auspumpen um Hilfe gebeten. Zuletzt kamen Taucher mit Presslufttauchgeräten. Im Frühling 1962 drangen sie durch mit Wasser gefüllte enge Hohlräume etwa 300 Meter weit vor. Bei einer Wassertemperatur von nur +10 Grad steckten sie zehn Stunden lang in den damals noch etwas unterentwickelten Taucheranzügen. Nachher waren sie vollkommen erschöpft.

„Wasserspeiendes Riesenmaul vom geheimnisvollen Unterberg" hatte ein Poet der Romantik die Miralucke genannt. Ob es wirklich Riesenhallen und einen Riesensee tief im Berginneren gibt? Die Höhlenforscher bezweifeln es. Aber ganz sicher sind sie dabei auch nicht.

Faszinierend wirkt auch noch in unserer Zeit der Weltreisen zu großen Weltwundern das kleine Naturwunder Miralucke auf die Menschen.

Dunkle Höhleneingänge gibt es viele, solche aus denen ein ganzes Bacherl heraus fließt weniger. Woher kommt das Wasser? Dem möchte man nachgehen, das verlockt zum Hineingehen in das Felsentor. Sogar eine schon etwas ältere Frau sagte davor. „Wenn i mi net so fürchten tät, tät i am liebsten sofort einigehen!"

Der „Liegende Tropfstein“ bei Waldegg

„Ein kleins Bacherl nimmt jeds Wasserl!“ – das ist ein alter Bauernspruch. Die Piesting ist kein kleins Bacherl, aber das bisserl Wasser vom „Liegenden Tropfstein“ nimmt sie dennoch mit …

Diese Kalksinterader ist ein kurioses Naturwunder. Westlich von Waldegg und etwa 50 Meter oberhalb vom „Piestingtaler Radweg“ entspringt eine kleine Quelle, deren Wasser besonders kalkhältig ist, so stark kalkhältig, dass ihr Wasser jetzt in einer Rinne auf einer bereits 30–50 Zentimeter hohen Sinterbildung talwärts fließt. Wie eine sich durch den Wald herab windende etwa 60 Meter lange Riesenschlange schaut diese aus.

Unten (neben dem Radweg) fließt das Wasser in ein gemauertes Becken – den „Augustinbrunnen“. Daß der Kirchenlehrer und Kirchenvater St. Augustin Patron der Theologen ist, erscheint selbstverständlich. Warum er aber auch zum Quellenpatron geworden ist? In Österreich gibt es etliche „Augustinbründl“ mit deren Wasser sich Gläubige die Augen benetzen um wieder klarer zu sehen.

Wahrscheinlich hatte die Wasserlegende St. Augustin auch zum Wasserpatron gemacht. Als dieser einmal am Meer entlang ging sah er ein Kind, das mit einer Muschel Wasser daraus schöpfte und in den Ufersand goss.

„Was machst du?“ fragte er das Kind.

„Ich schöpfe das Meer aus!“

„Das wird dir nie gelingen!“

Worauf das Kind sagte: „Das wird mir eher gelingen als dir, das Wesen Gottes zu erfassen!“

Wenn die Quelle über dem „Liegenden Tropfstein“ viel Wasser bringt, dann wird die schmale Rinne auf ihm zu schmal. Das kalkhältige Wasser fließt seitlich ab und so wird der Sinterstein immer höher und höher …

In Wöllersdorf wird das Wasser fürs „Tirolerbachl" von der Piesting abgezapft.

Das „Tirolerbachl" bei Theresienfeld

bringt der Piesting kein Wasser, es holt sich sein Wasser aus ihr. Das Tirolerbachl ist ein im 18. Jahrhundert unter Maria Theresia entstandener Kanal, der Wasser aus der Piesting zu dem von ihr gegründeten Ort Theresienfeld bringt.

Vorher war dort eine „mit dem Fluch der Unfruchtbarkeit belastete Gegend" (C. A. Petri in seiner 1869 erschienenen Ortsgeschichte) und so oft Maria Theresia nach Wiener Neustadt reiste, schmerzte sie das „Schottergerolle in dem nur dürftige Heidepflanzen" wuchsen. Sie beschloss dort eine „Ackerbau-Colonie" zu gründen.

Zuallererst musste der Boden bewässert werden. Einige Kompanien Soldaten begannen 1763 den mehr als fünf Kilometer langen Kanal auszugraben, der von Wöllersdorf Wasser der Piesting zu der „Colonie" bringen sollte. Dann wurde dort der Heideboden aufgerissen und versuchsweise mit verschiedenen Getreidesorten besät. Die Saat ging gut auf. Weil aber keiner der Landleute aus der Umgebung in der neuen „Ackerbau-Colonie" Bauer sein wollte, holte man Bauern aus dem steinereichen Land Tirol im Glauben, dass sie auch fürs Steinfeld die richtigen Leute sein müssten. So wurde der Wasserkanal zum Tirolerbachl …

… und verwöhnt wie junge Hunde wurden die Tiroler! Sie bekamen nicht nur Haus und Grund zehent- und robotfrei auf ewige Zeiten, sondern auch noch 100 Taler für die Einrichtung und 12 Gulden für Nahrung am Anfang. Eine schöne Kirche wurde für sie im Zentrum des Ortes errichtet und – so wie es sich gehört – gegenüber der Kirche ein großes Gemeindegasthaus, das heute noch in Betrieb ist.

Die Tiroler haben die Kaiserin „Muatta Reserl" genannt. Als diese im Vorsommer ihres Todesjahres 1780 noch einmal in den Ort kam, woll-

Das „Tirolerbachl" im Steinfeld und vor dem Verteiler in Theresienfeld.

ten sie ihr eine Freude bereiten und hatten vorher Obst gekauft und auf die noch kümmerlich grünenden Bäume gehängt … Potemkinsche Äpfel und Birnen.

Aber heimisch geworden sind die Tiroler mit ihrem großen Heimweh nach den großen Bergen in Theresienfeld nie. Eine Familie nach der anderen verließ wieder den Ort. Pensionierte Offiziere der Militärakademie Wiener Neustadt erwarben die Bauernhäuser und ließen sie zu kleinen Villen umbauen.

Das Tirolerbachl bewässert auch heute noch die Hausgärten von Theresienfeld. Am Ortsrand wird von einem Verteiler (jetzt aus Beton, früher war er aus Holzbrettern gezimmert) das Bachl in Nebenkanäle geleitet, aus denen dann kleine Wasserschächte in die einzelnen Grundstücke führen. Und so wie schon in der alten Kaiserzeit ist die Wasserzuteilung für jedes Grundstück auf die Stunde genau eingeteilt und wird von einem Gemeindebediensteten geregelt.

Ein faszinierender Ingenieurbau aus der Barockzeit ist diese Anlage, ein außergewöhnliches Wandererlebnis ist es, dem Lauf des Tirolerbachls von Wöllersdorf bis Theresienfeld zu folgen. Unterhalb vom Bahnhof Wöllersdorf ist die von großen Quadern gefestigte Schleuse, mit der vom Frühling bis zum Beginn des Winters der Piesting Wasser fürs Tirolerbachl abgezapft wird. Und schon einige hundert Meter weiter wurde für das Bachl ein langer Tunnel (mit Fußgängerweg daneben) unter der Südautobahn geschaffen – ein aufwendiger Bau, der zeigt, was dieser Wasserlauf auch noch den Menschen unserer Zeit wert ist.

Nach der Heideansiedlung fließt das Bachl schnurgerade durch die Heide. Vorbei an tiefen Schottergruben und hohen Schotterbergen und auch vorbei (was Botaniker begeistert) an seltenen Pflanzen führt der Feldweg neben dem Bach dahin. Und am Ortsrand von Theresienfeld

erfüllt das Tirolerbachl im Heideland auch noch die mit seinem Namen verbundenen Vorstellungen ... es rauscht wie ein Gebirgsbach mit einem 40–50 cm hohen Wasserfall in die „Tiefe“.
Die „wasserlose, in Sonnenglut verbrannte lautlose Öde“, welche durch das Tirolerbachl in ein fruchtbares Kulturland umgewandelt wurde, hatte bereits im 19. Jahrhundert auch im Ausland größtes Interesse erweckt. Im Jahre 1848 erschien in der „Leipziger Zeitung“ eine Reportage über die „k. k. Ackerbau-Colonie Theresienfeld“, an deren Schluss die Worte stehen: „Der Mensch kann sich der Menschheit nicht nützlicher zeigen, als wenn er die Segnungen des Anbaues auch auf Wüsten ausbreitet und dies durch Kunst zur Fruchtbarkeit und somit zum Bewohntwerden befähigt; denn er beweist dadurch, dass der Mensch auch zur Beherrschung der Natur geboren und mit allen Kräften und Fähigkeiten dazu ausgerüstet ist“. – Ist er das tatsächlich?

„Heilsamer Brunnen“ in Ollersdorf.

Wunderliche Entstehung von zwei „Heilsamen Brunnen“

Nördlich von der Piesting entspringt bei Leobersdorf der „Heilsame Brunnen“ im ebenen Land. Hinter einer Kapelle (ein Ziegelbau, der eher wie das Stationsgebäude einer Nebenbahn ausschaut) entspringt eine Quelle, zu der vor allem an Sonntagen noch heute Leute aus der Umgebung kommen, dort beten, mit dem Wasser die Augen waschen und es auch in Flaschen mit nach Hause nehmen.
Funde im Umkreis der Quelle lassen annehmen, dass ihr Wasser schon in prähistorischer Zeit geschätzt wurde; als „Heyliger Prunn“ wird sie 1466 erstmals urkundlich genannt. Um 1500 ist sie versiegt, am 23. April 1626 zwischen 15 und 16 Uhr brach sie wieder aus.
Schon Tage vorher war ein donnerähnliches Getöse im Boden zu hören und als dann das Erdbeben ausbrach und ein heftiger Sturm über das Land fegte, schoss mit einem lauten Knall eine fast zwei Meter hohe Wassersäule aus einem Krautacker. Sie sank schnell wieder ab und es verblieb ein rundes Becken mit klarem Wasser in dem – so berichtet die Legende – ein Marienbild schwamm.
Schon in antiken Sagen entsteigen Gottheiten den Quellen und Flüssen; seit dem Mittelalter wird auch von in Quellen erscheinenden Marienbildern erzählt. Die spektakuläre Wiederkehr vom „Heyligen Prunn“

„Heilsamer Brunnen“ bei Leobersdorf.

durch ein Erdbeben geschah in der Zeit der Gegenreformation. Mit dem in der Quelle aufgetauchtem Marienbild sollte auch der durch die Reformation gestörte Marienkult wiederbelebt werden. Und das wiedergekommene Wasser vom alten „Heyligen Prunn“ wurde nach einigen wundersamen Heilungen wiederum als heilsam gepriesen. Bald entstand bei ihm eine Holzkapelle.

Heute hat das Wasser des Heilsamen Brunnens nicht mehr die starke Intensität, die es früher ganz bestimmt hatte. Die fortschreitende Absenkung des Grundwasserspiegels ließ es um 1970 versiegen und seither wird der in Beton neu gefasste Brunnen vom daneben entstandenen Pumpwerk des Wasserleitungsverbandes gespeist – und das ist natürlich nicht mehr das energetisch stark aufgeladene Wasser des Heilsamen Brunnens der Vergangenheit.

Und jetzt wird die Geschichte wunderlich!

Es gibt nämlich noch einen zweiten Heilsamen Brunnen, der am 23. April 1626 zwischen 15 und 16 Uhr durch ein Erdbeben eine Wiedergeburt erlebte. Dieser befindet sich in Ollersdorf im Burgenland und seine Entstehungsgeschichte gleicht haargenau der des Heilsamen Brunnen von Leobersdorf: Schon seit alter Zeit von Menschen aufgesucht (1519 als Wallfahrtsort genannt) … später versiegt und nach dem Erdbeben schwamm ebenfalls ein Marienbild in der neuen Quelle inmitten eines Krautackers. Auch bei ihr geschahen Heilwunder und 1768 wurde über ihr eine Marienkapelle errichtet.

Ein Erdbeben brachte zwei in Luftlinie ca. 80 Kilometer voneinander entfernte Quellen wieder zum Fließen, zwei alte Quellkultorte bekamen dadurch wieder Glanz und Glorie. Dass es aber in Ollersdorf wie auch bei Leobersdorf ausgerechnet ein Krautacker gewesen sein soll, in dem sie wiederentsprangen – das ist mehr als nur wunderlich!

In Gramatneusiedl wird die Piesting zur Fischa

Im Wiener Becken ist es etwas kompliziert mit den Gewässern …
Da ist die Leitha. Sie hat keinen Ursprung, sie entsteht durch Zusammenfluss von der aus dem Rax-Schneeberggebiet kommenden Schwarza und aus der in der Buckligen Welt entspringenden Pitten.
In die Leitha mündet die in Bad Fischau entspringende Warme Fischa. Es gibt aber auch noch eine Kalte Fischa, die bei Haschendorf (nächst Ebenfurth) entspringt und einen spektakulären Ursprung hat …
Das Wiener Becken ist an sich keine hinreißende Landschaft. Weites Flachland, lange Felder, dazwischen einige Bäume; der Schneeberg in der Ferne ist ein himmelhoher Bergriese. Doch auch in dieser Landschaft gibt es Plätze, an denen man sich wie verzaubert fühlt. Ein solcher ist bei der Quelle der Kalten Fischa.
So wie die Mira im Voralpenland aus dem Felsen kommt, so springt die Fischa in dem brettelebenen Land munter wie ein junger Fisch als ein etwa vier Meter breiter und etliche Zentimeter tiefer Bach aus dem Boden und beginnt seinen 38 Kilometer langen Lauf zur Donau.
Kalt und klar ist das Wasser und nach kaum zweihundert Metern bilden sich kleine Weiher, die im Sommer von so dichtem Grün umwachsen sind, dass man sich (mit etwas Phantasie) an der kleinen Jung-Fischa wie an den Amazonas versetzt fühlen kann.

Bei der Fischaquelle.

Am Ursprung der *Vischaha* – wie sie früher hieß – gab es einst den Ort Taignitz, der (nach einer Urkunde aus dem Jahr 1558) aus 17 Häusern bestand und von Weingärten umgeben war; er wurde von den Ungarn zerstört.
In einem 1853 erschienenen Büchlein über *Ebenfurt und dessen Merkwürdigkeiten* berichtete Karl Bednarick, dass die Fischaquelle für die Bewohner der Umgebung ein beliebtes Ziel zum Sonntag-nachmittag- Lustwandeln sei. Der „Große Brunnen" – wie die Wiese mit der Quelle auch genannt wurde – war aber außerdem noch ein Platz, zu dem von weit und breit die Leute kamen, um besondere Ereignisse festlich zu feiern.
Als wir vor einem Vierteljahrhun-

Gramatneusiedl: Am Zusammenfluss von Piesting und Fischa.

dert die Fischaquelle aufsuchten waren wir fest davon überzeugt, dass es an diesem eindrucksvollen Ort bald nimmer so still sein wird … irgendwer wird die Idee haben auf diesem alten Festplatz eines der modernen öden Freizeitzentren mit großem Parkplatz zu errichten. Wir hatten uns geirrt. An der Fischaquelle ist es noch immer still.
Bei Fischamend (*Viscahisgimundi* wird es bereits 1072 genannt) mündet die Fischa in die Donau. Vorher aber – in Gramatneusiedl – fließt das Jungbachl in die Piesting. Und da geschieht etwas Unbegreifliches: Bei diesem Zusammenfluss verliert die hoch vom Schneeberg und schon von weit daherkommende Piesting ihren Namen, wird zur Fischa.
Warum das so ist? Wir haben einige Gramatneusiedler in dem kleinen Park neben dem Zusammenfluss gefragt. Sie wussten es nicht. Nur ein junger Radlfahrer hat gemeint: „Wahrscheinlich ist das so wie in der Straßenverkehrsordnung … die Fischa kommt von rechts und hat daher als Rechtskommende Vorrang!"

Unterwegs zu Außergewöhnlichem

Die „götzischen Steine“ von Sarling

Weithin sichtbar steht die kleine Kirche von Sarling auf ihrer Anhöhe; großartig ist von ihr der Ausblick auf die Donauschlinge von Persenbeug („Böse Beuge“). 1969 beendete Untersuchungen des Bundesdenkmalamtes ergaben außerdem, dass das unscheinbare Kirchlein auf „historischem Boden“ steht:
Zwei Siedlungsgruben unter dem Kirchenpflaster lassen schließen, dass bereits im 1. Jahrtausend v. Chr. (Hallstattzeit) auf dem kleinen Hochplateau Menschen hausten.
Aus der Römerzeit stammen Fundamente eines Gebäudes. Von bei der Kirche herumliegenden „götzischen Steinen“ wurde schon immer erzählt; 1950 sind vom Heimatforscher Stefan Denk die drei römerzeitlichen Altarsteine gefunden worden, die jetzt außen vor der Kirchenwand stehen. Es ist daher anzunehmen, dass die Fundamente einen Tempel getragen haben.
Neben diesen Fundamenten wurden auch jene von der ersten christlichen Kirche aus dem 11. Jahrhundert freigelegt; sie war wahrscheinlich ein Holzbau.
Im 12. Jahrhundert entstand anstelle des Holzbaus ein Steinbau, der später erweitert wurde.
Das Kirchlein von Sarling war zwar keine offizielle Wallfahrtsstätte, wurde aber wegen ihres Patrons – St. Veit – sehr oft auch von Gläubigen aus der näheren und weiteren Umgebung aufgesucht.
St. Veit beherrscht auch das Kircheninnere mit dem 1658 entstandenen Hochaltar. Der Altar ist zur Bühne geworden, für ein barockes „Heiliges Theater“, für eine Darstellung von St. Veits Martyrium, bei dem dieser in einem Ölkessel gesotten wurde – und das überlebt haben soll. Groß ist der Kessel mit dem brennenden Feuer darunter. Doch der heilige Jüngling steht darin so verzückt, wie wenn er ein wohltuendes Fußbad nehmen würde.
Unglaubliche Leiden hatte der jugendliche Märtyrer aus Sizilien erdulden müssen, unglaubliche Wunder hat er erwirkt. Als einer der heiligen Nothelfer wurde er zuständig für alle außergewöhnlichen Krankheiten wie Epilepsie, Fraisen und Pest, bei Bissen von Giftschlangen und tollwütigen Hunden. Und weil der Ölkessel zu seinem Attribut wurde und weil dieser oft so klein wie ein Nachttopf geriet, wurde St. Veit auch zum Patron aller Bettnässer.

Linke Seite: St. Veit im Ölkessel auf dem Hochaltar der Kirche von Sarling.

St. Veit war aber auch jener Heilige, dem bis in das 19. Jahrhundert noch Huhnopfer dargebracht wurden. Solche gab es schon im alten Ägypten, bei den Griechen, Römern, Germanen und Slawen. Hahn oder Henne waren Sühneopfertiere bei den Juden (*Kaporah* hieß das Sühneopfer, daraus entstand im Jargon das Wort *kapores* für „kaputt, zerstört"). Und wenn die Hendln auch nur als Naturalien in christliche Kirchen gebracht wurden, deren Erlös zumeist den Armen zugute kam – als Opfergaben hatten sie auch noch eine alte symbolische Bedeutung: Das Eier legende Huhn wurde mit Fruchtbarkeit, der bei Sonnenaufgang krähende Hahn mit Wachsamkeit und Erleuchtung im Glauben in Beziehung gebracht.

Ein Hahn wird auf vielen Bildwerken ebenfalls als Attribut von St. Veit dargestellt. In Sarling schwebt über dem Jüngling im Ölkessel ein mysteriöses Federvieh, das zwar Ähnlichkeit mit einer Heiligengeisttaube hat, aber auch Hahn oder Henne sein könnte. In einer Aufstellung der Einkünfte vom Kloster Säusenstein – dem die Sarlinger Veitskirche zugehörig war – werden 1530 auch die der Kirche geopferten „Hünner" angeführt. Und „Hendlloch" wird eine Nische in dieser Kirche genannt, die wahrscheinlich früher ein Hühnerstall war.

Hühnerställe für Huhnopfer gab es einmal in vielen Veitskirchen. Der originellste von allen noch erhaltenen ist in der (von Sarling nicht weit entfernten) Veitskirche bei Neuhofen/Ybbs zu sehen. Er ist in die Rückseite des um 1700 entstandenen Hochaltars (mit kleinen Türln und Luftlöchern) eingebaut.

Neuhofen/Ybbs ist jener Ort, der in einer Urkunde aus dem Jahr 996 als in „Ostarrichi" liegend genannt wird. Das war die erste Namensnennung Österreichs und das wurde 1996 mit viel Trara als „Geburtsstunde Österreichs" gefeiert.

„1000 Jahre Österreich" – In diesem „Millenniumsjahr" gab es Millenniumswein, Millenniumsbrot und sogar Millenniumshüte und so kam bei vielen Leuten die vertrackte Vorstellung auf, dass Österreich vor dem Urkundenjahr 996 nur ein ödes Niemandsland war. Aber Namenstage sind keine Geburtstage; diesen hat jedes Land, wenn es zum Lebensraum wird. Und das ist Österreich schon Jahrtausende vorher geworden.

Wo jetzt die Kirche von Sarling steht, hatten schon die Römer ihren Göttern geopfert. Seit der Mitte des 19. Jahrhunderts rollen unter dem Kirchenberg die Züge der Westbahn dahin – und in dieser Zeit trugen noch immer die Menschen ihre Hendl auf den Berg. Alte Bräuche, alte Traditionen sind die Wurzeln vom Lebensbaum eines Lebensraumes.

Wie stumme Wächter stehen die drei Altäre aus der Römerzeit vor der christlichen Kirche … ohne Inschrift, ohne Zier. Der im Donautal gebrochene grobkörnige Granit ließ keine feinere Bearbeitung zu und so ist unbekannt, welcher Gottheit sie zur Verehrung dienten. Trotzdem haben diese drei Klötze eine ganz eigenartige Wirkung, faszinieren

Die drei römerzeitlichen Altäre vor der Kirche von Sarling.

mehr als alle die Marmoraltäre in den Museen mit schönen Inschriften und Reliefs.
Dem Heimatforscher Stefan Denk hatten die Erzählungen von den „götzischen Steinen“ keine Ruhe gelassen: Zwei der Steine fand er vor der Kirche unter hohem Pflanzenwuchs, einen in der Kirche unter der Orgelempore. Voll Euphorie schrieb er nachher; „Als Zeugnisse menschlicher Gottverbundenheit über Jahrtausende hinweg zwingen sie den Denkenden zur Besinnung und Ergriffenheit.“
1877 ist in den „Blättern des Vereines für Landeskunde von Niederösterreich“ noch zu lesen gewesen, dass die Kirche von Sarling „keine Spuren hohen Alters zeigt“.

Die schöne Kümmernis von Kienberg

Die heilige Kümmernis ist irrtümlich zur Heiligen geworden … „Volto santo“ (= heiliges Antlitz) wurde ein viereinhalb Meter hohes Kruzifix im Dom von Lucca genannt, das Nikodemus (der Bestatter Jesu) geschnitzt haben soll. Das Antlitz ist ihm selber aber nicht und nicht gelungen; aus Überanstrengung ist er in Ohnmacht gefallen und göttlicher Wille hat es dann geformt.
Um 800 soll das Kruzifix nach Lucca gekommen sein, wo der Corpus mit einem langen Gewand und goldenen Schuhen bekleidet wurde. Anfang des 15. Jahrhunderts kamen durch Seefahrer Abbilder des „Volto santo“ nach den Niederlanden und dort entstand die Legende um die gekreuzigte Frau.
Die Legende: Die Tochter eines heidnischen Königs und heimliche Christin sollte einen heidnischen Fürsten heiraten. Das wollte sie nicht

und auf ihr Gebet bekam sie einen Bart. Daraufhin verzichtete der Fürst auf die bärtige Braut und ihr erzürnter Vater ließ sie kreuzigen. Um ihre Schmerzen zu lindern, fiedelte ein Spielmann am Fuße des Kreuzes und zum Dank schenkte ihm die Gekreuzigte einen ihrer goldenen Schuhe. „Ontkommer“ wurde die Jungfrau genannt, eine Befreierin von Kummer. Als „Kümmernis“ wurde sie zur Heiligen, die sehr schnell in ganz Mitteleuropa als Helferin bei Kummer und Not hohe Verehrung fand. Viel Kummer mit dem „barteten Weiberchristus“ hatte hingegen die kritische Geistlichkeit. Da war die sonderbare Heilige mit der unglaubwürdigen Legende – und da war das Volk, das solche Nothelfer brauchte. Erst mit dem Fortschreiten der Aufklärung kam es im 19. Jahrhundert auch zum Ende der Kümmernis-Verehrung, wobei dann Kirchen wie auch die Landschaft so gründlich von Kümmernis-Bildnissen „gesäubert“ wurden, dass jedes heute noch erhaltene zur Rarität geworden ist.
Für die Künstler war es nicht leicht, die gekreuzigte Königstochter darzustellen. Sie sollte schön sein ... aber das mit einem Bart? Mit einem besonders schönen Prunkkleid wollten die Künstler dafür einen Ausgleich schaffen. Auch die Kümmernis in Dorf/Pinzgau trägt ein schönes Prunkkleid, aber ihr Bart ist ein uriger Männerbart und der macht sie zur schiachsten Kümmernis von allen, die wir gesehen haben.
Die Kümmernis von Kienberg (bei Gaming) hingegen ist die schönste, die wir kennen. Auf ihrem lieblichen Antlitz ist bloß ein zarter Bart erkennbar und sie trägt nicht nur ein schönes Kleid, sondern auch noch einen weit geöffneten Mantel wie eine Schutzmantelmadonna. Keine Schmerzensfrau, sondern eine Heilige, die mit erhobenen Händen allen Kummerbeladenen ihre Hilfe anbietet.
Heute hängt das angeblich aus dem 17. Jahrhundert stammende Kümmernisbild in einer um 1800 entstandenen Kapelle bei der Ortseinfahrt nach Kienberg (neben der Umfahrungsstraße). Früher soll es bei der Hochgerichtsstätte von Gresten gewesen sein.
Eine so elegante Frau neben dem Galgen?
Eine junge Frau, welche frische Blumen in die Kapelle stellte, ließ die Zweifel nicht gelten... „Das war schon der richtige Platz für unsere Kümmernis. Da haben die armen Teufl zuletzt noch einmal was Schön's g'sehn auf dieser Welt!“

Fassade vom alten Posthaus in Melk.

Die allegorischen Posthäuser von Melk und Purkersdorf

An der alten Poststraße von Wien nach Linz (der späteren Bundesstraße 1) stehen zwei Posthäuser, von denen jedes mehr ist als nur ein Amtsgebäude … jedes ein Kunstwerk zur Verherrlichung der Post.
Das eine steht in Melk (Linzer Straße 3/5) und wurde 1792 errichtet. Es ist jetzt restauriert und wenn die Sonne seine goldenen Reliefs an der Fassade hell erglänzen lässt, dann strahlt das Gebäude wie das Zau-

Relief am alten Posthaus in Purkersdorf.

berschloss eines Goldmachers. Neben den vielen Postsinnbildern und Postkutschern auf den Reliefs hat sich auch der Erbauer des Posthauses medaillenbehangen in seiner ganzen Würde verewigen lassen und außerdem auch noch seinen Großvater, der Leibarzt in Häusern hoher Adeliger war. Er hält in der Hand eine Harnflasche. Diese galt einst ebenfalls als Arztsymbol (woraus zu ersehen ist, welche Bedeutung damals die Harnanalyse hatte).

Ein Posthaus war damals auch eine Raststation und als Inbegriff behaglichen Rastens galt ein weiches Sofa. Darum steht vor dem Melker Posthaus unübersehbar einladend ein solches. Es ist allerdings aus hartem Stein.

Freiherr Josef Weber von Fürnberg (1742–1799) hatte dieses Postamt errichten lassen. Er war ein Urahn aller heutigen Manager. Bis zum Jahre 1795 hatte er die Hälfte des Holzbedarfs der Stadt Wien gedeckt, hatte nicht nur die Schlägerungen im Waldviertel, sondern auch den Holztransport bis ins Wiener Stadtgebiet organisiert. Die Verordnung von Kaiser Joseph II., dass Abgeholztes wieder aufgeforstet werden müsse, ließ dann das Interesse Fürnbergs am Holzgeschäft schwinden. Außerdem hatte er bereits ein neues einträgliches Geschäft entdeckt – das Postwesen.

Reisen mit der Postkutsche waren damals sehr teuer. Noch 1824 kostete eine Fahrt von Wien nach St. Pölten 185 Kreuzer (für ein Kilo Rindfleisch wurden damals 6 Kreuzer bezahlt). Dazu kamen noch verschiedene Gebühren … „Sperr-, Weg- und Brückengeld sind die Passagiers aus sich zu leiden schuldig, wie auch die Wagenschmiere“ heißt es im „Reisealmanach der Postcours 1773“. – Heute hat Schmiergeld eine andere Bedeutung.

Das andere der zwei schönen Posthäuser ließ Fürnberg 1796 auf dem Hauptplatz von Purkersdorf errichten. Sein Eingang gleicht einem Tempelportal; mit den Reliefs an seiner Fassade schaut es aus wie ein Musentempel …

Später standen freilich viele Leute vor diesen Reliefs und fragten, was sie bedeuten sollen?

Zu Fürnbergs Zeiten war die Allegorie (griechisch „Allegorein = „anders sagen“) noch ein Ausdrucksmittel der Gebildeten und auch aller, die es zumindest sein wollten. Darum hatte auch der neue Postmeister seine Lobpreisung der Post an den Reliefs allegorisch ausgedrückt.

Allegorien sind zumeist zeitgebunden, manchmal hat schon die nächste Generation die Beziehung dazu verloren. Darum gibt es jetzt für einige Details der Reliefs verschiedene Auslegungen. Und weil Fürnberg „der edlen Weiblichkeit nicht abhold“ gewesen sein soll, haben die lustigen Purkersdorfer für alle Reliefs noch eine Eigenbau-Deutung gefunden. Das sind beide Deutungen, links die offizielle, rechts die Purkersdorfersche:

1. Der geflügelte Götterbote Hermes (römisch Merkur) als Symbol für die „schnelle Post“	*Briefliche Einladung an den Geliebten*
2. Frau mit abgenommener Maske und einer Laterne in der Hand. Das soll bedeuten, dass Reisen mit der Post den Blick freier macht und den Geist erleuchtet. Oder: Postnachrichten bringen Licht ins Dunkel.	*Komm maskiert. Wenn es Nacht wird empfange ich dich mit der Laterne.*
3. Frau mit Schlüssel in der Hand, zu ihren Füßen Schild mit Hahn und daneben Hund = Symbole für Sicherheit und Wachsamkeit der Post	*Komme, wenn der Hund schon bellt und bleibe bis der Hahn kräht. Den Schlüssel halte ich bereit.*
4. Frau hält Herz und schmiegt sich an einen rebenumrankten Baum. Deutung umstritten. Möglicherweise: Hab Vertrauen (Baum) und lerne die Post lieben.	*Ich liebe dich und schmiege mich an dich so wie der Weinstock an einen Baum.*
5. Frau legt Finger auf geschlossene Lippen = Postgeheimnis	*Verrate unser Geheimnis nicht!*
6. Wiederum: der schnelle Götterbote	*Noch einmal: Briefliche Einladung zum Rendezvous*

Schön sind sie, diese Fassaden der beiden Posthäuser mit ihren Reliefs … Vorläufer der heutigen das Blaue vom Himmel versprechenden Werbeplakate!

Versteinerte Brote

„Brot ist etwas Heiliges!“ sagten früher die Leute. Brot war für sie mehr als nur ein Nahrungsmittel. Der zopfartig geflochtene Striezel ist aus dem Haaropfer aus alter Zeit entstanden, das Kipferl wurde schon als „panis lunatus“·(Mondbrot) in mittelalterlichen Klöstern verteilt.
Wer Hungernden kein Brot gab, verstieß gegen das Gebot der Näch-

stenliebe. So entstanden um jeden brotähnlichen Steinbrocken – ob groß, ob klein – Sagen von geizigen Menschen, deren Brot zu Stein wurde weil sie es nicht teilen wollten.
Fast einen Meter hoch ist der „Steinerne Brotlaib" bei der „Rosalienquelle" im Wald über Kirchstetten (bei Neulengbach). Die Sage: Arme Frau bat bei der Quelle jausnende Holzknechte um ein Stück Brot – Holzknechte gaben ihr keines – Frau verzauberte das Brot der Holzknechte (von dem diese schon ein gewaltiges Scherzl abgeschnitten hatten) zu Stein.
Rosalia von Palermo ist im 17. Jahrhundert (neben St. Sebastian und St. Rochus) zur großen Pestheiligen geworden. In den Pestjahren dieser Zeit suchten die Menschen oft Zuflucht bei Quellen in freier Natur und damals wird die Rosalienquelle auch ihren Namen bekommen haben. Der vor ihr liegende seltsame Steinbrocken hat sich dann förmlich dazu aufgedrängt, eine „lehrreiche Geschichte" verpasst zu bekommen. Für die Geologen ist er eine Wollsackverwitterung im feuchten Sandstein.
Und ein Silikatgestein (Jaspis) ist der „Steinerne Brotlaib" in der Kirche von Statzendorf (bei Herzogenburg). Diese schaut einem frischgebackenen Brotlaib mit knuspriger Rinde so täuschend ähnlich, dass man sich gleich ein Gustoscherzl von ihm abschneiden möchte. Und seltsam: Das kleine Naturwunder liegt nicht irgendwo in einem Kirchenwinkel, sondern steht vorne neben dem Hochaltar auf einem schönen Säulenstumpf wie etwas Verehrungswürdiges (Bild auf Seite 8).
Tatsächlich haben früher fast alle aus dem Norden kommenden nach Mariazell ziehenden Wallfahrer auch die Kirche mit dem Brotlaib aufgesucht. Er muss für sie mehr gewesen sein als nur eine Kuriosität. Interessant ist in diesem Zusammenhang, dass bei Statzendorf 1999 auch eines der mysteriösen „Brotlaibidole" aus dem 2. Jahrtausend v. Chr. gefunden wurde. Diese Tongebilde sind vor allem in Mitteleuropa und Oberitalien verbreitet. Als Kultbrote wurden sie zu allererst gesehen, heute erscheinen sie rätselhafter als zuvor. „Über die Bedeutung oder über den geistigen Hintergrund dieser ornamentierten Tonobjekte gibt auch der vorliegende Fund keine Auskunft. Allen Deutungsversuchen mangelt es an Beweisbarkeit. Ob hier eine Art „Spielstein" oder irgend eine andere profane Zweckbestimmung vorliegt, oder ob diese Plastik in den Bereich des Kultes gehört, muss unentschieden bleiben" (Hermann Maurer).
Vom „Steinernen Brot" in der Statzendorfer Kirche wird erzählt, dass während einer Hungersnot eine reiche Bäuerin Brot gebacken hat und als sie von ihrer armen Nachbarin um eines davon gebeten wurde sagte, dass sie keines habe. Als sie später den Backofen öffnete, war das Brot zu Stein geworden.
Im Backofen wurde in Steinparz ebenfalls Brot zu Stein, weil eine Bäuerin am Florianitag (4. Mai) statt in die Kirche zu gehen Brotbacken wollte. Als Schützer vor Feuergefahr war St. Florian für die Bauern ein

wichtiger Heiliger und während der Florianimesse an seinem Festtag durfte daheim kein Feuer brennen. So war's Brauch. Die Bäuerin hatte den Ofen angeheizt, darum war ihr Brot zu Stein geworden. Voll Wut hatte sie dann die versteinerten Brotlaibe in den Bach geworfen.
Maria Steinparz (Bezirk Melk) ist ein Wallfahrtsort bei dem anfangs die Menschen mit ihren Bitten zu einer Bildbuche kamen. Möglicherweise war der Platz schon in vorchristlicher Zeit eine Stätte der Verehrung. Um 1850 entstand dort eine kleine Kapelle, die in den folgenden Jahren zur Wallfahrtskirche ausgebaut wurde. Unterhalb der Kirche fließt ein kleines Bächlein in das die wütende Bäuerin die versteinerten Brotlaibe hineingeworfen haben sollte. Für die Geologen sind es vom Wasser rund geschliffene Kalzitlaibe.
Wollsackverwitterungen, Silikat- und Kalzitbrocken … die Volkssagen haben viel daraus gemacht. Ohne Zeitungen, Radio und Fernsehen haben die Menschen früher Geschichten zum Erzählen gebraucht. Heute werden diese Geschichten allmählich vergessen …
Auf dem kleinen Platz unter der Kirche von Kirchstetten sind „Rosalienquelle" und „Steinerner Brotlaib" zu einem Brunnendenkmal gestaltet worden. Das Denkmal ist erst vor kurzem aufgestellt worden – sagte uns ein junger Mann – und es soll sogar eine Sage darüber geben … „aber um was es dabei geht, weiß i net!"

„Steinerner Brotlaib" bei der Rosalienquelle über Kirchstetten und „Versteinerte Brotlaibe" im Bach und der Wallfahrtskirche Maria Steinparz.

Von Hausbergen und einem Kogel mit „Hendlgrenze“

Der Kahlenberg ist ein Wiener Hausberg und der Schneeberg ebenfalls. Es gibt aber auch Hausberge anderer Art …

Das sind Hügel, auf denen im Mittelalter das Haus von einem der damaligen Herren stand … natürliche Hügel oder aufgehäufte, welche von Gräben und mit Palisaden versehenen Erdwällen umringt waren. Diese Hausberge waren die Vorläufer der steinernen Ritterburgen.

Zu „Steinernen Zeugen unserer Vergangenheit“ sind in der Zeit der Romantik die Ritterburgen geworden. Als in der zweiten Hälfte des 19. Jahrhunderts die Erforschung der Bodendenkmale begann, gab es zunächst Missverständnisse: Die Hausberge wurden für große Grabhügel bedeutender Herrscher wie auch für germanische Heiligtümer gehalten. Erst anfangs des 20. Jahrhunderts wurden sie als Erdburgen des 11./12. Jahrhunderts erkannt.

Mehr als hundert Hausberge gibt es im Land um Wien. Viele stehen vergessen und von Bäumen und Gesträuch umwuchert in der Landschaft, etliche bekamen eine neue Funktion.

Der Hausberg (Kirchenberg) von Kopfstetten.

„Castrum Chopfstetten“ wurde einst der im 11. Jahrhundert als Festung gegen die Ungarn errichtete Hausberg von Kopfstetten genannt. Im 18. Jahrhundert baute man eine Kirche darauf, in der eine Marienstatue bald viele Wallfahrer anzog. Heute wird der Berg nur noch Kirchenberg genannt. Und kein Besucher denkt noch daran, dass dieser imposante Berg im brettlebenen Marchfeld mühevoll von Menschenhänden aufgeschüttet worden ist.

Hausberge wurden auch in Kalvarienberge umgewandelt oder sogar ein Friedhof darauf angelegt (in Obergänserndorf). Auf dem Hausberg von Atzenbrugg (Tullner Becken) wurde im 18. Jahrhundert ein Pavillon erbaut, später hat darin Franz Schubert seine „Atzenbrugger Tänze" komponiert. Jetzt heißt der Hausberg „Schuberthügel". Den originellsten Hausberg fanden wir im Wienerwald …

Hausberg von Kogl mit der „Hendlgrenze".

Kogl liegt im Hügelland südlich von Sieghartskirchen, hat nur wenige Häuser und ist was man ein verschlafenes Dorf nennt. Und doch ist es älter als so manches Städtchen, das heute mit einem Stadtwappen protzt. Seine Anfänge hat es in der Zeit der Gründung der Ottonischen Mark 976, als der Babenberger Leopold I. dieses Grenzgebiet im Wienerwald mit bayrischen Siedlern besetzte. Damals wurde auch sofort mit dem Bau von Burgen begonnen und von dem mit Wall und Graben umgebenen Hügel (Kogl) hat der Ort Kogl auch seinen Namen.

Ursprünglich war der Hügel höher. Um 1875 ist er etwas gestutzt und ein Weinberg auf dem Plateau angelegt worden. Vorher hatten schon Schatzgräber ein tiefes Loch in sein Inneres gegraben und bloß einige Topfscherben gefunden.

Kogler Hauptstraße Nummero 12 … hinter dem Haus steht der Hausberg. Aber den Hausbesitzern gehört nur eine Hälfte, die andere gehört dem Nachbarn. Und weil die Hausbesitzer viele Hühner (glückliche

Schubert und seine Freunde vor Schloss Atzenbrugg. Im Hintergrund der Hausberg mit dem „Schuberthäusel" (Radierung von Moritz von Schwind).

Hühner!) haben, führt über den Hausberg ein Zaun hinweg – eine „Hendlgrenze".
Siedler – das Wort klingt so bieder. Die Gefolgsleute vom Markgrafen Leopold waren keine Biedermänner, hatten in dem neuen Grenzland eine ungewisse Zukunft. Der Hausberg war ein Bollwerk, das ihnen etwas Sicherheit gab.
Am Hausberg von Kogl zeigt sich heute ebenfalls, wie alles unterliegt dem großen Wandel durch die Zeit, der „allgewaltigen Zeit, der selbst die Götter erliegen" wie es Leo Bruhns in seiner römischen Kunstgeschichte formuliert hat. Heute überwacht auf ihm der Hahn seine Hendl.

„Schielezelle" in Neulengbach

Künstlergedenkstätten befinden sich in Geburts- oder Sterbehäusern oder an Stätten ihrer Erfolge. Die Egon-Schiele-Gedenkstätte von Neulengbach ist im Gefängnistrakt des alten Bezirksgerichtes, in dem der Künstler vom 13. bis 30. April 1912 eingesperrt war.
Eingesperrt! Heute sind die Zellen museal restauriert, gut beleuchtet, blank geputzt und auch durchlüftet, haben weiße Wände. Aber damals muss es beklemmend gewesen sein, wenn die schwere Holztür zufiel und der Eingesperrte dann allein war in dem kleinen engen Raum. Vor allem war es der Abortkübel, dessen Gestank Egon Schiele sehr deprimierte.
Warum Schiele ins Gefängnis kam? Eigentlich war es eine „patscherte Gschicht". Schiele wohnte damals glücklich mit seiner Freundin Valerie (Wally) Neuzil in einem Neulengbacher Landhaus. Eines Tages kam ein von daheim ausgerissenes Mädchen zu den beiden, die gaben ihr für eine Nacht Unterkunft und brachten sie am nächsten Tag zu ihrer Großmutter nach Wien. Dort wollte das Mädchen aber dann auch nicht hin und so übernachtete Wally mit ihr in einem Hotel, während Schiele die Nacht auf einer Soiree verbrachte. Am nächsten Morgen fuhren alle drei zurück nach Neulengbach. Inzwischen hatte der Vater des Mädchens Abhängigkeitsanzeige erstattet. Damit hatte eine Amtshandlung begonnen … Verdacht der Entführung und Schändung der Vierzehnjährigen und nach einer Hausdurchsuchung: Verdacht einer Sittlichkeitsübertretung.
Schiele war zu naiv gewesen und die Gesetzesvertreter zu stur.
Zehn Jahre später (und schon nach Schieles Tod) veröffentlichte sein Freund, der Kunstschriftsteller und Galerist Arthur Roessler Schieles Gefängnistagebuch unter dem Titel „Egon Schiele im Gefängnis". Beeindruckend ist jene Stelle, wo Schiele seine ersten Tage in der Zelle ohne Papier, Bleistift, Pinsel und Farben beschreibt … „und so malte ich, mit den Wurzeln aus dem Boden meines Tuns gerissen wie ich

bin, um nicht wirklich verrückt zu werden, mit dem in bittern Speichel getauchten zitternden Finger, unter der Benützung der Flecken im Mörtel, Landschaften und Köpfe an die Wände der Zelle und sah dann zu, wie sie nach und nach eintrockneten, verblassten und in die Tiefe des Gemäuers verschwanden, wie weggewischt von einer unsichtbaren, zauberhaft starken Hand."
So ergreifend diese Tagebucheintragungen auch sind, so gibt es doch schon seit langer Zeit Zweifel, ob sie in dieser Form tatsächlich von Schiele stammen. Roessler war einer der ersten der Schieles Kunst würdigte und ihre große Zukunft vorausgeahnt hat. Darum soll er – so wird gesagt – Schiele etwas „aufgebaut" haben.
War Schiele wirklich so sensibel?
„Habe vor zu heiraten, günstigst, nicht Wally vielleicht", hatte er an Roessler geschrieben und 1915 „günstigst" die bürgerliche Edith Harms geheiratet. Wally Neuzil, Gefährtin in den schlimmsten Tagen von Schieles Leben, meldete sich daraufhin zum Kriegseinsatz als Rote Kreuzschwester und starb an Scharlach 1917 in einem Marodenhaus bei Split. Schiele und seine Frau Edith starben 1918 kurz hintereinander an der Spanischen Grippe in Wien.
Schieles Werke werden heute um Millionenbeträge verkauft und gekauft. Vor einigen Jahrzehnten waren sie noch etwas billiger.
Nachdem ich 1946 aus der Kriegsgefangenschaft heimgekehrt war arbeitete ich in der Redaktion der Kulturzeitschrift *Die Wiener Bühne.* Die Frau vom Herausgeber der Zeitschrift – Dr. Vita Künstler – verwaltete damals die „Neue Galerie" in Wien und deren Räume brauchten dringend eine Renovierung. Der in New York lebende Besitzer der Galerie – Otto Kallier-Nirenstein – empfahl ihr, dafür einige Blätter der Sammlung zu verkaufen. Um fünfzig Schilling könnte ich ein Aquarell

oder eine Zeichnung von Egon Schiele kaufen, für mich selber oder auch für meine Freunde als schöne Weihnachtsgeschenke. Frau Dr. Künstler wusste, wie sehr mir Schiele gefiel …
… aber gekauft habe ich kein Blatt!
Was ich damals wollte waren Bilder für die Wand, Bilder, an denen man Freude hatte so oft man sie anschaute. Ich war fasziniert von Schieles brillanter Zeichenkunst, aber die zaundürren „Hungerln" die er zeichnete, wollte ich nicht an meiner Wand. 1946 war ich selber noch ein solches „Hungerl", bei dem man durch die Haut die Rippen zählen konnte. Dass Schieles Bilder einmal viel wert sein könnten, hatte ich überhaupt nicht bedacht; damals kaufte man fürs Heute und nicht für Morgen. So war die Zeit damals.
Die Zeit … über sie hatte Josef Weinheber ein Sonnenuhrsprüchl für die Außenwand des Neulengbacher Bezirksgerichtes geschrieben. In Kirchstetten bei Neulengbach hatte der Dichter (1892–1945) die letzten Jahre seines Lebens verbracht. Das Sprüchl:

Es schlägt das Herz, der Schatten rückt,
Was gestern fehlging, heute glückt.
Was heute glückt, ist morgen Schein,
Bezwing die Zeit, um Mensch zu sein.

Rappoltenkirchen: Von einem sparsamen und einem weniger sparsamen Schlossherrn

„Die hiesige Landschaft ist sehr anmutig und ländlich", hatte der Topograph Schweickhardt 1835 über Rappoltenkirchen im Wienerwald geschrieben. Aber noch mehr als von der ländlichen Landschaft war er in dem im 15. Jahrhundert erbauten herrschaftlichen Schloss von einem „Gemach" angetan … „ein Badezimmer mit einem Vollbade". (Kaiser Franz Joseph hatte sich noch bis in das 20. Jahrhundert hinein mit einer Waschschüssel und einem Badeschwamm begnügt.)
Anfang des 19. Jahrhunderts hatte die Familie Sina das Schloss erworben. Der Tabakhandel hatte sie aus Mazedonien nach Österreich gebracht. Georg Simon Sina (1782–1856) war als Finanzmann an vielen wirtschaftlichen Unternehmungen beteiligt und wurde damit – nach Rothschild – zum zweitreichsten Privatmann Österreichs. 1872–74 ließ Sinas Sohn Simon Georg das alte Schloss Rappoltenkirchen von Theophil Hansen umbauen.
Hansen war einer der „Stararchitekten" des damaligen Wien, hatte Parlament, Börse, Musikvereinsgebäude und andere repräsentative Bauten errichtet. Auch das neue Schloss wurde ein solcher. Später wurde es „ein in den Wienerwald verpflanztes Ringstraßenpalais" genannt. Und es gab auch Kritiker die meinten, dass das Schloss mit dem hohen Turm

in diese „anmutig und ländliche“ Landschaft ebenso wenig passe wie etwa der Tadsch Mahal auf die Insel Grönland.
Verschiedene Interpretationen gab es für diesen alles überragenden Turm … Pseudo-Bergfried (Erinnerung an die alte wehrhafte Burg … Pseudo-Campanile von Venedig (das ein Zentrum für den Levantehandel war, der auch den Reichtum der Sinas begründet hatte). Damals – in der Zeit des Historismus – wurden Türme vor allem zum Statussymbol für Ansehen (Macht) und Reichtum und sogar kleine Villen bekamen ein kleines Ziertürml aufgesetzt. Für den reichen Simon Georg Sina wurde es der fünf Stockwerke hohe Turm mit den vielen großen Fenstern, der zwar schön aber sonst praktisch für nichts und wiedernichts nutzbar war.

Was wohl Vater Georg Simon Sina zu dem Turm von Sohn Simon Georg gesagt hätte?
Es heißt, dass nur solche Leute reich werden, welche Geld so hoch schätzen, dass sie auch um jeden Kreuzer, Groschen, Pfennig oder jetzt Cent ebenso verbissen feilschen, als wären es Millionen. Georg Simon Sina hatte als Wohltäter viele Millionen verschenkt, war aber ein sparsamer Mann. Als einmal ein Diener ein neues Vorhängeschloss kaufen wollte, erinnerte er sich, dass auf dem Dachboden noch einige alte sein müssten. Der Diener suchte, fand aber keine. Worauf der zweitreichste Mann Österreichs selber auf den Dachboden stieg und nach einiger Zeit mit einem alten, aber noch brauchbaren Schloss wieder herunterkam. Der Schlossherr hatte sich eine Ausgabe erspart. Vater Sina hätte wahrscheinlich mit dem Turm keine große Freude gehabt.

Hadersdorf: Der Feldherr als Philosoph

Im Park vom Hadersdorfer Schloss (Wien XIV) steht eine Statue vom Feldmarschall Laudon, die einzigartig ist …
Gideon Laudon (1716–1790) hatte als Feldherr in österreichischen Diensten viele Schlachten geschlagen und kurz vor seinem Tod hatte er noch 1789 das von den Türken besetzte Belgrad erobert. Prinz Eugen hatte schon 1717 die Stadt und Festung erstürmt, aber dann waren 1739 wieder die Türken gekommen. Laudons Sieg wurde als großer Triumph gefeiert.
Von diesem Feldzug hatte Laudon vom Konstantinopeltor in Belgrad und von einem türkischen Grabmal Reliefplatten als Spolien mitgenommen. Die Grabmalsteine waren für ihn ganz besondere Steine: Steine vom Grabmal des türkischen Siegers im Jahre 1739 Mehmed Pascha. Doch da ist ein Malheur passiert. Im Siegertaumel sind die falschen Grabsteine mitgenommen worden! Es waren nicht die Steine vom Wiedereroberer Belgrads und letzten Siegers über Österreich Mehmed Pascha (der ganz woanders begraben worden ist), sondern von Ibrahim Pascha, der nur ein Diplomat, türkischer Großbotschafter in Wien war. Laudon hatte diese Steine für sein Grabmal bestimmt. Im Park seines Schlosses in Hadersdorf sollte dieses inmitten eines „türkischen Gärtchens“ stehen. Und ein „türkisches Grab“ sollte es werden.
Ein Jahr nach seinem Sieg in Belgrad ist Laudon gestorben und wurde nicht in einem türkischen Grab bestattet. Ein österreichischer Feldmarschall in einem Türkengrab? Unmöglich! Er bekam neben der Mauerbachstraße ein Grabmal von dem Bildhauer Anton Zauner. Ein ödes Werk! Österreichs trauernde Armee soll der gepanzerte Krieger vor dem Grab verkörpern, aber dieser gleicht mehr einem müden Schmierenkomödianten aus einem der damals beliebten Schauerstücke aus der Ritterzeit. Laudons Türkensteine wurden dann am

Waldrand in der Nähe seines Grabes aufgestellt.
Feldmarschall Laudon wurde oft der „düstere Laudon" genannt, weil er nur ungern an Festivitäten teilnahm und wenn er aus Anstand oder Pflicht doch auf solchen erscheinen musste, sich dabei stets im Hintergrund und in einem stillen Winkel aufhielt. Und in einem stillen Winkel im Park seines Hadersdorfer Schlosses steht eine (so gut wie unbekannte) Statue Laudons, welche mehr über ihn besagt als alles, was geschrieben wurde …

Diese Statue hätte nach Laudons Vorstellung vor seinem Grabhügel stehen sollen. Und er, der in seinem Leben vor allem die Gespräche mit Repräsentanten der Geisteswelt geschätzt hatte, ließ sich als griechischer Philosoph mit nacktem Oberkörper und einer Schreibtafel in der Hand darstellen.
Schon immer hatten sich Heerführer mächtig/prächtig aufgedonnert als martialische Imponier-Gockel darstellen lassen und auch heute noch zeigen Militärs mit Vorliebe stolz ihre Heldenbrüste mit so vielen Orden darauf, als hätten sie die ganze Welt erobert und das Weltall noch dazu. Laudons Standbild ist deswegen einzigartig, weil es einen Heerführer als Philosophen zeigt. Wo gibt es noch eine solche Feldherrenstatue?

Klosterneuburg: Des heiligen Leopolds „Heilige Länge"

In Klosterneuburg trifft man auf Schritt und Tritt den heiligen Markgrafen Leopold …
Am Ende vom Stadtplatz und Beginn der Kirlingerstraße steht ein Bildstock vom Pestpatron St. Sebastian aus dem Jahre 1656. Doch auf der Rückseite der Säule ist auch er – der heilige Leopold!
Da ist eine eingeritzte 27 Zentimeter lange Linie und darunter steht

DIESE LINIE
8 MAL IST D.
H. LEOPOLD
RECHT LANG

Demnach wäre der heilige Leopold 216 Zentimeter lang gewesen – ein großer Mann, ein Riese.

Wir stehen hier vor einem Denkmal des so genannten „Maßzaubers“.
So wie ein Marathonlauf seit 490 v. Chr. noch immer über die gleiche Distanz geht so mussten einst auch Kopien von Sakralbauten die gleichen Maße wie das Original haben. Und die „rechte Länge“, die „Heilige Länge“, die Körperlänge von heiligen Gestalten galt als magisches Schutzmittel in Form von Bändern, Schnüren oder Papierstreifen. Solche gab es schon im Mittelalter, vor allem dann in der Barockzeit. An den Maßzauber glaubten auch die Juden, wenn sie die Klagemauer in Jerusalem mit Schnüren abmaßen und davon Teilstücke als Schutz gegen Krankheiten oder als Geburtshilfe verwendeten. Und auf seinen Studienreisen durch Griechenland (1951–54) hatte der deutsche Volkskundler Rudolf Kriss noch gesehen, wie Gläubige Wollfäden mit der abgemessenen Länge von Kranken an Säulen von Wallfahrtskirchen banden um deren Krankheit daran zu deponieren. In Österreich gab es früher die „Totenfäden“, mit denen Verstorbene gemessen wurden und die dann mit kleinen Holzkreuzen versehen als Erinnerung wie auch als Amulette galten.
In der „Zeitschrift für österreichische Volkskunde“ 1895 berichtet ein Heimatforscher aus Pottschach über einen Brauch bei der Fronleichnamsprozession: „Hier gilt die Länge des Weges als Wundermittel gegen Ertrinken. Daher trugen die Mütter sogar schon Säuglinge mit in dem Glauben, dass es die Länge des Prozessionsweges nicht untersinken wird, wenn es einmal in ein fließendes Wasser fallen sollte“.
Zu recht verschiedenen und oft skurrilen Bräuchen hatte der „Maßzauber“ geführt. Heute ist er vergessen und das macht den Bildstock in Klosterneuburg zu einem besonderen Denkmal. Übrigens: So groß wie seine „Heilige Länge“ kann der heilige Leopold nicht gewesen sein, weil seine Grabplatte nur 200 Zentimeter lang ist.

Der „Pfaff vom Kahlenberg“

Vor der Kirche im Kahlenbergerdorf steht seit 1981 eine Plastik des „Pfaff vom Kahlenberg“. Im 14. Jahrhundert soll dieser gelebt haben und unzählige Geschichten werden von ihm erzählt ...
Als junger Theologiestudent brachte er Herzog Otto dem Fröhlichen einen schönen großen Fisch. Als Lohn verlangte er 50 Stockhiebe, weil der Torposten ihn erst in die Burg hineingelassen hatte nachdem er versprochen hatte, ihm die Hälfte seines Lohnes zu geben. Der fröhliche Herzog ging auf den Spaß ein, ernannte später den phantasiereichen jungen Mann zu seinem „Lustigen Rat“ und machte ihn auch zum Pfarrer des Kahlenbergerdorfes.
Einmal war der Wein so sauer, dass er unverkäuflich war. Der Pfaff vom Kahlenberg kündigte an, dass er über die Donau fliegen wolle. Von weit und breit kamen die Leute zu dem Spektakel.
Der Pfaff ließ sich mit dem Abheben Zeit; in dieser Zeit soffen die Leut den krampensauren Wein weg. Dann sagte der Pfaff, dass das Flugwunder nicht stattfinde weil er gar nicht fliegen kann; ein Wunder sei jedoch, dass so viele Leute glauben ein Mensch könne fliegen.
Die ersten solcher Schelmengeschichten entstanden im 13. Jahrhundert und weil sie gern gehört wurden sind es dann – vor allem nach Erfindung des Buchdrucks im 15. Jahrhundert – immer mehr und mehr geworden. Ende des 15. Jahrhunderts hat Philipp Frankfurter (Volksdichter und Hausbesitzer zu Wien) die Geschichten vom Pfaff vom Kahlenberg in Reimen gefasst herausgebracht. Konkret: Er hat eine Auswahl der bis dahin bekannten Schelmengeschichten dem lustigen Pfaffen zugeschrieben. Auch die Geschichten vom bäuerlichen Schalk Eulenspiegel sind Ende des 15. Jahrhunderts aus altem Schwankgut zusammengetragen worden (und auch Eulenspiegel versprach durch die Lüfte zu fliegen).
Und der Pfaff vom Kahlenberg ... hat es ihn wirklich gegeben oder ist er ebenfalls nur eine Eulenspiegelei?
Versuche ihn zu identifizieren gibt es schon seit langer Zeit. Martin Luther nannte einen „Vicentius, Pfaff vom Kahlenberg“ und im Kahlenbergerdorf gibt es heute noch eine Wigandgasse, weil auch ein Weigand (oder Wigand) von Theben für den „echten Pfaff“ gehalten wur-

de. Neuere Forschungen ergaben, dass zur Zeit Otto des Fröhlichen (+1339) von etwa 1330–1339 Gundacker von Thernberg im Kahlenbergerdorf Pfarrer war und jener Mann sein dürfte, dem alle Schwänke des Pfaffen zugeschrieben worden sind (vielleicht deswegen, weil er ein zu Spässen geneigter fröhlicher Pfarrer war).
Doch so wie alles um den Pfaff vom Kahlenberg bleibt auch das „Historische" um diesen Gundacker etwas unscharf: Obwohl es sogar zwei Grabplatten mit seinem Namen gibt, weiß niemand, wann er gestorben ist und wo er begraben liegt.
In Lilienfeld ist es eine Marmorplatte mit der Zahl MCCC (13 . .) ohne Jahreszahl. Warum wurde keine nach seinem Tod eingesetzt? In Prigglitz (unterm Schneeberg) steht sein Name auf einem Stein, der auch noch den Namen eines 1521 verstorbenen Pfarrers trägt. Der Stein ist also nur ein Gedenken an Gundacker, der dort nach 1339 Pfarrer gewesen und auch dort gestorben und begraben worden sein soll.
In den Urkunden von Lilienfeld wird Gundacker als Wohltäter erwähnt, weil er den Mönchen zur „Kostaufbesserung" einen Weingarten bei Pfaffstätten gestiftet hat. Er war kein armes Pfäfflein. Aber warum war er nur Pfarrer von kleinen Gemeinden? Das Kahlenbergerdorf gehört zwar zum 19. Wiener Gemeindebezirk, ist aber noch immer ein Dorf. Und das Dorf Prigglitz ist jetzt eine beliebte Sommerfrische – weil's dort so ruhig ist.
Im Kahlenbergerdorf steht die Statue vom Pfaff vom Kahlenberg. Lustig schaut er aus. Erst bei näherem Hinschauen zeigt sich, dass in dieser Plastik von Rudolf Friedl doch auch was vom Geheimnisvollen steckt, das den lustigen Pfarrer noch immer umgibt. Irgendwie schaut der Kerl so aus, als wollte er fragen: „Na, wer bin ich?"

Kyselak – „Urahn aller Sprayer"

Der Wiener Joseph Kyselak (1795–1831) wurde im 19. Jahrhundert zu einem weit über die Monarchie hinaus bekannten Mann. Von Beruf war er k.k. Hofkammerregistratur-Accesist, bekannt geworden ist er durch die „Verewigungen" seines Namens da und dort und überall ...

Schwindlig ob des Abgrunds Schauer
Ragt des höchsten Giebels Zack,
Und am höchsten Saum der Mauer
prangt der Name – Kyselak!

hatte Deutschlands romantisch gestimmter Poet Victor von Scheffel gedichtet. In einer Freundesrunde soll der junge Beamte gewettet haben, dass er innerhalb von drei Jahren in der ganzen Monarchie bekannt sein werde – und das weder als Verbrecher noch als erfinderischer Selbstmörder. Nach anderer Version wollte er damit einer Frau

Eine der schönsten noch erhaltenen Kyselak-Verewigungen bei Rothenhof in der Wachau.

imponieren. Konkret ist von Kyselak nur wenig bekannt, und nicht alle von den um ihn erzählten Geschichten sind wahr. Die originellste ist die von der Eröffnung der Wiener Augartenbrücke im Jahre 1829 …
Damals wurde Kyselak von allerhöchster Stelle gewarnt, an der Brücke vor ihrer Eröffnung durch Kaiser Franz seinen Namen anzubringen und ganz Wien war dann höchst gespannt, ob er sich an das Verbot halten würde. Der Kaiser eröffnete, die Wiener waren enttäuscht – kein KYSELAK war an der Brücke zu sehen. Zum Abschluss der Feierlichkeit bat man Majestät noch in ein Boot zu steigen, um die Brücke von unten zu bewundern. Majestät konnte noch mehr bewundern. Unter der Brücke prangte in großen Lettern der Name KYSELAK.
Darauf wurde Kyselak zum Kaiser befohlen, der ihn allerhöchst grantig zusammenstauchte und damit glaubte, einen Schlusspunkt hinter diesen Namen gesetzt zu haben. Doch als er nachher nach dem nächsten auf seinem Tisch liegenden Akt griff, stand groß darauf der Name KYSELAK.
Kyselak hatte auch ein Buch geschrieben über seine 1825 unternommene *Fußreise durch Österreich* – ein amüsantes und kulturgeschichtlich interessantes Werk. Aber berühmt wurde er durch seine Verewigungen, von denen niemand sagen kann, wie viele und wo überall er solche hinterlassen hat. Heute sind fast alle verschwunden; auch in der Umgebung seiner Heimatstadt blieben nur wenige erhalten:
Wien 17. In der Allee vom Schwarzenbergpark ist auf dem linken der beiden Obelisken – unübersehbar für alle Parkbesucher – Kyselak eingeritzt.
Perchtoldsdorf. Im Wehrturm (gleich hinter dem Eingang) hatte Herr Kyselak seinen Namen in großen Buchstaben an die Wand gemalt und außerdem noch auf der Turmbalustrade eingeritzt.

Klosterneuburg. Im 2. Geschoss vom Nordturm der Stiftskirche gibt es einen Kyselak mit der Jahreszahl 1829. Es heißt, dass er seinen Namen nur dort anbrachte, wo er von vielen Menschen gesehen werden konnte. Warum hatte er diesen in einem Raum gemalt, der über eine steile Wendeltreppe nur von wenigen Leuten erreichbar war?
Wachau/Rothenhof. Dort ist auf einer Felswand neben dem Radweg ein besonders schöner Kyselak zu sehen. 1805 gab es bei Loiben eine Schlacht, bei der eine französische Einheit unter Marschall Mortier durch zahlenmäßig weit überlegene österreichisch-russische Truppen eine Niederlage erlitt. Und wenn auch zwei Tage später die Franzosen in Wien einzogen – für Österreichs „vaterländische Schriftsteller" wurde die felsige Engstelle am Donauufer zu den „Thermopylen der Wachau". Da konnte Herr Kyselak nicht untätig vorbeigehen!
Dürnstein. Auch am Wandfuß der jetzt viel besuchten Kletterfelsen wurde in jüngster Zeit ein Kyselak entdeckt. Zu seinen Lebzeiten gab es allerdings noch keine Sportkletterer, war das ein abgelegener Platz.
Kilb (bei Melk). An dieser beeindruckenden Kirche (die später sogar „Königin der Landkirchen" genannt wurde) durfte Kyselaks Name nicht fehlen. In der Turmvorhalle ist er (jetzt frisch restauriert) zu sehen.
Burg Stixenstein (bei Ternitz). In fast allen Reisebeschreibungen aus dem 19. Jahrhundert wird von einer Kyselak-Inschrift an dem alten Gemäuer berichtet; leider ist diese heute vom Efeu überwuchert und nicht mehr sichtbar. Doch vor wenigen Jahren wurde beim Verlegen einer Lichtleitung an der Vorburg überraschend eine Wandfläche mit Verewigungen freigelegt, unter denen auch ein gut erhaltener Kyselak aus dem Jahre 1823 ist.
Bevor der Filmemacher und Heimatforscher Chico Klein mit der Arbeit an einer Fernsehdokumentation über Joseph Kyselak begann, wollte er mehr wissen über diesen seltsamen Mann, mehr als das, was in den Gschichterln erzählt wird. Er recherchierte in Archiven und Bibliotheken, folgte sogar Kyselaks *Fußreise durch Österreich* (wobei er feststellte, dass dieser auch für die damalige Zeit beachtenswerte alpinistische Leistungen vollbrachte). Das brachte viele Details und bisher Unbekanntes aus Kyselaks Leben ans Licht – aber als Mensch blieb er für ihn doch ein schemenhaftes Wesen. Schon 1886 hatte der Kunstkritiker und Reiseschriftsteller Ludwig Hevesi geschrieben: „Man hat das Gefühl, dass dieser Kyselak eigentlich gar nie ein Mensch gewesen sei, sondern nur ein Name".
Der „berühmte Autogrammist" – wie Kyselak in den Zeitungen genannt wurde – war beim Anbringen seiner Verewigungen scheu wie ein Reh, wollte dabei keine Zuschauer. Wenn nachher die Leute an Bauwerken oder Felsen seinen Namen prangen sahen, war er schon wieder weit fort. So ist er bereits während seinen Lebzeiten zur Legende geworden. Heute gilt er als der „Urahn aller Sprayer" und der um jeden Preis berühmt sein wollenden Leuten der „Seitenblicke-Gesellschaft".

Der wächserne Mann von Breitenfurt

In Breitenfurt stand einmal ein prunkvolles Schloss. Es ist verschwunden – bis auf die Schlosskapelle, die heutige Pfarrkirche Breitenfurt. Obwohl diese nur ein kleiner Kuppelbau ist, hat der Besucher in ihr das Gefühl in einer großen Kirche zu stehen, in einer bunten und reich ausgestatteten Kirche, die auch eine stille Messe zum Festgottesdienst werden lässt.

Vor der Kirche ein kleiner Platz und rundum neue Siedlungshäuser. Da stand einmal das Schloss ... 222 Meter lang war seine Fassade. Und im Schlosspark gab es Teiche, Springbrunnen, Grotten und viele Statuen. Alles verschwunden.

Um dieses Schloss gibt es viel Rätselvolles.

Erbaut wurde es von Gregor Wilhelm Kirchner (1671–1735) in den Jahren um 1730. Er war ein Finanzmann im Staatsdienst (Proviantbuchhalter, Ministerial-Banco-Deputationsbuchhalter). Das große Rätsel: Wie kam ein Beamter zu so viel Geld?

Es hieß, Kirchner hat eine reiche Witwe geheiratet. In Wirklichkeit hatte Anna Christina Rosenberg (Witwe eines Gasthausbesitzers) Schulden; sie war nur kinderreich – zwei Kinder aus erster Ehe und drei aus der zweiten. Und reich an Jahren war sie auch – 24 Jahre älter als Herr Kirchner.

Herr Kirchner in der Sakristei der Pfarrkirche Breitenfurt. Rechts: Herr Kirchner und seine Frau – zwei verschwommene Gestalten auf einem Altarbild von Daniel Gran in der Kirche.

Am Breitenfurter Schloss haben die besten (und wohl auch teuersten) Künstler dieser Zeit gearbeitet: Der Maler Daniel Gran, die Bildhauer Giovanni Giuliani und Raphael Donner (von ihm stammt die für Schloss Breitenfurt geschaffene und jetzt im Wiener Belvedere stehende berühmte „Apotheose Karl VI.") – Außerdem galt Herr Kirchner zu seiner Zeit als ganz großer Wohltäter, hatte in seinem Schloss sogar ein Armenspital eingerichtet. Aber noch einmal: Wie kam ein Beamter zu so viel Geld?

„Es muss auffallen, dass Kirchner weder als Gemahl der Frau Rosenberg noch durch seine amtliche Stellung so große Mittel aufbringen konnte, um ein Prachtschloss dieser Qualität fertigzustellen" hatte schon am Ende des 19. Jahrhunderts der Kunsthistoriker und Direktor am Kunsthistorischen Museum Albert Ilg festgestellt.

So geheimnisvoll wie die Entstehung des Schlosses ist auch sein jähes Ende. Nach Kirchners Tod (1735) wurde es zum Altersheim, 1789 verkauft und dann bereits 1796 mit seinem Abbruch begonnen. Und das gerade in jener Zeit, in der – zurück zur Natur – viele reiche Leute sich in Wiens Umgebung häuslich niederließen. Warum hatte sich niemand für dieses Schloss interessiert? Baufällig soll es schon – nach nur einigen Jahrzehnten? – gewesen sein. Beim Abbruch soll sich dann auch herausgestellt haben, dass das Gemäuer im Kern mit Stroh gefüllt war, weil irgendjemand für sich Ziegel abgezweigt hatte.

Um das verschwundene Schloss Breitenfurt ist alles fragwürdig. Da steht in der prunkvollen Sakristei der Schlosskirche eine Wachsbüste in einem Schrank, von der gesagt wird, dass sie Herrn Kirchner darstelle. Aber ebenso wenig man weiß, wo Herr Kirchner geboren worden ist, ebenso wenig weiß man mit Sicherheit, dass der wächserne Mann tatsächlich Herr Kirchner ist.

Es heißt auch, dass es Kaiser Karl VI. sei. Er soll Teil einer lebensgroßen Wachsstatue des Kaisers sein, die ursprünglich im Oratorium der Schlosskirche aufgestellt war. Der allgegenwärtige Kaiser. Weil sich aber die Kinder vor dem wächsernen Mann immer gefürchtet haben, soll man ihn schließlich entfernt, entzweigeschnitten und nur die Büste von ihm in die Sakristei gestellt haben.

Diese Wachsstatue und Raphael Donners „Apotheose Karl VI." haben noch ein anderes Gerücht um den geheimnisvollen Reichtum von Herrn Kirchner entstehen lassen: Er soll als unehelicher Sohn von Kaiser Leopold I. ein Halbbruder von Karl VI. gewesen sein. Historiker sehen darin ein unhaltbares Gerücht. Das hatte aber nur entstehen können, weil über den nicht immer ganz korrekten Herrn Kirchner stets eine schützende Hand zu walten schien.

Was dieser „im Leben verdient hat oder sich zu verdienen gewusst hat" (welch feine Formulierung!) hatte der um die Geschichte Breitenfurts verdienstvolle Heimatforscher Wilhelm Twerdy in einer 1985 erschienenen Arbeit veröffentlicht … von Anschuldigungen „Lieferanten Auf-

träge zuspielen zu wollen, um am Gewinne teilhaben zu können" oder dem Befehl von allerhöchster Stelle an ihn „sich nicht in Handels- oder Banksachen zur Erzielung eigener Profite einzumischen". – Jedoch alle Anzeigen wie auch die Ergebnisse der eingesetzten Untersuchungskommissionen wurden unter den Tisch gekehrt. Schon vor vielen Jahren hatte Erik Graf Wickenburg geschrieben, dass beim Schlossbau in Breitenfurt eine sehr langlebige Fee Pate gestanden ist – die Korruption.
Früher war dem wächsernen Mann aus Breitenfurt eine Perücke aufgesetzt und damit sah er aus wie ein kraftstrotzender Lebemann. Jetzt – ohne Perücke – hat er viel „an Gesicht" verloren.
Das Altarbild vom rechten Seitenaltar der Schlosskirche zeigt eine von Daniel Gran um 1731 gemalte „Maria Verkündigung". Links unten im Bild kauern zwei vermummte Gestalten. Sie sollen das Stifterehepaar Kirchner darstellen ... zwei in Anonymität verschwommene Gestalten.
Der wächserne Mann und die zwei Stifterfiguren zeigen sich wie eine Verkörperung des Geheimnisses, das über dem verschwundenen Schloss Breitenfurt liegt.

Kaiserkult-Tribüne im Wienerwald

Es gibt viele Plätze in Wiens Umgebung, von denen aus schön und hoch der Wiener Schneeberg zu sehen ist. Wahrscheinlich am schönsten zeigt er sich aus dem Spitzbogenfenster des „Köhlerhauses" im Naturpark Sparbach.
Der Fensterbogen bildet wie bei einem Bild den Rahmen, der die Landschaft vor dem Schneeberg etwas einengt ... vorne die Wienerwaldkuppen, dahinter die Voralpenberge. Umso gewaltiger wirkt dadurch der alles überragende und viele Monate des Jahres weiße Schneeberg. Dieser Schneebergblick hat sich aber nicht zufällig ergeben, das Köhlerhaus mit dem Spitzbogen ist eigens dafür gebaut worden.
Fürst Johann I. von Liechtenstein hatte diesen Aussichtsturm in Form einer Turmruine 1812 errichten lassen. Der Blick von ihm auf den Schneeberg sollte vor Augen führen wie unerschrocken Österreichs Kaiser Franz I. ist, der diesen mächtigen Berg sogar zweimal erstiegen hatte.
1804 hatte der naturbegeisterte Erzherzog Johann den Schneeberg erstiegen und nachher so begeis-

tert seinem kaiserlichen Bruder erzählt, dass sich dieser entschloss, ebenfalls den Berg zu ersteigen. Das tat er 1805 und noch einmal im Jahre 1807. Worauf der von Wien aus sichtbare Schneeberggipfel Kaiserstein (2061 m) benannt wurde. Auf ihm ließ dann Graf Hoyos ein Denkmal errichten, das eine Tafel trug mit der alleruntertänigsten Inschrift:

> FRANZ DER ERSTE
> IN DEN HERZEN SEINER UNTERTHANEN
> ERSTIEG DIESE HÖHEN
> AM 10. AUGUST 1805 UND
> AM 30. JUNI 1807.
> WOHLWOLLEND SAH ER AUF DAS LAND
> HERAB; DESSEN EINWOHNER NUR
> FÜR IHN ZU LEBEN WÜNSCHEN.
> MÖGE DIESES DENKMAHL
> DER ANHÄNGLICHKEIT ZU EINEM
> VÄTERLICHEN MONARCHEN
> UNSERE NACHKOMMEN AN IHRE
> PFLICHT ERINNERN!

Zu dieser Zeit galt der Schneeberg noch als ein Schreckensberg. In dem 1802 erschienenen Buch „Ausflüge nach dem Schneeberg in Unterösterreich“ hatte der Professor an der theresianischen Ritter-Akademie Josef August Schultes den Kaisersteingipfel ganz grimmig beschrieben: „Man bebt zurück, und doch wird man unwiderstehlich angezogen zum Rande des Abgrundes um hinabzublicken in die grundlose Tiefe. Im Kampfe der Furcht und der Neugierde sah ich hier manchen Zuflucht suchen bey der Mutter Erde, und nur an dieser hinkriechend es wagen hinabzublicken in die Tiefe, das die rothen Schattierungen der Kalkfelsen, als triefen sie noch vom Blute der Erfallenen, noch gräßlicher mahlen“.

Diesen Kaiserstein hatte Kaiser Franz erstiegen! Ein furchtloser Kaiser, ein mutiger Kaiser. Die Kaisergetreuen gerieten in Ekstase. Fast wäre etwas Schreckliches geschehen. Der Bildhauer Joseph Klieber hatte ein Großprojekt ausgearbeitet, wollte ein kolossales Porträtrelief vom Kaiser Franz in die Felswände des Schneebergs meißeln. Gottlob fehlte dann das Geld für die Ausführung.

Römische Imperatoren haben sich in Kolossalstatuen verewigen lassen. Auch Kaiser Franz wurde etliche Male als Imperator mit dem Lorbeerkranz um die Stirn dargestellt – obwohl er bloß ein „Nero im Schlafrock“ war (wie er von vielen seiner Untertanen genannt wurde, die durchaus nicht „nur für ihn zu leben wünschten“).

Fürst Liechtenstein war wohl ein kaisertreuer Untertan, aber er hatte den Kaiserkult um Franzens Schneeberg-Ersteigungen maßvoll beschränkt auf eine Aussichtstribüne, von der aus sich in seiner

Aufstieg zur Aussichtstribüne im Naturpark Sparbach.

ganzen Größe jener Berg präsentiert, den sein Kaiser erstiegen hatte. Warum der Bau „Köhlerhaus“ genannt wurde, weiß heute niemand.
Heute erscheint diese Verherrlichung von des Kaisers Schneeberg-Ersteigung als übertrieben. Heute führt eine Zahnradbahn auf den Berg. Aber ein harmloser „Kuhberg“ (wie ihn manche Leute nennen) ist er doch nicht …
In den Sechzigerjahren des vergangenen Jahrhunderts kam der berühmte russische Bergsteiger Witalij Abalakow nach Wien – der Erschließer des Pamir, ein „Meister des Sports“ (wie damals in seiner Heimat Spitzensportler genannt wurden). Natürlich wurde der Gast auf den Schneeberg geführt. Aber justament an diesem Tag tobte einer der gefürchteten Schneebergstürme, bei denen man sich tatsächlich oft nur auf allen Vieren kriechend fortbewegen kann, um nicht „vom Winde verweht“ zu werden.
Abalakow sagte nachher, dass er weder im Kaukasus noch auf den Siebentausendern des Pamir jemals so einen schrecklichen Sturm erlebt hätte.

Um den „Birnbaum von Sulz"

Die Pfarrkirche von Sulz ist eine der schönsten Dorfkirchen im Wienerwald. „Die Sulz" war schon seit der Gründung von Stift Heiligenkreuz eine weit ausgedehnte Streusiedlung. Für die Bewohner war aber die Stiftskirche nur in einem mehr als einstündigen Fußmarsch zu erreichen, und weil Kaiser Josephs II. Kirchenreform auch vorsah, dass kein gläubiger Mensch mehr als eine Stunde zu einem Gotteshaus zu gehen habe, entstand 1783 die Pfarre Sulz. Der durch die Errichtung der Lainzer Tiergartenmauer berühmt gewordene Philipp Schlucker hatte die Kirche erbaut.

Weniger harmonisch wie das Äußere der Kirche ist ihr Inneres. Die beiden großen Seitenaltäre passen nicht in die Landkirche. Allerdings: Das Bild vom rechten Seitenaltar ist eine ganz besondere Sehenswürdigkeit der Kirche ...

Maria Theresia hatte beide Altäre für Laxenburg anfertigen lassen. Das Bild vom rechten zeigt den hl. Franz Regis (1597–1640, Jesuit, Volksmissionar, Gründer von Zufluchtshäusern für gefallene Mädchen) mit der kaiserlichen Familie ... den Kaiser, die Kaiserin mit allen ihren Kindern, darunter auch den Thronfolger Joseph. Verzückt schauen die Kinder zu dem Heiligen auf und der kleine Joseph mit einem Rosenkranz in der Hand zeigt sich als das bravfrömmste von allen.

So wollte sich Joseph, der Reformator des Kirchenwesens, später nicht mehr sehen. Nachdem er 1780 zum Alleinherrscher geworden war, ließ er die beiden Altäre aus Laxenburg entfernen und so waren sie dann in die neue Kirche von Sulz gekommen. Das verbannte Bild des frommen Buberls mit den ekstatisch nach oben verdrehten Augen ist insofern interessant, weil es die Ansicht zu bestätigen scheint, dass Josephs „klerusfeindliches Verhalten" auch eine Reaktion auf die streng katholische Erziehung durch seine überfromme Mutter war.

Sulz ist auch ein Wallfahrtsort. Seit dem Jahr 1997 ist seine Entstehungsgeschichte auf einem Fresko an der Außenseite der Sakristei festgehalten.

Am Vormittag des 2. Juli 1747 gab es ein schreckliches Gewitter, bei dem ein Blitz auf der Ochsenweide sechs Ochsen erschlug. In seiner Todesangst gelobte der unter einem Birnbaum Schutz suchende Hirte Bartl ein Marienbild zu stiften, wenn er dieses Gewitter überleben würde. Tagtäglich wollte er davor den Rest seines Lebens ein Dankgebet verrichten.

Der Hirte überlebte, ließ ein Marienbild malen, befestigte es 1748 an dem Birnbaum und verrichtete dann täglich und bei jedem Wetter ein Dankgebet davor.

In der Chronik heißt es: „Der Ruf dieses Bildes verbreitete sich bald in der ganzen Gegend, so dass zahlreiche Menschen in Prozessionen herzuströmten, den Birnbaum mit wächsernen und silbernen Opfern

Der „fragliche Birnbaum" am Ortsrand von Sulz. Rechts: Kaiser und Kaiserin Maria Theresia mit ihren Kindern auf einem Altarbild in der Pfarrkirche von Sulz.

bedeckten, Geld opferten und Steine herzutrugen ..." Das auf Holz gemalte Bild ist eine Kopie des berühmten „Maria-Hilf-Bildes" von Lucas Cranach d. Älteren, das Mitte des 16. Jahrhunderts entstanden ist und als das am meisten verehrte Marienbild gilt. Nach dem Tod des Hirten ließ der Ortsrichter eine kleine Kapelle bauen und das Bild darin aufhängen.

Die Kapelle stand auf dem Platz wo jetzt die Sakristei der Pfarrkirche ist und soll aus den von Wallfahrern „zusammengetragenen Steinen" erbaut worden sein. Doch aus diesen Steinchen hätte sich kein Bauwerk errichten lassen, diese sind auch aus ganz anderen Beweggründen herbei getragen worden – es waren sogenannte Bitt- oder Wunschsteine. Die Wallfahrer haben sie vor dem Gnadenbild „Maria Hilf vom Birnbaum" niedergelegt mit dem Wunsch, dass die Gottesmutter auch ihr Haus vor dem Blitz schützen möge.

Jetzt ist das Bild auf dem Hochaltar der Kirche. Unter dem Bild steht:

MARIA HÜLF UNS IN DER NOTH,
DASS GOTT UNS BEHÜTH VOR GÄHEN
17 TOD 48

Sulz ist zu keinem großen Wallfahrtsort geworden, aber zu dem Maria-Hilf-Bild sind zu allen Zeiten die Leute aus der Umgebung mit ihren Anliegen gekommen – und sie kommen noch immer.

Und es gibt auch noch den Birnbaum, unter dem der Hirte Bartl 1747

Entstehungsgeschichte des Wallfahrtsortes Sulz im Wienerwald. Fresko an der Außenseite der Kirche.

Schutz gefunden haben soll. Am östlichen Ortsrand steht er auf einer Wiese und ein gerahmter Druck von dem Marienbild hängt daran.
Aber – ist es tatsächlich der alte Baum?
Es heißt, dass Birnbäume kein sehr hohes Alter erreichen. Und dieser Baum müsste 1747 schon recht groß gewesen sein, um dem Hirten Schutz zu bieten.
Uralt und weltweit verbreitet ist der Baumkult – aber auch „Heilige Bäume" haben kein ewiges Leben. Viele von diesen sind dann im Verlauf der Zeit nachgepflanzt worden – so wie der berühmte „Birnbaum auf dem Walserfeld" bei Salzburg, über den es schon schriftliche Berichte aus dem frühen Mittelalter gibt und bei dem die letzte Schlacht der Menschheit geschlagen wird nach der es dann Ewigen Frieden geben soll.
Auch der Sulzer Birnbaum könnte nachgepflanzt worden sein.
Oder: Nach seinem Absterben wurden Legende und Kult auf einen jüngeren Birnbaum in seiner Nähe übertragen. Schriftliche Belege oder eine mündliche Überlieferung gibt es allerdings nicht.
Es wird aber auch gesagt, dass Birnbäume auf gutem Boden sehr wohl ein hohes Alter erreichen können. Auf einem solchen steht unser Birnbaum und eine starke positive Strahlung geht von ihm aus.
Wie alt ist der „Birnbaum von Sulz"?
Natürlich könnte sein Alter an den Jahresringen eines aus dem Baum gebohrten Holzpfropfens festgestellt werden. Aber das wurde bis jetzt nicht getan. Für die Sulzer ist der Baum – so oder so – der schutzbringende Birnbaum des Hirten Bartl.

Die „Rätselinschrift“ im Benediktinerhof von Gumpoldskirchen.

Rätselhaftes in Gumpoldskirchen

Rätselhaft, warum in fast allen Reiseführern und sogar im Dehio-Kunsthandbuch (Ausgabe 2003!) der Pranger von Gumpoldskirchen noch immer als ehemalige römische Wegsäule gilt und der Trog vom Brunnen am Schrannenplatz als römischer Sarkophag …

In Wahrheit ist der Pranger 1563 (so wie es die eingemeißelte Jahreszahl meldet) entstanden. Vier Jahre vorher war das neue Renaissance-Rathaus fertig gestellt worden und zu diesem Prachtbau passte der alte Pranger nicht mehr – man wollte einen repräsentativen Pranger.

Zum neuen Pranger von Gumpoldskirchen wurde ein fünf Meter hoher Monolith, der typisch ist für seine Entstehungszeit. Das war die Zeit der Spätrenaissance (Manierismus) in der symbolische Anspielungen kultiviert wurden (Phallusform des Prangers als Zeichen der Fruchtbarkeit für den Wohlstand des Ortes). Ende des 18. Jahrhunderts wurde der Pranger als nicht mehr zeitgemäß abgetragen und unter den Arkaden des Rathauses deponiert. Ende des 19. Jahrhunderts war die Zeit des Historismus gekommen und der Pranger wurde auf Betreiben des Denkmalpflegers k.k. Baurat Alois Hauser im Jahre 1891 wieder aufgestellt. Und da geschah es dann. Hauser hatte angedeutet, dass der Pranger vielleicht eine römische Wegsäule gewesen sein könnte, die im Jahre 1563 in Zweitverwendung aufgestellt wurde. Er war aber auch etwas skeptisch, weil ihm keine solchen vergleichbaren römerzeitlichen Wegsäulen bekannt waren. Weniger skeptisch waren die Gumpoldskirchner. Für sie wurde der alte Pranger sofort zum römischen Meilenstein

Brunnen und dahinter der Pranger in Gumpoldskirchen.

und zum Beweis, dass schon die alten Römer in Gumpoldskirchen „Gumpolskirchner“ getrunken haben. Und der Brunnentrog mit der römischen Jahreszahl ist – schwuppdiwupp – zum römischen Sarkophag geworden. In Wirklichkeit hatte den Trog der Badener Steinmetz Anton Gruber ausgehauen, 1565 geliefert und war für jeden Eimer Fassungsraum bezahlt worden. Das hatte er auch schriftlich in Stein festgehalten:

MDLXV HELT LXXIIII VRN
(1565) hält 74 Urn = Eimer)

Das alles ist schon lange von Heimatforschern festgestellt und schriftlich festgehalten worden – und doch wird heute noch geschrieben, dass der Pranger von Gumpoldskirchen „noch die Marschtritte römischer Legionäre vernommen“ hatte.

Rätselhaft? Oder auch nicht. Ist es doch schon immer so gewesen: Wenn was oft und oft gesagt wird, zweifelt zuletzt niemand mehr daran obs überhaupt wahr ist.

In Gumpoldskirchen gibt's auch noch die „Rätselinschrift“. Sie befindet sich auf einem steinernen Torbogen vom „Benediktinerhof“ (Kirchengasse 3), der von 1704–1803 im Besitz der Benediktinerabtei Weihenstephan in Freising war. Vorher war der Hof in Privatbesitz (1566 soll er entstanden sein), heute ist er ein Hotel.

Die Inschrift auf dem 1612 entstandenen Torbogen besteht aus lateinischen Sätzen, welche etwas vertrackt angebracht sind. So ist der Satz SUM FUI ERO CINIS verteilt auf beide Basen des Bogens und daher nicht sofort lesbar. Es wird angenommen, dass alle Sätze zusammen eine Aussage ergeben sollen. Das sind die Sätze:

SUM FUI ERO CINIS Ich bin, ich war, einst werde ich Asche sein
NULLA SALUS BELLO PACEM DEPOSCIMUS OMNES –
Kein Heil durch den Krieg, wir erflehen alle den Frieden
VESPERA NUNC VENIT NOBISCUM CHRISTE MANETO –
Der Abend kommt, bleibe bei uns Christus! –
SOLI DEO GLORIA – Gott allein sei Ehre!
ORA ET LABORA – Bete und arbeite.

Entstehungsinschrift am Brunnen von Gumpoldskirchen.

Der Heimatforscher Johann Hagenauer meinte, dass die Auswahl der Sätze von „zeitgeschichtlichen Ereignissen mitbestimmt“ worden sei, aber erst von den bayrischen Benediktinern angebracht wurde. Das wäre nach dem Jahr 1704 gewesen. Besser würde diese Inschrift jedoch in die Zeit der Entstehung des Bogens – 1612 – passen. Das war die Zeit der Gegenreformation. Damals waren die Gumpoldskirchner protestantisch.

Als 1587 der Bischof und spätere Kardinal Melchior Khlesl zur Inspektion nach Gumpoldskirchen gekommen war, sah er beim Sonntagsgottesdienst nur wenig Leute. Um die Lutheraner wieder „katholisch zu machen“ ordnete er an, dass jeder Bürger innerhalb zweier Monate zu beichten und kommmunizieren habe – andernfalls würde er aus dem Land gewiesen werden. Worauf alle – bis auf einen! – wieder katholisch wurden. Doch nicht alle Bürger fanden damals auch innerlich wieder zu dieser „Mutter Kirche“ zurück. So könnte die Rätselinschrift auch ein verschlüsseltes Bekenntnis von Geheimprotestanten sein. „Der Abend kommt, bleibe bei uns, Christus“ – dieses Bibelzitat klingt sehr danach, ebenso auch die eigenartige Anordnung der Sätze.

So sind auch an der „Hundskirche“ in Kärnten (ein Felsen beim Weißensee, der einst Treffpunkt von Geheimprotestanten war) die Buchstaben des in den Stein eingehauenen Spruchs „Also geht's in der Welt“ ganz vertrackt angeordnet:

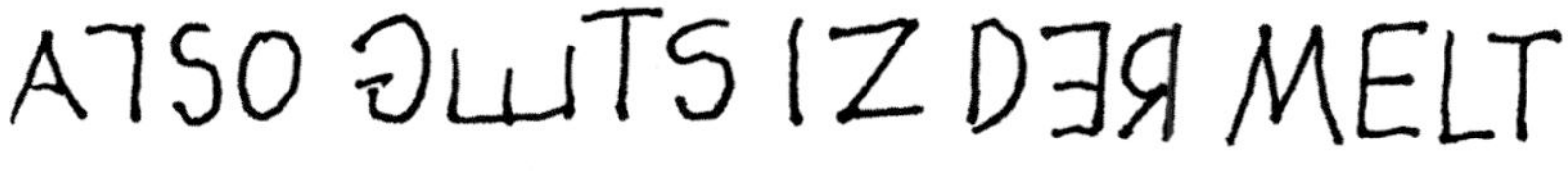

Gumpoldskirchen – ein fröhlicher Weinhauerort. Das war er nicht immer.

Baden: Die Schädelsammlung des Doktor Gall

Das Rollettmuseum in Baden wurde von dem Badener Arzt, Naturforscher und Sammler Anton Rollett (1778–1842) begründet und gilt als das älteste noch bestehende Museum Niederösterreichs. Darin sind Funde aus der Jungsteinzeit zu sehen wie auch – Zeitsprung! – eine „Sitzwaage" für Kurgäste aus dem 19. Jahrhundert und außerdem ein richtiges Gruselkabinett ... hohe Vitrinen in denen Totenschädel und Totenmasken liegen und Wachsköpfe mit leeren Augen auf den Besucher starren. Das ist die Schädelsammlung des Dr. Gall.

Der in Deutschland geborene Kaufmannssohn Franz Joseph Gall (1758–1828) hatte 1798 eine Abhandlung verfasst mit dem Titel: *Über die Verrichtung des Gehirns und über die Möglichkeit mehrere Fähigkeiten und Neigungen aus dem Baue des Schedels zu erkennen.* Galls Arbeit ging dahin: „Die Verrichtung des Hirns überhaupt und seiner Bestandteile insbesondere zu bestimmen; dass man in der That mehrere Fähigkeiten und Neigungen aus Erhabenheiten und Vertiefungen am Schedel erkennen kann, und die wichtigsten Wahrheiten und Folgerungen, welche sich hieraus für die Arzneywissenschaft, für die Sittenlehre, Erziehung, Gesetzgebung u.s.w. und überhaupt für die nähere Menschenerkenntnis ergeben, einleuchtend vorzutragen."

Gall kam 1781 aus Deutschland nach Wien, machte 1785 sein Doktorat, wurde bald zum Modearzt und hielt 1796 die ersten Vorlesungen über seine „Schedellehre". Für seine Forschungen hatte er im „Narrenturm" vom Allgemeinen Krankenhaus Schädel von Geisteskranken untersucht und auch eine Sammlung von Menschenschädeln angelegt, wofür ihm auch – wie er schreibt „mehrere Schedel von ausgezeichneten Verbrechern zugeschickt wurden".

Diese Schädel verwendete Gall zur Demonstration seiner Lehre bei Vorträgen. Ganz in Schwarz gekleidet hielt er diese ... Warum denkt der eine Mensch so und der andere so? ... Warum tut der eine Mensch das und der andere tut es nicht?

1801 verbot Kaiser Franz I. diese Vorträge, weil die Lehre „gegen die ersten Grundsätze der Religion und Moral zu streiten scheint", 1805 verließ Gall daher Wien und zog nach Deutschland. In einem Brief schrieb er: „Als ich nach Halle kam, wartete schon Göthe auf mich … Er war mein eifrigster Zuhörer.“ Und Goethe notierte: „Seine Lehre musste gleich, so wie bekannt zu werden anfing, mir dem ersten Anblick nach zusagen.“

Vor seiner Übersiedlung nach Deutschland hatte Gall einen Großteil seiner Schädelsammlung dem Badener Arzt Dr. Rollett überlassen, der sie dann auch noch etwas erweitert hat. Und so kann nun der Besucher des Rollettmuseums neben den Schädeln von Säufern und Brandstiftern auch die einzig nachweislich echte Lebendmaske Napoleons und einen Abguss der Schädeldecke Raimunds besichtigen.

Aber nicht nur Goethe war von Galls Vorträgen beeindruckt. In Wien hatte sich um ihn sogar ein illustrer Kreis von „Jüngern“ gebildet, die den Meister schwärmerisch verehrten – und das auch noch nach seinem Abgang nach Deutschland. Darunter gab es allerdings auch einige, die zu „Kopfjägern“ wurden …

Am 31. Mai 1809 starb Joseph Haydn in Wien, am 1. Juni wurde er am Friedhof vor der Hundsturmer Linie (im 12. Wiener Gemeindebezirk) begraben. Am 15. Juni fand in der Wiener Schottenkirche eine Totenfeier statt, bei der französische Soldaten (Wien war damals von den Franzosen besetzt) und Wiener Bürgergrenadiere Ehrenwache hielten. Zu dieser Zeit war Joseph Haydn in seinem Grab bereits der Kopf abgeschnitten worden!

Vier Gall'sche Jünger bestachen den Totengräber, öffneten in finsterer Nacht das Grab, schnitten dem Leichnam den Kopf ab und mazerierten ihn. Das heißt: Sie lösten mit einer Lauge die Fleischteile von dem Schädel.

Die Täter waren Angehörige einer Gesellschaftsschicht, für die es sonst als Sakrileg galt, Fisch mit dem Messer zu essen. Es waren der Verwalter eines k.k. Strafhauses, der fürstlich Esterházysche Sekretär, ein höherer Magistratsbeamter sowie ein Erster Amtsoffizier.

1820 wollte Fürst Esterházy Haydns Leichnam nach Eisenstadt überführen. Als das Grab auf dem Hundsturmerfriedhof geöffnet wurde, entdeckte man den Grabfrevel. Die Polizei wurde eingeschaltet, die Täter wurden entdeckt und – das große Vertuschen begann. Unter dem „guten Kaiser Franz“ durfte es solche Geschichten einfach nicht geben.

In einer 1967 in Amerika erschienenen Arbeit steht über Joseph Gall, „dass die Wirkung seiner Phrenologie auf die erste Hälfte des 19. Jahrhunderts zumindest so stark war wie jene, die in der ersten Hälfte des 20. Jahrhunderts von Freud ausging“. Bereits 1827 wurde in Philadelphia die „Phrenologische Gesellschaft“ gegründet und Edgar Allan Poe

hatte dann schon die guten wie die bösen Helden seiner düsteren Geschichten der Gall'schen Schädellehre entsprechend beschrieben.
Natürlich wurde Joseph Gall nicht nur bewundert; er war in ein neues Forschungsgebiet vorgedrungen und hatte dabei auch Irrwege betreten in diesem Land, das auch heute noch immer unendlich viele weiße Flecken aufweist.
Als „einzigartiges Kuriosum der Wissenschaft" gilt heute die Schädelsammlung des Doktor Gall in Baden. Aber auch so manchem gewöhnlichen Besucher ist in dem Kabinett zum ersten Mal bewusst geworden, dass auch sein Kopf als Totenkopf ganz anders ausschauen wird als alle anderen …

Das „berühmte Relief von Weigelsdorf"

Ein Relief in der Pfarrkirche von Weigelsdorf (östlich von Baden) wird im Dehio-Kunsthandbuch „das berühmte Relief von Weigelsdorf" genannt. Berühmt? Dieses Wort wird im sachlichen *Dehio* sonst nie verwendet. Warum bei diesem Relief?
Das Relief ist nicht sehr groß (ca. 50 x 100 cm). Links ein Vogel mit einer Kugel vor seiner rechten Klaue, rechts unten ein angreifender Drache, darüber ein Pferd, in der Bildmitte eine Rosette.
Kurz erwähnt wird das Relief bereits 1866, aber erst 1932 begannen Kunsthistoriker ihre Versuche es zu datieren und zu deuten. Im 9., 10., 11. oder 12. Jahrhundert soll es entstanden sein. Und ebenso unterschiedlich wie die Datierungen sind auch die Deutungen. Es ergeben sich auch noch andere Fragen: Wurde das Relief von anderswo nach Weigelsdorf gebracht? Ist es vielleicht eine Fälschung?
1996 wurde bei Bauarbeiten ein Reliefstück freigelegt, das ursprünglich eine Fortsetzung des Weigelsdorfer Reliefs war. Beide Teile stammen wahrscheinlich von einem Vorgängerbau aus dem 9. Jahrhundert und sind dann in die im 11. Jahrhundert erbaute und später erweiterte Kirche übernommen worden. Sie gelten als das älteste frühmittelalterliche Bildwerk Niederösterreichs.
Von Rudolf Maurer (Stadtarchiv Baden) stammt eine Zusammenfassung vom Wissensstand um das Relief. Demnach war Weigelsdorf zur Zeit der Entstehung der ersten christlichen Kapelle keine Siedlung irgendwo in der Gegend. Es lag an der von Vindobona (Wien) nach Scarbantia (Sopron) führenden Römerstraße und nächst der im 9. Jahrhundert von dem fränkischen Herrscher Karlmann errichteten Pfalz in Baden. Stilistisch ist das Relief aus Mannersdorfer Kalkstein einer oberitalienischen Kunstwerkstätte zugehörig; Karlmann könnte auf einem seiner Italienzüge einen Künstler aus ihr in seine Pfalz geholt haben.
„Berühmt" ist das Relief nur deswegen geworden, weil sich schon so viele Leute mit seiner Deutung befaßt haben; Besucherströme kamen nie

und werden auch nie zu ihm kommen. Als wir vor vielen Jahren erstmals davor standen, sagte zu uns ein alter Weigelsdorfer: „Das weiß keiner, was das is … das is ein Bilderrätsel!" Dann hatte er aber doch eine Deutung dafür: „Das schaut so aus, als ob zwei Monster Fußball spielen täten!"
Auf dem Relief sind Tiere die Akteure. Tiere wurden bereits in der Antike und dann auch in der Kunst des Mittelalters oft als Symbole verwendet. Der „Physiologus" (eine in die Antike zurückreichende und ab dem 2. Jahrhundert nur aufs Christentum bezogene Darstellung von Tieren mit besonderen Eigenschaften) war dafür die Grundlage.
Der Drache auf dem Relief symbolisiert ohne Zweifel das Böse. Das Pferd galt immer schon als edel, zog Apolls Sonnenwagen und wurde später zum christlichen Symbol für Himmelfahrt, den Heiligen Geist und die Kirche. Und der Vogel … Kranich oder Pfau?
Jetzt will man in ihm einen Kranich erkennen. Von ihm erzählt der um 600 lebende Bischof und Kirchenschriftsteller Isidor von Sevilla, dass diese Vögel bei der Nachtwache einen Stein in den Klauen halten, der – wenn er zu Boden fällt – sie vor dem Einschlafen warnt. Der Kranich – ein Symbol der Wachsamkeit. Die Rosette im Bildzentrum wird als Sonnensymbol gedeutet.
Auf dem 1996 wiederentdeckten Relief werden eine Frau mit Korb (Füllhorn?) oder ein Priester (?) erkannt und daneben ein Mann in kurzem Kittel und mit umgehängtem Tierfell. Ein Betender oder ein Tänzer (Waffentänzer)? Die Wiederentdeckung dieses Fragments hat zwar einiges geklärt, hat aber auch neue Fragen hervorgerufen und es noch geheimnisvoller gemacht.

Eine gültige Deutung des Gesamtwerkes gibt es bis jetzt nicht. Nach den Symbolen geht es vor allem um Gut und Böse und Wachsamkeit. Aber so wie Symbole unserer Zeit (z. B. Verkehrsschilder) nur in unserer Zeit voll und ganz verstanden werden, so ist es auch mit den Symbolen des Mittelalters. Das Weigelsdorfer Relief – eine Botschaft aus längstvergangener Zeit.
Das Weigelsdorfer Relief widerlegt auch, dass der so genannte „Schlüsselschlaf" eine Erfindung von Beamten der k. k. Monarchie oder Büroangestellten späterer Zeit ist. Diese nahmen, wenn ihnen beim Arbeiten die Augen von allein zufallen wollten, einen Schlüssel in die Hand und wenn ihnen die Augen dann wirklich zufielen, dann fiel auch der Schlüssel zu Boden – Bums! – und sie waren sofort wieder munter.
Dieser Blitzschlaf (Autofahrer nennen ihn heute Sekundenschlaf) ist wesentlich belebender als jede Schale Mocca oder gymnastische Herumhopserei.
Der wachsame Kranich mit dem zu Boden gefallenen Stein vor den Klauen (die gemusterte Kugel gleicht tatsächlich eher einem Fußball als einem Stein) hat das schon vor langer Zeit gewusst.

„Nadelburg": Arbeitersiedlung unterm Doppeladler

Die „Nadelburg" in Lichtenwörth (bei Wiener Neustadt) ist keine Burg, sondern eine Mitte des 18. Jahrhunderts entstandene Arbeitersiedlung einer Metallwarenfabrik. Wie eine Burg war aber die Siedlung von Mauern umgeben und hatte Tore, die nachts geschlossen wurden.
Kaiserin Maria Theresia hatte die Siedlung errichten lassen ... 30 Wohnhäuser, eine eigene Schule, Kirche, natürlich auch ein Wirtshaus. Sogar einen eigenen Werksarzt gab es für die Siedlung. Das alles kostete Geld. Um 1760 kam die als Staatsbetrieb geführte Fabrik in finanzielle Schwierigkeiten; die aus Deutschland kommende Ware war billiger. 1763 wurde das Werk privatisiert.
Im Jahre 1769 erwarb es Graf Batthany und beschäftigte:

8 Offizianten (Beamte)	155 Knaben
28 Meister	134 Mädchen
98 Gesellen	22 Dienstmädchen
147 Frauen	12 Taglöhner

Linke Seite: Österreichs älteste Arbeitersiedlung in Horn (Ausschnitt aus einem Gemälde im Horner Höbarthmuseum). Links: Aufnahme von einem der Höfe der Siedlung aus der Zeit um 1970.

47 % der Belegschaft waren Kinder! Maria Theresia wie auch ihr Sohn Kaiser Joseph II. sahen in der Kinderarbeit eine Maßnahme „um die Jugend vom Müßiggang abzuhalten".

Noch am Beginn des 20. Jahrhunderts hatte die Fabrik um die 600 Beschäftigte. In der Wirtschaftskrise wurde sie um 1930 geschlossen und die Wohnhäuser der Siedlung an Private verkauft. So blieb diese Anlage im großen und ganzen bis heute erhalten.

Aber sie ist nicht – wie oft zu lesen ist – die älteste Arbeitersiedlung in unserem Land. Diese entstand bereits hundert Jahre früher in Horn nach dem Dreißigjährigen Krieg. Ferdinand Sigmund Graf Kurz hatte bei Weikertschlag eine Schäferei errichten lassen, welche Wolle für seine ebenfalls von ihm in Horn gegründete Tuchmacherei zu liefern hatte. 1652 entstand für die Arbeiter in der Raabser Straße vor der Stadtmauer Horns ein aus 30 Reihenäusern bestehendes Dorf, das auch eine eigene Kirche bekam. Diese Horner Tuchmachersiedlung dürfte auch Vorbild für die Arbeitersiedlung „Nadelburg" gewesen sein.

Prunkvoll wie der Eingang zu einem Fürstensitz ist das Adlertor der Nadelburg mit seinem monumentalen Doppeladler am Giebel. Mächtig überragt die Kirche die ebenerdigen Häuser der Siedlung, eine breite Straße führt zu ihr hin. Nicht irgend ein Baumeister hatte sie erbaut, sondern der berühmte Architekt Nikolaus Pacassi, dem auch Schloss Schönbrunn sein heutiges Aussehen verdankt.

Ein kulturgeschichtliches Kuriosum ist das Hochaltarbild der Kirche, die der heiligen Theresia geweiht ist. Es zeigt eine Kreuzigungsdarstellung – aber nicht mit Jerusalem im Hintergrund, sondern mit der alten slowakischen Bergwerksstadt Schemnitz, aus der die Metallwarenfabrik ihre Rohstoffe geliefert bekam. Ganz rechts im Bild zwei Bergleute und

Adlertor der „Nadelburg".

unter dem Kreuz eine Nonne und ein junger Mann. Die Nonne hat die Gesichtszüge von Kaiserin Maria Theresia, der junge Mann die von ihrem Sohn und späteren Kaiser Joseph II.

Auf vielen sakralen Kunstwerken hatten sich in früheren Zeiten auch die Auftraggeber abbilden lassen ... klein und diskret an der Seite oder im Hintergrund. Auf dem Hochaltarbild der Nadelburgkirche stehen jedoch nicht die Gottesmutter, der Jünger Johannes und Maria Magdalena unter dem Kreuz. Diesen Platz im Vordergrund haben groß Maria Theresia und ihr Sohn eingenommen. Von Gottes Gnaden bestimmte Herrscher zu sein – aus diesem Glauben der Habsburger hatte die Kaiserin in einer solchen Darstellung keine Blasphemie gesehen.

Wer heute durch das Adlertor die Siedlung betritt, kommt mit einem Schritt vorm andern in eine stille Welt weit aus unserer Zeit. Ein kleines Museum ist zu besichtigen mit einer Dokumentation über die Geschichte der Nadelburg und mit vielen Erzeugnissen der Fabrik (wobei man bei manchen wollte, dass sie noch heute hergestellt würden).

In dem Museum bekamen wir ein Faltblatt, auf dem wir lasen:

„Als Leiter und Besitzer des privaten „Franz Gehrer-Heimatmuseums", Roman und Renate Bachtrögl sowie Fr. Lucia Gehrer, stellen wir das Museum frei zugänglich für Schüler, Gruppen und Privatpersonen zur Verfügung. Herr Roman Bachtrögl ist gerne bereit, auf Wunsch unentgeltlich durch die Nadelburg zu führen."

Heute darf alles „auch etwas kosten" (und es kostet dann weit mehr als es eigentlich wert ist). In der Nadelburg gibt es noch Leute, die ihr Museum von Dienstag – Sonntag von 9.00–18.00 Uhr „frei zugänglich" offen halten und außerdem noch „unentgeltlich" Führungen durch den ganzen Fabriksbereich machen. Und das ist wahrhaftig etwas ganz Außergewöhnliches – weit aus unserer Zeit.

Um den „Liefferstain“ von Strasshof

„In Strasshof, einem zur Pfarre Neunkirchen gehörigen Dorfe, steht ein dem heiligen Bartholomäus geweihtes altehrwürdiges Kirchlein, das nach der Volkssage das älteste der Umgegend sein soll.“ (P. Willibald Leeb in „Berichte und Mitteilungen des Altertumsvereines zu Wien“, 1908).

Etwas störte den Verfasser dieses Berichtes: Eine Urkunde, nach der Kaiser Friedrich III. im Jahre 1472 vom Salzburger Bischof die Erlaubnis erhielt in Strasshof eine Bartholomäus-Kapelle zu erbauen ... „Darnach wäre die Kapelle erst 1472 erbaut worden. Doch können wir diese Meldung kaum glauben, da der rein romanische Stil des Kirchleins auf das 12. Jahrhundert weist“.

Bis Ende des 20. Jahrhunderts wies er in das 12. Jahrhundert. Romanisch galt der Bau in der Kunstliteratur, als romanisch wurde er von allen Besuchern gesehen. Erst bei einer Untersuchung des mittelalterlichen Burghügels neben der Kirche ergab sich auch, dass diese tatsächlich erst 1472 erbaut wurde. Sie sollte den Eindruck hohen Alters erwecken, sie wurde bewusst romanisch gebaut. Im 15./16. Jahrhundert wurden viele Kunstwerke (wie z.B. die Tragköpfe vom Hemmagrab in Gurk, die ebenfalls bis vor kurzem noch als „Meisterwerk romanischer Kunst“ galten) aus verschiedenen Gründen alt gestaltet. Vom Kaiser Friedrich wird gesagt, dass er innerlich mehr mit der Welt des Mittelalters verbunden war als mit der Zeit, in der er regierte.

Vom „Phänomen des Historismus“ wird heute gesprochen, wenn irgendwo das Nachahmen eines älteren Stils in späterer Zeit erkannt wird. In Strasshof zeigt sich dabei noch ein anderes Phänomen: Besucher, welche von der neuen Datierung nichts wissen, halten die nur aus altem woanders abgetragenem Baumaterial errichtete Kirche mit dem schönen Zahnschnittfries an der Apsis nach wie vor für einen romanischen Bau.

Vor der Kirche liegt ein etwa zwei Meter langer Stein, der von den Einheimischen „Schranne“ oder „Gerichtsstein“ genannt wird.

Strasshof war einst ein Ort mit eigener Gerichtsbarkeit. Diese war auf kleinere Vergehen beschränkt, bei größeren mussten die Missetäter dem höheren Gericht (das war in Neunkirchen) übergeben werden. Das geschah bei einem die Ortsgrenze markierenden Steinpfahl.

„Creutz und Markstain an der Wartenstätter Strass“ wird in Gerichtsakten von 1666 der Platz der Übergabe von „Malefiz-Personnen“ aus Strasshof an das höhere Gericht genannt. Das „Creutz“ (ein Bildstock) steht noch immer an der Straße Neunkirchen–Wartmannstetten–Strasshof, der bereits 1499 urkundlich genannt Markstein ist der jetzt so genannte „Gerichtsstein“ vor der Kirche von Strasshof.

Der jetzt nicht mehr aufrecht stehende Markstein ist durchlöchert, ist ein so genannter „Lochstein“. Diese sind Relikte der im 3. Jahrtausend

Der einst aufrecht stehende Markstein (ein Lochstein) vor der Kirche von Strasshof.

v. Chr. entstandenen Megalithkultur, welche dann im Verlauf der Zeiten verschiedene Bedeutung bekamen, so auch im Totenkult. Im Thermenmuseum/Rom steht eine ganze Reihe durchlochter römischer Grabsteine. In unserem Land stehen Lochsteine vor Bauernhäusern und wenn der Sturm heulte, wurde das für das Klagen der Armen Seelen gehalten und Mehl in die Löcher gestreut, um diese zu beruhigen. Die Toten sollten auch das Haus ihrer Nachkommen schützen; noch Ende des 19. Jahrhunderts wurden solche „Haussteine" angefertigt und aufgestellt.

Im Mittelalter hatten Lochsteine an den Ortsgrenzen eine besondere Funktion bei der Übergabe von einer „Malefiz-Person" an das höhere Gericht. Das war ein skurriler Rechtsbrauch!

Kam nämlich niemand von dieser Behörde um eine solche abzuholen, dann banden sie die Ortsrichter mit einem Gras- oder Getreidehalm (!) am Lochstein fest – und gingen fort. Die Malefiz-Person ganz bestimmt ebenfalls.

In einer 1881 veröffentlichten Arbeit über die Rechtspflege des Mittelalters hatte Pater Benedikt Kluge die Übergabe einer Kindesmörderin aus Strasshof im Jahre 1666 beschrieben. Konkret ging es dabei um einen menschlich sehr berührenden Fall …

Während des „Traidschnidt" hatte eine 38-jährige ledige Magd mit einem Witwer im Stalle „Umgang", der nicht ohne Folgen blieb. Es nützte ihr nichts „Lorber, Goldblumben, Frauen-Blättel und Wehekraudt" in Wasser zu sieden und zu trinken. Nachdem sie einmal drei schwere Körbe voll Holz in die Küche getragen hatte, empfand sie Schmerzen und hinter einem Stadel ist dann „die Frucht ohne empfundenes einiges Leben von ihr geschaffen". Zuerst versteckte sie diese in der Küche und als alle Hausleute in der Kirche waren vergrub sie das tote Kind im Kel-

ler. Die Sache kam auf und die Frau wurde des Kindesmordes beschuldigt.
Der Kindesvater war zu dieser Zeit bereits wiederum verheiratet. Ob es ein Gerichtsverfahren gegen ihn gab ist nicht bekannt, auch nicht, zu welcher Strafe die Kindesmutter verurteilt wurde.
Der Stein, bei dem die arme Magd als Malefiz-Person ihrem ungewissen Schicksal ausgeliefert wurde, scheint in den Gerichtsakten mit einem dafür eher makabren Namen auf … „Liefferstain"!

Frauenbrunnen und Frauenbachl

Das Frauenbachl entspringt – nach den Landkarten –unter der Hohen Wand bei Oberhöflein. „Falsch!" sagen die Leute aus Unterhöflein … „Das Frauenbachl kommt aus unserem Frauenbrunnen!"
Diese starke Quelle entspringt in Unterhöflein am Fuß des markanten Bergkegels auf dem die Wallfahrtskirche Maria Geburt (oder Maria Kirchbüchl) steht. Die Kirche entstand im 15. Jahrhundert, wurde im 18. Jahrhundert ausgebaut, wobei die vorher auf einer hohen Säule stehende Marienstatue in den Hochaltar eingebaut wurde. Auch unten beim Frauenbrunnen stand früher eine Marienstatue. Kirche und Quelle waren zusammengehörig.
Es ist eine starke Quelle, aus der auch stark positiv aufgeladenes Wasser hervorkommt und solche schon seit alter Zeit verehrte Quellen wurden später bei der Christianisierung sehr oft unter die Patronanz der Gottesmutter gestellt – sie wurden zu Frauenbründln.

Winzendorf, alte Pfarrkirche: Kippdeckel über der Quellkammer unter dem Hochaltar.

Rechte Seite: Die Wallfahrtskirche Maria Kirchbüchl bei Unterhöflein.

Unter Bäumen und Gestrüpp verborgen war die Quelle bei unserem ersten Besuch – und das ist sie noch immer. Damals hatte das Quellbecken noch eine (jetzt verschwundene) Fassung aus großen, moosüberzogenen Quadern. Sie hatte uns besonders beeindruckt, weil sie genauso aussah wie Quellfassungen, die wir an einigen alten Römerwegen gesehen hatten. (Auch der alte Salzweg aus dem Wiener Becken nach dem Westen führte unter dem Kirchbühel dahin.)
Etwas Rundes, stark Versintertes sahen wir im klaren Wasser der Quelle, holten es raus, kratzten daran.
Buchstaben wurden erkennbar ... E ... T ...
Unsere Gedanken rotierten ... Quellopfer ... römische Münze im Brunnen ... AETERNAM ...
Dann große Enttäuschung ... es war nur ein Dachplattennagel mit der Aufschrift ETERNIT!
Es ist ein idyllischer Winkel in dem das Frauenbachl entspringt (die zwei von etwas weiter oben kommenden Bachl lassen die Unterhöfleiner nicht gelten). Und gut schmeckt sein „starkes Wasser".
Unter der Kirche „Maria Geburt" entspringt das Frauenbachl. In Winzendorf fließt es dicht neben der Kirche „Maria Himmelfahrt" vorbei. Das Frauenbachl – ein Marienbachl.
Im 13. Jahrhundert ist die Kirche von Winzendorf entstanden, im 16. Jahrhundert zur Begräbnisstätte der Adelsfamilie Teufel umgestaltet worden. Darin ist auch eines der schönsten Renaissance-Grabdenkmäler Österreichs zu sehen. In „Ewiger Anbetung" kniend und mit Blick zum Hochaltar ist ein fescher junger Mann im festlichen Gewande dargestellt: Wolfgang Mathias Teufel, der 1587, als der Habsburger Maximilian III. König von Polen werden wollte, im Alter von 18 Jahren vor Krakau gefallen ist – und sicher gerne noch länger gelebt hätte.
1971 bekam Winzendorf eine neue Pfarrkirche, die alte war dem Verfall verfallen. Doch dann fanden sich 180 Freiwillige, welche von 1986–90 im 8500 Arbeitsstunden den Bau restaurierten. Dabei kam es auch zu Ausgrabungen, bei denen es eine große Überraschung gab ...
Unter dem Hochaltar wurde eine Steinkammer entdeckt, in der einst eine Quelle entsprang, deren Wasser durch ein unterirdisches Abflusssystem ins Freie außerhalb der Kirchenmauer geleitet wurde. Ein steinerner Kippdeckel im Kirchenboden hinter dem Altar ermöglichte es, von oben Wasser aus der Quelle zu schöpfen. (Dieser schwere Stein hängt noch immer an den alten Eisenbolzen und kann auch heute noch gekippt werden).
Natürlich gab es bei der Entdeckung der Quellfassung die nahe liegende Vermutung, dass ein schon vorher bestehendes altes Quellheiligtum bewusst mit der Kirche überbaut wurde. Aber dann ergaben weitere Untersuchungen (nach dem Grabungsbericht): „Die Quellfassung mit Abflusssystem gehörte, den Befunden nach zu schließen, nicht zum ursprünglichen Plankonzept und entstand erst im Zuge der Errichtung

Das Frauenbachl unter dem Kirchbüchl bei Unterhöflein.

des ersten Kirchenbaues. Eine Interpretation der Kirche als Quellheiligtum entbehrt somit jeder Grundlage." Außerdem: „Anhaltspunkte für kultische Einbeziehung, wie z. B. Nachrichten über eine Wallfahrt fehlen in Winzendorf leider gänzlich."

In der restaurierten Kirche ist es jetzt möglich, durch Glasplatten im Boden in die beleuchtete Quellkammer und in den Abflusskanal hinab zu schauen. Man kann in diese Unterwelt auch hineinkriechen. Aber das bringt zu den offenen Fragen um diese Anlage auch keine Antwort.

Nur ein schmaler Wiesenstreifen liegt zwischen der Quellkammer in der Kirche und dem flott daneben fließenden Frauenbachl.

Ist damals beim Kirchenbau Grundwasser hervorgequollen und wurde dieses als „Altarquelle" in die Kirche miteinbezogen, weil man das Wasser für wundersam hielt? Oder sollte die Anlage von Anfang an nur zur Wasserversorgung der bei Feindesgefahr in die Kirche geflüchteten Menschen dienen? Nach dem Topographen Schweikhardt wurde die Quelle noch am Beginn des 19. Jahrhunderts „Türkenbrunnen" genannt und Geschichten von „heldenmütiger Verteidigung" erzählt.

Nach der Kirche „Maria Himmelfahrt"in Winzendorf beendet nur etwa 5 km weiter auch das Frauenbachl seinen Lauf. Einst mündete es bei Bad Fischau in die Warme Fischa. Nach dem Zweiten Weltkrieg entstanden im Steinfeld viele Schottergruben und in diesem durchlöcherten Gelände mit einer Südautobahn als große Sperre wusste das arme Bachl nicht mehr, wohin es sich wenden sollte. Es fuhr nicht zum Himmel auf, das Frauenbachl versickert jetzt still und leise im Boden.

Roter Marmor am Engelsberg

Die Fischauer Berge haben zwar nur einen „Sechshunderter“ (den Grössenberg) als höchste Erhebung, dafür aber viele außergewöhnliche Wanderziele … Hügelgräber und Kulthöhlen aus prähistorischer Zeit, die Naturdenkmäler „Teufelsmühlstein“, „Steinerner Stadel“ und „Eisensteingrotte“. Weniger bekannt ist der Steinbruch am Engelsberg mit seinem fleischroten Marmor …

Roter Marmor – er wurde bei uns erst ab dem Mittelalter vor allem für Grabmäler verwendet. Für das berühmte Grabmal Kaiser Friedrichs III. im Wiener Stephansdom wurde roter Marmor aus Adnet (bei Salzburg) auf Schiffen nach Wien und auf Lafetten weiter nach Wiener Neustadt zur Bearbeitung gebracht. Für den Transport der Rohblöcke für das nach seiner Vollendung 44.000 Kilogramm schwere Grabmal mussten vorher die Brücken des Wiener Stadtgrabens verstärkt und die Straße nach Wiener Neustadt ausgebessert werden. Aber roten Marmor wollten damals hohe Persönlichkeiten nicht nur deshalb, weil er schön und protzenhaft teuer war. Sie verbanden mit ihm auch magische Vorstellungen: Rot ist die Farbe des Lebens und das rote Grabmal sollte ihren Glauben an ein Ewiges Leben versinnbildlichen.
Erst in der Renaissancezeit wurde roter Marmor auch für profane Werke verwendet. Die ersten Berichte über den Engelsberger Steinbruch gibt es aus dem Ende des 17. Jahrhunderts. Engelsberger Marmor wurde damals für den Wiener Stephansdom und Wiener Neustadts Kirchen und Klöster verwendet, später dann auch für das Kunsthistorische Museum, den Südbahnhof sowie das Russendenkmal in Wien. 1960 wurde der Steinbruch stillgelegt.
Jetzt ist er als „Geotop“ über ein von Muthmannsdorf hinaufführendes Waldstraßerl erreichbar. Nachher sollte man aber noch die Kirche von Muthmannsdorf aufsuchen, deren Fußboden aus Engelsberg-Marmor besteht. Da kann man sehen, wie schön er geschliffen wirkt – so schön, dass man sich fast nicht draufsteigen traut.
Zum Steinbruch sollte man nur an sonnigen Vormittagen gehen. Da

zeigt sich die rot leuchtende Marmorwand besonders eindrucksvoll zwischen dem satten Grün der sie umgebenden Föhren. Da erscheint sie auch mit den kreuz- und quer gesägten Schnittflächen als ein so bizarres Gebilde, dass man fast glauben könnte vor einem abstrakten Kunstwerk zu stehen ... vor einem „Megakunstwerk“ aus 200 Millionen Jahre altem Marmor.

Das „Lebende Kreuz“ von St. Johann

St. Johann am Steinfeld ist ein kleiner Ort an der Straße von Ternitz nach Puchberg am Schneeberg. So wie alle mittelalterlichen Kirchen in diesem einstigen Grenzgebiet war auch die von St. Johann eine Wehrkirche. Jetzt gilt sie als eine der kulturhistorisch besonders interessanten Kirchen, weil sich in ihr noch eines der seltenen Fresken mit einem „Lebenden Kreuz“ erhalten hat.

So werden jene Kreuzigungsdarstellungen genannt, bei denen aus dem Kreuz Hände herauswachsen, welche in die umgebende Bildkomposition im wahrsten Sinne des Wortes eingreifen. In St. Johann wächst nur eine Hand aus dem Kreuzstamm; sie öffnet die Vorhölle, aus der die Schar aller durch den Kreuzestod Christi erlösten Gerechten des Alten Testaments herauskommt ... Adam und Eva, Moses, die Propheten ...

„Lebende Kreuze“ zeigen das Erlösungswerk Christi in verschiedenen Variationen. Sie entstanden am Beginn des 15. Jahrhunderts in Mitteleuropa und auf fast allen Darstellungen stehen Synagoge (Judentum) und Ecclesia (Kirche, Christentum) als Symbole für das Alte und Neue Testament einander gegenüber.

In St. Johann wurde die Vorhölle als Synagoge dargestellt mit wütenden Teufeln, welche versuchen die ausziehenden Gerechten zurückzuhalten. Auf der anderen Seite des von den Evangelistensymbolen umgebenen Kreuzes ist die Heilige Dreifaltigkeit zu sehen, von der das Erlösungswerk ausgeht / Maria, welche die Menschwerdung Christi ermöglichte / Taufe für den Eintritt in die Kirche / Priester bei Messopfer in der Kirche. Der Alte Bund hatte sein Ende gefunden, der Neue Bund seinen Anfang genommen.

Das 14. Jahrhundert war kein gutes Jahrhundert. Alles Übel dieser Welt kam über die Menschen ... Dürre und nicht enden wollender Regen, Heuschrecken, Seuchen, Hungersnot. Die Menschen wurden hysterisch, suchten in allem und jedem die Ursache des Übels, in dem eine Strafe des Himmels gesehen wurde. Und da waren die Juden, welche sich dem Neuen Bund nicht anschließen wollten und verstockt in ihrem alten Glauben verharrten. Sie wurden zu Sündenböcken für all das Übel. Mitte des 14. Jahrhunderts begannen die Judenverfolgungen.

Um 1400 entstand das „Lebende Kreuz“ von St. Johann. Es ist eine der frühesten dieser Darstellungen und eine Konfrontation von Judentum und Christentum. Auf dem künstlerisch bedeutsamen „Lebenden Kreuz“ des Thomas von Villach in der Kirche von Thörl-Maglern ist am Ende des 15. Jahrhunderts aus der Konfrontation bereits eine Diffamierung des Judentums geworden: Die Synagoge ist eine mit verbundenen Augen auf einem aus vielen Wunden blutenden Esel reitende Frau. Sie trägt eine zerbrochene gelbe Fahne und die aus dem linken Kreuzesarm herauswachsende Hand durchstößt mit einem Schwert ihren Kopf.

In ihrem hohen elfenbeinernen Turm haben Theologen die „Lebenden Kreuze“ konzipiert; dem einfachen Volk waren sie aber zu abgehoben von seinem schlichten Glauben. Sonderbar, dass sich alle bis heute noch erhaltenen „Lebenden Kreuze“ nicht in den Kirchen der Städte, sondern in Landkirchen befinden. Die Bauern von St. Johann am Rande des Steinfelds werden sich aber kaum daran erbaut haben, dass durch das Erlösungswerk Christi auch die Guten und Gerechten des Alten Testaments aus der Vorhölle befreit wurden.

Als „ikonographisch hochbedeutsam“ wurde das Fresko von Kunstfreunden bereits im Jahre 1860 erkannt. Und weil der obere Teil des Freskos stark beschädigt war, beauftragte die Kirchenverwaltung einen Wiener Neustädter Zimmermaler (!) mit der Restaurierung. Entsetzt war aber dann ein Vertreter des damaligen Denkmalamtes, als er die „glatten Wandflächen durch aufpatronierte Zimmermuster, welche jeder Hausmeisterwohnung zur Zierde gereichen würden“ verunstaltet sah. Diese „Restaurierung“ ist durch eine fachgemäße längst beseitigt worden.

In Europa gibt es nur noch wenige bis heute erhaltene „Lebende Kreuze", jedes von ihnen ist eine Rarität. Die Leute von St. Johann haben einen Schatz. Als wir vor vielen Jahre im Ort nach dem Schlüssel zur Kirche fragten wollte ein Mann wissen, was wir darin gern gesehen hätten …
„Ein lebendes Kreuz?" sagte er dann, „So was ham wir net! Bei uns hängt der Herrgott tot am Kreuz …so wie sich's gehört!"

Schrattenstein – im Seitental von einem Seitental

Mit großen Erwartungen sind wir zur Burgruine Dachenstein losgezogen und sehr enttäuscht wieder heimgekommen. Dachenstein unter der Hohen Wand: Von G. M. Vischer gibt es einen Stich aus dem Jahre 1672, der die Burg auf einem imponierenden Felsturm mit steil abfallenden Wänden zeigt. Der Felsturm ist aber nur ein Waldmugel auf dem jetzt eine Jagdhütte (mit Garage) steht. Der berühmte Topograph hatte etwas übertrieben.
Ohne große Erwartungen sind wir zur Burgruine Schrattenstein bei Grünbach unter der Hohen Wand aufgestiegen und waren überrascht, als wir in einem Seitental von einem Seitental auf einem bis an die 70 Meter hohen Felsklotz Mauerreste sahen. Eine solche Felsenburg hatten wir nicht erwartet.
Für die Pioniere der Touristik, welche am Beginn des 19. Jahrhunderts unser Voralpenland erforschten, war das Aufsuchen dieser Ruine noch ein romantisches Abenteuer.
„Schön kann man diese Gegend nicht nennen, aber sonderbar, schauerlich, öd und traurig einsam …" – so hatte der Topograph F. X. Embel in seiner 1803 erschienenen *Schilderung der Gebirgs-Gegenden um den Schneeberg* die Landschaft um Schrattenstein empfunden. Der tiefe Burggraben wurde für Herrn Embel ein großes Hindernis, das er nur „mit Gefahr und Anstrengung" überwinden konnte. Aber mutig erkletterte er dann auch noch den Gipfel des Burgfelsens …„Mit viel Behutsamkeit sah ich hinab in das Schrattenbachtal, aber Entsetzen ergriff mich bei dem Anblick der senkrechten hohen Steinwand an deren äußersten Rand ich auf lockerem Steine stand – und unwillkürlicher Schauder jagte mich von dieser Stelle zurück". Und: „Am Stamme eines Baumes fest geschlungen" schaute dann Herr Embel mit „trunkenem Auge" in die Wald- und Felswildnis rund um die Burgruine.
So steil ist der Felsen, dass an ihm der damalige „Hohe Wand-Pfarrer" von Grünbach und spätere Domprälat von St. Stephan Dr. Alois Wildenauer um 1920 sogar einige Kletterrouten erstbegangen hat … einen „Erkersteig", der seinen Ausstieg über eine senkrechte Wand beim

Des Topographen G. M. Vischers Ansicht von Burg Drachenstein auf hohem Felsturm, der in Wirklichkeit nur ein felsdurchsetzter Waldmugel ist (wie unser Foto zeigt).

Erker der Burgruine hat und einen „Rittersteig", bei dem ein „kühner Raubritterschritt über einen bösen Abbruch hinweg" gewagt werden muss.
Noch am Beginn des 20. Jahrhunderts war in *Försters Touristenführer* über die Ruine Schrattenstein zu lesen: „Sie thront malerisch auf einem Felsen, ist aber schon sehr verfallen und schwer zugänglich" – Auf diesem schwer zugänglichen Felsen haben aber bereits im 3. Jahrtausend v. Chr. Menschen gehaust. Im Burgbereich gefundene Keramikreste aus dieser Zeit beweisen das. Erzsucher an der Wende von Jungsteinzeit und Metallzeit hatte kein „Entsetzen ergriffen beim Anblick der senkrechten hohen Steinwand".
1182 wird ein Chalhoch de Scratensteine urkundlich erwähnt. Daraus wurde geschlossen, dass die Burg zu dieser Zeit schon errichtet war. Neue Untersuchungen ergaben aber, dass sie etwas später entstand.
Vor dem Burgfelsen, an dem das Mauerwerk an seinem Rand wie hingeklebt erscheint, ergab sich für uns – als Bergsteiger – jedoch die Frage, welche uns wesentlich mehr interessierte als alle Datierungsfragen: Wie wurde am Rande der Steilabbrüche diese Arbeit verrichtet?
Himmelhoch ist der Unterschied zwischen der Erbauung eines Domes mit hohem Turm und einer „stolzen Burg auf kühner Felsenzinne". Den Dombauleuten halfen vom Fundament weg Gerüste und Arbeitsbüh-

Felsenburg Schrattenstein.

nen beim Höherarbeiten; die Erbauer von Felsenburgen mussten hoch über dem Abgrund die Bausteine am Steilfels anbringen. Hatten sie dafür ebenfalls Arbeitsbühnen, an denen sie in die Tiefe gelassen wurden? Arbeiteten sie „ohne Netz“ oder waren sie mit Seilen gesichert bei dieser gefährlichen Arbeit? Wie viele Arbeitsunfälle gab es bei der Erbauung solcher „stolzen Burgen“?

Darüber haben schon die Chronisten von damals geschwiegen und auch in der heutigen Burgenliteratur scheinen noch immer die Besitzverhältnisse damaliger Burgherren das Wichtigste zu sein.

„Jeczo öd“ wird die Burg in einer Urkunde 1556 genannt; Ende des 15. Jahrhunderts soll sie bei einer Belagerung so schwer beschädigt

worden sein, dass man sie nicht wiederherstellte. Immer mehr verödete die Felsenburg in ihrem Hinterwinkel.
Am Beginn des 3. Jahrtausends wurde über den Burggraben eine solide Holzbrücke gebaut. Aber schon 2007 war diese wieder eingestürzt; sie hatte nur solide ausgesehen. Jetzt müssen die Besucher einen drahtseilgesicherten Felsensteig zur Ruine hochklettern. Der Burgruine Schrattenstein werden daher noch längere Zeit die heute üblichen Ritterfeste erspart bleiben … keine Ritterspiele und auch keine Rittersessen (bei denen die Raubritter die Hendeln kühn mit den Händen essen!). Schrattenstein im Seitental von einem Seitental – eine außergewöhnliche Burgruine.

Biedermeiers „Seitenblicke" in Reichenau

Bevor Reichenau zum Kurort wurde war es eine Bergwerkssiedlung …
Oberhalb von Reichenau steht der „Thalhof" (der durch Arthur Schnitzlers Liebelei zur Wirtin berühmt geworden ist) und oberhalb von diesem Gasthof führt ein Weg zur Kammerwandhöhle, in der auch schon aus prähistorischer Zeit stammende Funde gemacht wurden. Als Zufluchtsstätte wurde die geräumige Höhle (neben der ein kleines Wasserrinnsal über eine Felswand plätschert) auch in späteren Zeiten

Die Kammerwandhöhle bei Reichenau.

„Bergmann" Hofschauspieler Löwe auf dem Altarbild in der Pfarrkirche Reichenau.

benützt, aber die ersten Menschen, die darin vorübergehend Unterkunft fanden, waren wahrscheinlich Erzsucher nach dem Ende der Jungsteinzeit.

Sie wurden fündig und bis in das 20. Jahrhundert war das Land am Fuß von Schneeberg und Rax Bergbaugebiet. Erst am Beginn des 19. Jahrhunderts kamen die ersten Touristen. Das waren vor allem Beamte, welche die „Staubferien" (in denen die Büros und vor allem die Akten vom Staub gesäubert wurden) benutzen wollten, um auf dem Schneeberg oder der Rax „die Lungen wieder mit frischer Luft zu laben".

Der erste Wiener, welcher seine Lungen am Fuß dieser Berge labte, war der k. k. Conviktinspektor Georg Kletschka, welcher ab 1830 jedes Jahr mit sechsspännigem Reisewagen samt Familie nach Reichenau fuhr. Diesem ersten Sommergast wurde später ein Denkstein gesetzt auf dem nach ihm benannten Kletschkahügel.

Nach Eröffnung der Südbahn bis Gloggnitz (1842) wurde das Tal von Reichenau erstaunlich schnell von der „guten Gesellschaft" als idealer Sommeraufenthalt entdeckt. Reichenau; das damals nur eine kleine Holzkirche hatte, brauchte jetzt eine größere Kirche und von 1843–1846 wurde sie erbaut.

Im Bergwerksort Reichenau wurde natürlich der Patronin des Bergbaues St. Barbara die Kirche geweiht und auf dem Hochaltarbild ist sie „thronend über einer Bergmannsfamilie, welcher der vermisst gewesene Ernährer während des Gebetes zur Heiligen unerwartet wiedergegeben wird, dargestellt. Das Bild ist eine Spende des Hofschauspielers Ludwig Löwe, dessen Züge auf dem Bilde in dem Bergmanne verewigt sind, während die übrigen Glieder der Bergmannsfamilie die Gesichtszüge der zur Zeit des Kirchenbaues hier häufig weilenden freiherrlichen Familie Kübeck zeigen" (Haas Franz, Reichenau, 1884).

Ebenso groß wie die heilige Barbara ist auf dem Altarbild auch der Hofschauspieler Löwe. „Er veranstaltete zur Aufbringung der Kosten für dieses Bild eine Vorstellung von Raimunds *Verschwender* und ließ es für den eingegangenen Betrag von 2000 Gulden von dem Maler Schilcher anfertigen". Ludwig Löwe war ein leuchtender „Stern am Burgtheaterhimmel" und Vorläufer der heutigen „Seitenblicke-Gesellschaft". Er hatte bereits in der Biedermeierzeit erkannt, wie gut sich Gutsein und Publicity verbinden läßt.

Für alle heutigen Betrachter wird das Bild zum vergnüglichen Schmunzelerlebnis. Die Bergmannsfrau dürfte sich vor der Heimkehr des „vermißt gewesenen Ernährers" noch rasch bei einem Wiener Modeschneider ein besonders schickes Kleid bestellt haben und mit den pausbäckigen Goldlockenkindern auch beim Friseur gewesen sein. In heller Sommerhose und einer sorgsam gefältelten und frisch gewaschenen und gebügelten Bergmannsjacke präsentiert sich der aus der Grube gerettete Bergmann … bereit vor dem Vorhang Beifallsstürme zu empfangen!

Tod am Lahnsattel

Eine Lahn ist eine Lawine und am Lahnsattel (1006 m) an der Grenze von Niederösterreich und der Steiermark haben die Menschen gefährlich gelebt ... .

Am 22. Jänner 1844 verschüttete eine Staublawine um 11 Uhr nachts zwei Keuschen ... es gab 11 Tote (darunter 7 Kinder).

Am 17. Jänner 1878 um 1/2 5 Uhr nachmittags verschüttete eine Riesenlawine das Höchbauernhaus auf der Sattelhöhe, in dem von einem Begräbnis kommende Leute rasteten ... 13 Tote.

Weitere Lawinenabgänge: 1907, 1909, 1923 (2 Tote), 1944.

Heute weiß man, dass diese Lawinenabgänge hausgemacht waren. Ende des 18. Jahrhunderts ist von protestantischen Holzknechten aus dem Salzkammergut die kleine Siedlung unterhalb vom Göller (1766 m) gegründet worden. Nach Einstellung der Waldschlägerungen begann man später die Latschenfelder unter dem Göller für die Holzkohlengewinnung zu roden. Das war falsch! Die Lawinen hatten dadurch freie Bahn.

Heute ist das große Klassenzimmer der 1872 eröffneten und 1976 stillgelegten Evangelischen Schule Lahnsattel zu einem „Lawinen-Gedenkraum“ umgestaltet worden. Wo einst 60–80 Kinder aller Altersstufen von einem Lehrer gleichzeitig (!) von 8 Uhr – 3 Uhr unterrichtet wurden, ist neben Fotos von Lawinenabgängen auch die ursprünglich am Lahnsattel angebrachte Erinnerungstafel an die „große Lahn“ vom Jahre 1878 zu sehen.

Auf der Tafel sind Name und Alter der Toten angeführt und auch die Zahl der Tage, die bis zur Bergung der Leichen aus den Schneemassen vergingen ... erst nach 199 Tagen kam die elfjährige Maria Lainer wieder ans Tageslicht. Unter der Totenliste steht der Satz aus den Schriften des Propheten Samuel: „Es ist der Herr, er thue was ihm wohlgefällt.“

An diesem Tag geschah auch etwas, das den Berglandbewohnern wie ein Wunder erschien und dann noch jahrzehntelang erzählt und weitererzählt wurde.

Am Nachmittag des Unglückstages waren Fuhrleute mit Pferdeschlitten über den Lahnsattel gezogen und wollten – so wie immer – im Höchbauernhaus ein wenig rasten. Doch an diesem Wintertag waren ihre Pferde wie verrückt, zogen wiehernd an ihren Geschirren, waren vor dem Gehöft kaum zum Halten zu bringen. Schimpfend und fluchend gaben ihnen die Fuhrleute nach – und das hatte ihnen das Leben gerettet.

Die Fotos in dem Gedenkraum zeigen die Folgen des Fehlers der armen Holzknechte, welche das Latschenfeld am Göller abgeholzt hatten. Sie zeigen riesige Schneeberge, auf denen die Menschen klein wie Ameisen ausschauen, zeigen nur die Dachreste von Häusern, die geborsten

unterm Schnee liegen. Unbeeindruckt wird diesen Gedenkraum in der alten Schule am Lahnsattel wohl kaum jemand verlassen.
Wie groß müsste eigentlich ein Gedenkraum sein für alle bis jetzt im Umgang mit der Natur gemachten Fehler?

Foto aus dem Lawinen-Gedenkraum am Lahnsattel.

Die „Schwarze Hand" von Langenwang

Seit 1970 steht der spätgotische Flügelaltar aus der Burgkapelle von Hohenwang in der Pfarrkirche Langenwang (Obersteiermark). Darunter ist in einem kleinen Schrein die „Schwarze Hand" zu sehen …
Von ihr wird erzählt: „Der Burgbesitzer Anfang des 18. Jahrhunderts hatte zwei Töchter. Sie waren beide an Herren von Burgen der nächsten Umgebung versprochen. Eine der beiden Töchter verliebte sich jedoch in einen Knecht der Burg. Dem Vater kam dies zu Ohren. Nach einer Aussprache mit ihr schickte er sie in die Wallfahrtskirche nach Spital am Semmering, um dort Abbitte zu leisten. Als der Vater nach geraumer Zeit die Tochter wieder zusammen mit dem Knecht antraf und diese gerade dessen Glied in der Hand hatte, rief er das Gesinde in den Burghof zusammen. Ein Untertane des Burgherrn musste auf sein Geheiß

der Tochter als Strafe die Hand abhacken. Als Warnung für alle ließ er diese Hand, sichtbar für alle, in einem Schrein aufbewahren." (Aus: Gudrun Weichberger, Spurensuche, Langenwang 1998)
Eine wahre Geschichte?
Seit dem 15. Jahrhundert war das Geschlecht der Schärffenberger Herren auf Burg Hohenwang. Sie hatten auch die Niedere Gerichtsbarkeit und zu den strafbaren Vergehen, die sie zu richten hatten, gehörte die Unzucht. Unzucht war damals jede sexuelle Beziehung von unverheirateten Männern und Frauen. Weil aber Heiraten für junge arme Dienstboten sehr oft unmöglich war und weil auf Unzucht hohe Geldstrafen standen (die bei Nichteinbringung vom Dienstgeber bezahlt werden mussten), war für die Herren von Hohenwang die Unzucht ihrer Untertanen auch eine gute Einnahmequelle.
In einer 1840 erschienenen Beschreibung des Herzogtums Steiermark ist über Langenwang zu lesen, dass die Bewohner einen starken „Hang zur Übertretung des sechsten Gebotes" hätten. Diesen Hang gab es sicherlich in allen Orten des Landes, nur wird es in diesen nicht so viele Unzucht-Prozesse gegeben haben wie unter der Herrschaft der Schärffenberger. Das ließe auch die Geschichte von dem grausamen Burgherren-Vater doch als wahre Geschichte erscheinen.
In der „Waldheimat" oberhalb von Langenwang wurde 1843 Peter Rosegger geboren. In diesem Jahrhundert wurde zwar wegen Unzucht keine Hand mehr abgehackt, aber etwas verklemmt war die Einstellung zur Sexualität noch immer. Wie ein frischer Wind muss damals des jungen Roseggers Gedicht „Derf ichs Dirndl liabn?" gewirkt haben …
Der Pfarrer hat dem Buam auf die Frage geantwortet: „Wannst es liabst, so kommst in d'Höll!" – Die Mutter hat gemeint: „Es ist noch z'früa!" – Der Vater „schreit im Zurn, willst mein Stecken kostn, kannst es tuan!" Zuletzt hat der arme Bua den Herrgott gefragt, ob er ein Dirndl lieben darf …

„Ei ja freilich", sagt er und hat glacht,
„wegen dem Buam hab i das Dirndl g'macht!"

Im Burgenland gibt es nicht nur den Neusiedler See

„Bründlrühren“ im Leithagebirge

Loretto im Burgenland ist ein vielbesuchter Wallfahrtsort. Zwei Kilometer südlich davon steht in einer Waldschlucht des Leithagebirges eine Wallfahrtskapelle, welche nur von den Bewohnern ihrer näheren Umgebung aufgesucht wird, aber auf einem Platz steht, der für die Menschen schon Jahrtausende vor der Gründung Lorettos bedeutsam war. Die der Heiligen Dreifaltigkeit geweihte Kapelle entstand nach dem Türkenjahr 1683. Nach der Überlieferung soll sie von sieben Familien gestiftet worden sein, die sich in dem verborgenen Waldwinkel versteckt und überlebt hatten. Dort entspringt auch eine starke Quelle, die den Platz zu einer idealen Zufluchtsstätte machte.

Seit der Jungsteinzeit ist das Land unterm Leithagebirge besiedelt. Aus der Quelle in dem Waldwinkel werden schon die Menschen alter Zeiten getrunken haben, denn aus ihr quillt ein energetisch starkes Wasser. Zu solchen Quellen hatten schon immer die Menschen eine besondere Beziehung und diese war sogar noch im 20. Jahrhundert mit einem alten Kultbrauch verbunden – dem „Bründlrühren“.

Das ist ein Relikt eines bis in die Urzeit zurückreichenden Regenzaubers. Im alten Griechenland hatten die Priester des Zeus das Wasser einer Quelle nur zart mit einem Eichenzweig berührt, um Regen hervorzurufen (starkes Herumrühren hätte heftiges Unwetter bewirkt). Anderswo drosch man wild mit Stöcken auf das Wasser.

In archaischer Zeit galt das Wasser für die Menschen noch als etwas Lebendiges, Beseeltes. Beim „Bründlrühren“ sollten die Wassergeister erweckt werden. Wenn das Wasser einer irdischen Quelle bewegt wurde, dann sollte das auch die himmlischen Wassergeister wieder munter machen und Regen auf die Erde niederfallen lassen.

Über Wetterzauberei ist der Titel einer bereits 1894 vom Gründer der Anthropologischen Gesellschaft Ferdinand von Andrian verfaßten Arbeit, in der vom wundersamen Regenzauber in aller Welt berichtet wird …

… von Priestern auf Neukaledonien, die Skelette ausgraben, auf einen Baum hängen und dort mit Wasser begießen. Die Seele des Toten sollte das Wasser aufnehmen und als Regen fallen lassen …

… von Regenzauberern in Peru, die zwei Krüge stinkenden Wassers auf einen Berg stellten um Wolken anzulocken …

… und von den Leuten in Oberungarn, welche ein nacktes Mädchen in

Linke Seite: „Luß-Kreuz“ bei Schattendorf. Die Heilige Familie auf einem bäuerlichen Sonntagsspaziergang (bei dem das fest an den Händen gehaltene Jesuskind gar nicht glücklich ist).

einen Brunnen hinabließen, das dort mit einem Zauberspruch Stahl und Feuerstein ins Wasser werfen mussten …
Gegen solche obskuren Aktionen schien das simple „Bründlrühren" kaum Chancen gehabt zu haben, dem Himmel auch nur einen Regentropfen zu entlocken. Im regenarmen Ostösterreich hat es sich aber an etlichen Quellen doch lange erhalten. In seiner Dissertation (1963) über Besiedelung und Christianisierung des Wienerwaldes berichtet der Pfarrer von Ollern Franz Zarl, dass noch bis in die Mitte des 20. Jahrhunderts in trockenen Zeiten die Leute seiner Gemeinde zum Klosterbründl auf dem Riederberg gingen „um die Quelle zu rühren". Neben der Kirchenwand der Dreifaltigkeitskapelle bei Loretto kommt das Wasser in einer mit großen Quadern gebildeten Fassung hervor. Viel spricht dafür, dass mit dem Bau der Kapelle auch ein alter Quellkultplatz nachträglich christianisiert werden sollte. Sie ist ein einfacher Bau, in ihr stehen keine großen Kunstwerke. Es ist die Quelle die das Gefühl aufkommen läßt, hier an einem besonderen Andachtsort zu sein.
In seiner Arbeit über Wetterzauber hatte Ferdinand von Andrian auch festgehalten, wiesehr sich noch der archaische Glaube an Elementargeister sogar unter der Decke der höchsten Kulturen und monotheistischen Religionen durch Jahrtausende erhalten hat. „Das neuerliche Aufflackern des alten Geisterglaubens unter Anlehnung an tibetischen oder amerikanischen Schamanismus" – das wurde bereits 1894 geschrieben! – beweise „dass eine gewisse Neigung, diesen Phantasiegebilden Realität beizulegen noch immer selbst bei hoch gebildeten Individuen vorhanden ist."
Man erzählte uns, dass ältere Leute auch heute noch mit einem Stecken das Wasser der Quelle im Leithagebirge bewegen und sagen: „Nutzt's nix, schad's nix … und vielleicht nutzt's doch was!"

Abflusstunnel vom Sulzsee.

Der verschwundene Salzsee bei St. Margarethen

St. Margarethen im Burgenland ist durch seinen großen Steinbruch schon seit langem weithin bekannt. Dass es dort bis in das 19. Jahrhundert auch einen großen Salzsee gab, ist heute schon wieder vergessen.

Er war keine kleine Lacke – so wie es viele im Seewinkel östlich vom Neusiedler See gibt – er war ein ausgewachsener See von 2,8 km Länge, 1,25 km Breite und einer Tiefe von 3–4 Metern. Sulzsee (Soóstó auf ungarisch) wurde er genannt.

1885 wurde er zum Anbau von Zuckerrüben für die Siegendorfer Zuckerfabrik trockengelegt. Drainagen in einer Gesamtlänge von 13 Kilometer wurden angelegt und auch ein unter der Strasse Siegendorf-St. Margarethen durchführender 300 Meter langer solide gemauerter Abflusstunnel.

Dieser entstand in unglaublich kurzer Zeit. Am 26. März 1885 wurde an zwei Seiten mit dem Bau begonnen. Am 18. Juni trafen im Tunnel beide Bautrupps aufeinander; im Oktober waren die Arbeiten beendet; am 18. November 1885 wurde bei einem großen Festakt der Schlussstein am nördlichen Portal gesetzt.

Bei zwei auffallenden Baumreihen links und rechts der Straße Siegendorf–St. Margarethen sind die beiden Portale des darunter liegenden Tunnels. Es ist zwar ein bisserl mühsam durch das dichte Strauchwerk über die steile Böschung zu ihnen hinabzusteigen, aber vor ihnen zeigt sich besonders eindrucksvoll die Leistung, die damals – nur händisch, ohne Baumaschinen – vollbracht wurde, um den großen Salzsee verschwinden zu lassen.

Schön gemauert ist das Innere des Sulzsee-Abflusstunnels.

Nachdem sich am 18. Juni um 6 Uhr nachmittags die von beiden Seiten durch den Stollen vordringenden Bautrupps getroffen und einander die Hände geschüttelt hatten, durchschritt dann Fürst Esterházy stolz als erster Mensch den ganzen Tunnel.
Heute ist ein „stolzes Durchschreiten“ nicht mehr möglich. In dem ursprünglich zwei Meter hohen und einen Meter breiten Tunnel hat das noch immer darin durchfließende Wasser so viel Erde abgelagert, dass er jetzt nur noch etwa einen Meter hoch ist.
Ein kleiner Fischteich nahe vom Abflussportal erinnert noch an den großen See, der einst das weite Becken überdeckte und auf dessen Salzboden dann Zuckerrüben angebaut wurden. Wenn das schon der Karl Farkas gesehen hätte, würde er wahrscheinlich gesagt haben: „Schauen Sie sich das an, wie aus dem Salz Zucker herauswächst!“

Der „Kriegsgefallenenluster“ vom „Öden Kloster“

War das „Öde Kloster“ bei Baumgarten im Burgenland von Anfang an ein verwunschenes Kloster?
1475 wurde dem Paulinerorden das Kloster gestiftet, 1479 war der Bau vollendet, 1493 brannte er ab. 250 Jahre war er dann eine öde Ruine.
1743 begannen Mitglieder der Raaber Eremitenkongregation mit dem Wiederaufbau des Klosters, 1762 war er abgeschlossen. Doch schon zwanzig Jahre später wurde das Kloster von Kaiser Joseph II. aufgehoben. Nur wenige Jahrzehnte lang gab es darin ein Klosterleben. Ödes Kloster – verwunschenes Kloster?
Nach dem Zweiten Weltkrieg ist der auf einer Wiese stehende Bau saniert und renoviert worden, doch von dem nur etwa fünfzig Meter

Das „Öde Kloster“ bei Baumgarten.

weit entfernten Güterweg führt noch immer kein ausgetretener Weg durch das Gras bis zur Kirchentür. Viele Gläubige kommen nur von Mai bis Oktober am Abend jedes 13. des Monats zu einer kroatischen Marienfeier, singen ihre melodiösen Lieder und ziehen nachher in einer Lichterprozession um das an diesem Tag nicht „Öde Kloster“.
Daneben steht eine große Linde, die man spontan als eine „Tausendjährige“ halten würde, wenn, ja wenn nicht das Jahr an dem sie gepflanzt wurde über dem Kirchportal zu lesen wäre: 1762. Das war das Jahr in dem der Wiederaufbau des Klosters vollendet war. Altvater Arsenius Braidenaicher (Vorstand aller Einsiedler in der Diözese Raab/Györ hatte sich als 21-jähriger Eremit 1743 in der Klosterruine niedergelassen und von da an ihren Wiederaufbau betrieben … hatte Schuttmassen weggeräumt, war um Geldspenden bitten und betteln gegangen und hatte eine Schar Novizen gewonnen, welche alle (zufällig?) von ihrem Beruf her für den Wiederaufbau gute Dienste leisten konnten (Bildhauer, Maler, Zimmermann, Tischler).
So entstand der Hochaltar mit dem gekreuzigten Heiland dann auch als ein besonders liebenswertes Werk der Volkskunst. Sonne und Mond am gemalten Himmel haben Augen, Nase und Mund wie Sonne und Mond in einem Kinderbuch. Und eines von den vielen Engelchen weint beim Anblick des Gekreuzigten bitterlich in ein Taschentuch.
In dieser Kirche befindet sich auch ein in seiner Art „einzigartiges Denkmal für Baumgartens gefallene Soldaten des Ersten Weltkrieges“.

Kriege gab es schon immer, Kriegerdenkmäler erst seit dem 19. Jahrhundert. Nach dem Ersten Weltkrieg im 20. Jahrhundert mit Millionen Toten wurden dann in allen Dörfern und Städten Kriegerdenkmäler errichtet … „Ein solcher Krieg darf nicht vergessen werden. Ein solcher Krieg soll nie wieder kommen!" – wurde gesagt. Es kam aber doch zu einem Zweiten Weltkrieg … und zu den Namen auf den Gefallenen-Gedenktafeln aus dem Ersten Weltkrieg kamen viele neue dazu. Diese schlichten Namenstafeln sind überhaupt wesentlich berührender als alle die aufwendigen Kriegerdenkmäler. Besonders drastisch zeigen sie Kriegsleid in kleinen Ortschaften … so wenige Häuser hat der Ort und so viele Namen stehen auf den Tafeln. Namen von Männern, welche sich von ihren Müttern und Frauen verabschiedet hatten und dann nicht wieder nach Hause gekommen sind.

In der Kirche vom „Öden Kloster" sind die Namen der Gefallenen hoch oben an einem Luster angebracht und werden daher von den meisten Ortsfremden kaum wahrgenommen. Wer schaut schon einen Luster genauer an?

Es ist ein schöner vergoldeter Luster und unter jeder seiner Kerzen ist mit schwarzer Farbe einer der Toten verewigt …

HAJAS MIKULA
1898–1917
u RUMUNSKOJ

PICHLER VIKTOR
1890–1915
u SRBIJI

PINEZI FRANC
1885–1914
u POLJSKOJ

Viele Kerzen und viele Namen sind auf dem Luster. Und wenn heute die Baumgartner in der Kirche zusammen kommen und die elektrische Beleuchtung eingeschaltet wird, dann brennt darauf auch ein Licht mit für die Toten aus lang vergangener Zeit.

Wie kam das Grimming-Gipfelkreuz ins Burgenland?

Der Grimming (2351 m) im Ennstal ist ein grimmiger Berg. 1700 Meter Höhenunterschied sind vom Tal bis auf seinen Gipfel zu überwinden (lange Zeit galt er als höchster Berg der Steiermark). Er ist ein Wetterberg, der Gewitter anzieht wie ein Magnet, und er ist ein Durstberg, an dem in seinen oberen Regionen kein Brünnlein fließt. Dort oben gibt's auch kein Schutzhaus, nur eine kleine Biwakschachtel unterm Gipfel.
1903 wurde anlässlich des 55-jährigen Regierungsjubiläums von Kaiser Franz Joseph auf dem Grimming ein Gipfelkreuz errichtet. Es war 7 Meter hoch; 28 Burschen haben es hinaufgetragen. Bis 1954 haben sich unter diesem Kreuz unzählige Bergsteiger froh die Hände geschüttelt (und viele auch schon mit leichtem Grausen an den unendlich langen und kniebeißerischen Abstieg gedacht haben). Dann bekam der Gipfel ein neues Kreuz.
Das alte Gipfelkreuz fanden 1985 zwei Bergsteiger – ein Steirer und der in Schattendorf im Burgenland gebürtige Stefan Schefberger – in einer Schlucht unterhalb des Gipfels.
Darin wollten sie es nicht verrosten und verkommen lassen.
Was noch von dem Kreuz (das 28 Burschen auf den Berg hinaufgetragen hatten) übrig war, schafften die zwei wieder hinunter ins Tal. Noch im selben Jahr restaurierte es der Burgenländer und stellte es auf den 349 Meter hohen Krippelberg oberhalb von Schattendorf.
Dort gibt es keine Aussicht zum Dachstein, sondern ins Land um den Neusiedler See und es kreisen auch keine Bergdohlen um das Kreuz; dafür steht an seinem Fuß eine Blumenkiste mit bunten Blumen. Und auch ein Gipfelbuch ist an ihm angebracht. Viel Amüsantes ist oft in den Gipfelbüchern zu lesen. In diesem lasen wir: „26. 10. 07. Wie alle Jahre kam Fam. Krippel aus Pottenstein/NÖ wieder zum Krippelberg. Es ist eigentlich ein „Muss" zum Herfahren. Alles Gute für alle Besucher dieses Kreuzes".
Auch für Besucher die nicht Krippel heißen kann der Krippelberg mit dem Grimming-Gipfelkreuz zu einem jener Plätze werden, an denen man froh ist, dass es sie gibt. Außerdem kann man nachher auch erzählen, beim Gipfelkreuz vom berühmten grimmigen Grimming gewesen zu sein – und Angeber haben bekanntlich mehr vom Leben!

Das „burgenländische Nazca"

Nazca in Südamerika ist weltberühmt geworden durch seine vielen geheimnisvollen Scharrbilder im Boden. Das burgenländische Marz (bei Mattersburg) ist nicht so berühmt – obwohl sein Scharrbild das einzige weit und breit ist und daher Seltensheitswert hat …
Das sind die aus dem Boden gescharrten Umrisse eines mehr als fünf Meter langen Mannes unter einer Anhöhe, wo die Gemeindegrenzen von Marz, Sieggraben und Mattersburg zusammenkommen und die jetzt „Der Narr" genannt wird.
Vor vielen hundert Jahren soll „ein Mann von Kraft und auch recht groß" – wie es in einem Gedicht heißt – stockbesoffen gewettet haben, ein Fass Wein auf diese Anhöhe zu tragen. Jedoch:

Der Weg ist lang, die Last ist schwer,
zum Ziele kam er nimmermehr.
Kaum hundert Schritte schon davor
Fällt nieder nun der große Tor.
Die Füß', die Händ' er strecket aus,
Hernach die Seele er haucht aus.
So liegt verhüllt von Erd' und Stein
hier dieser Narr so ganz allein.

„Der Narr" – als wir zeitig im Frühjahr zu ihm kamen, mussten wir zuallererst Frühjahrsputz machen und die auf ihn gefallenen Blätter vom letzten Herbst entfernen. Und als er dann blitzblank war, schaute jeder unserer kleinen Gruppe hingerissen auf das seltsame Gebilde zu den Füßen.
Wann ist dieser „Narr" entstanden? Was brachte in unseren Zonen auf die ausgefallene Idee, diese Sagengestalt aus dem Waldboden zu scharren?
Es wird erzählt, dass früher die Schulkinder einmal im Jahr zum „Narren" hinaufgeführt worden sind. Jetzt veranstaltet der Marzer ARBÖ alljährlich einen Familienwandertag mit einem Volksfest bei ihm (für das dort auch die vielen Tische und Bänke bestimmt sind).
Grenzen galten früher als etwas Heiliges, Unantastbares. Das zeigt sich am eindrucksvollsten an den Strafen für Grenzsteinversetzer: Sie wurden bei lebendem Leib „ausgedärmt" oder begraben, während Räuber und Mörder „nur" gehenkt oder geköpft worden sind. Und weil die Bevölkerung von damals mit Schriftlichem wenig anzufangen wußte, hat sich um Grenzen und Grenzsteine ein Brauch entwickelt, der in manchen Gemeinden Ostösterreichs auch heute noch (freilich nur aus Tradition) ausgeübt wird.
An einem bestimmten Tag des Jahres ging der Ortsvorstand mit den von Knaben zu Burschen Herangewachsenen die Ortsgrenze ab. Dabei war es auch Brauch, dass an markanten Stellen die Burschen eine Ohrfeige

„Der Narr“ bei Marz.

verpasst bekamen, damit sie diese ja im Gedächtnis behalten. Nachher wurden sie im Gasthaus bewirtet.

„Hottergehen“ (Hotter = „Gemeindegrenze“) hieß der Brauch im Burgenland, „Lewern“ im Weinviertel, wo es viele prähistorische Grabhügel gibt. Nach dem althochdeutschen Wort „*hlê*“ für „Grabhügel“ wurden diese später Leeberge genannt und als markante Punkte in der Landschaft oft zu Grenzmarken und das Abgehen der Grenzen zum „Lewern“.

Ein alter Grenzstein steht noch immer auf der Anhöhe, die der sagenhafte „Narr“ nicht erreicht hat. Dass diese auch heute noch Ziel eines Wandertages mit Volksfest ist, lässt annehmen, dass sie auch schon bei den Grenzbegehungen vergangener Zeiten als bedeutsamer Platz galt.

Ob der Tod eines Teilnehmers einer solchen zur Entstehung der Geschichte vom „Narren" geführt hat oder ob es nur eine Wirtshausgeschichte ist, bleibt eine offene Frage.
Natürlich haben wir nach der Wanderung zum „Narren" auch wieder einmal die Kirche von Marz aufgesucht. In Wien wurde damals gerade heftig diskutiert, ob es recht sei, den Stefansturm während seiner Restaurierung als Werbefläche zu benützen. Könnten „edle Spender" nicht auch ohne großes Trara spenden?
Und da sahen wir auf dem Turm der Marzer Kirche die Inschrift, welche in Latein vom Wiederaufbau der von den Türken 1683 zerstörten Kirche berichtet. Der in Marz geborene und in Wiener Neustadt lebende Baumeister Zacharias Gundian war dabei auch ein großzügiger Mäzen, und darum steht auf dem Turm in riesengroßen Buchstaben (ins Deutsche übersetzt):

DASS ICH DER TURM
IM JAHRE 1691 VON GRUND AUF
ERRICHTET DASTEHE
VERDANKE ICH DEM EDLEN UND NOBLEN
HERRN ZACHARIAS GUNDIAN.

Schon vor mehr als dreihundert Jahren waren „edle Spender" keine „stillen Spender". Nichts Neues unter der Sonne. Stimmt nicht ganz – wir waren an diesem Tag beim „Narren" und so was oder so was Ähnliches hatte bisher noch keiner von uns in Österreich gesehen.

Am Vulkan des Burgenlandes

Der Pauliberg (760 m) ist der Vulkanberg des Burgenlandes – aber ohne Rauchwolke darüber, ohne Krater, ohne öde Lavafelder darunter. Er war auch kein grimmiger Feuer speiender Berg; an ihm ist die flüssige Lava bloß aus Spalten herausgequollen. Wer heute unterwegs zum Pauliberg ist, wird dabei schon vorher vor vielen Häusern in der Umgebung des Vulkanberges die kuriosen und berühmten Pauliberg-Basaltkugeln bewundern können. Als Ziersteine sind sie aufgestellt. Es wurde uns aber auch erzählt, dass ein cleverer Mann diese Steine vielen Leuten als „Glückssteine" verkauft hat.
Der Pauliberg ist der letzte Feuerberg des von Rumänien über Ungarn bis in den Südosten Österreichs reichenden Vulkanbogens. Vor 11,5 – 10,5 Millionen Jahren sollen aus Spalten jene Lavaströme ausgebrochen sein, die zu Gestein erstarrt heute Basalt genannt werden. Einer der Lavabomben-Besitzer hatte uns gesagt, dass sein Stein kein so hohes Alter haben könne, weil das Innere – er hatte ein Stück von ihm abgeschlagen – noch ganz frisch und jung sei …
In den Reiseführern des 19. und frühen 20. Jahrhunderts wird vom Pau-

Basaltkies am Pauliberg.

liberg mehr von den schönen Wäldern an ihm und der herrlichen Aussicht von ihm berichtet und nur so nebenbei, dass auf seinem Rücken „mächtige Basaltkuppen sitzen“. Erst im 1936 erschienenen „Burgenland-Führer“ ist zu lesen, dass die „Schaffung besserer Transportmöglichkeiten diesem Vorkommen einmal die Bedeutung verschaffen wird, die es als ausgezeichnetes Schotter- und Pflastermaterial verdient“.
Mühsam hatte man schon zu dieser Zeit mit Pferdefuhrwerken Basalt vom Pauliberg ins Tal transportiert; nach dem Zweiten Weltkrieg begann der große Abbau.
Steinbrüche von heute sind nicht mehr in einem Hinterwinkel verborgen wie Anno dazumal, sie haben ganze Bergflanken breit aufgerissen und sind weithin zu sehen. Für sie scheint es keinen Landschafts- oder Naturschutz zu geben und auch keinen Denkmalschutz. Ist doch auf dem Pfaffenberg bei Deutsch-Altenburg sogar das römerzeitliche „größte und wohl bedeutendste Höhenheiligtum unseres österreichischen Heimatbodens“ (Werner Jobst) Ende des 20. Jahrhunderts barbarisch der Baustoffgewinnung geopfert worden.
Auch das „Basaltwerk Pauliberg“ ist einer der weithin sichtbaren Riesensteinbrüche – und jetzt wird es paradox – über ihn freuen wir uns bei jedem Besuch, dass es ihn gibt!

Faszinierendes Wunder der Natur sind die am Pauliberg beim Basaltabbau zutage gekommenen Basaltkugeln.

Ohne den Steinbruch wäre der Pauliberg noch immer nur ein Waldberg mit schöner Aussicht. Jetzt ist ein kleiner Blick in die Erdgeschichte freigeworden, auf Steilwände aus Basalt und auch auf ganz bizarr geformte Felsformationen wie aus einer Zauberwelt.

Unter den Wänden sind Basaltschotter und Basaltkies zu großen Hügeln gehäuft – und wäre der Basalt nicht grau würde man glauben, in einer Wüstenlandschaft unterwegs zu sein.

Und außerdem lagern da auch noch – wie in einem Spielzeugladen für Riesenkinder – unzählige Basalt-Kugeln (einige sogar mit fast zwei Meter Durchmesser!).

Lange Zeit wurden sie als bei Ausbrüchen in die Luft geschleuderte Lavafladen gesehen, die durch die Rotation während des Fluges ihre Form bekamen. Jetzt wird über ihre Entstehung eine neue Hypothese diskutiert: Sie sollen erst später durch Verwitterung unterhalb der Erdoberfläche entstanden sein.

Ein phantastischer Berg ist der Pauliberg, der auch die eigene Phantasie in Schwung bringt! So oft wir noch oben am Rande seiner Basaltsteilwände gestanden sind, haben wir uns auch ein bisserl wie am Rande vom Vesuv gefühlt.

Heiße Quellen und Mineralquellen gehören zu der Vulkanlinie wie das Amen zum Gebet. In Kobersdorf unter dem Pauliberg entspringt die „Waldquelle“, ein Calzium-Natrium-Karbonat-Säuerling. Eine Leitung

bringt das Wasser von der Quelle in einen Pavillon im Ort, wo man gratis davon trinken kann, so viel man mag.
Als wir einmal an einem brennheißen Tag durstig vom Pauliberg herabkamen konnten/wollten wir gar nicht mit dem Trinken aufhören. Ein alter Kobersdorfer saß auf einer Bank unter den alten Bäumen, schaute uns etwas verwundert zu und sagte nach einer Weile: „Des Wasser ist bestimmt sehr gut und auch xund … aber i moan, mehr als zwoa Liter hab i no net davon trunken!"

Am tiefsten Punkt Österreichs

Der Seespiegel vom Neusiedler See liegt 115 Meter über dem Meeresspiegel. Der am Ufer des Sees gelegene Markt Illmitz ist mit seinen 117 Metern Seehöhe der tiefste Ort Österreichs. Daneben liegt Apetlon (120 m) und östlich von dem Ort wurde der tiefste Punkt Österreichs vermessen: 114 Meter. Der tiefste Punkt Österreichs … einen Meter unter dem Seespiegel des Neusiedler Sees! Er ist östlich von Apetlon (an der nach Wallern führenden Straße weist eine Tafel zu ihm hin) und inmitten von bewachsenen Feldern am Rande eines befahrbaren Güterweges. Würde dort nicht eine große Tafel den Platz bezeichnen, würde ihn kein Mensch beachten.

In der Information zu dem Platz lasen wir, dass im Jahre 2004 Leute aus Apetlon eine originelle Kontrastreise unternommen hatten: Vom höchsten Punkt Österreichs – dem Großglockner – zum tiefsten am Neusiedler See. Spontan entschlossen wir uns ebenfalls zu einer solchen Fahrt in die Kontraste: vom tiefsten Punkt Apetlons zu seinem höchsten. Wir fuhren zu der auf einem Hügel stehenden Rosaliakapelle an der von Apetlon nach Frauenkirchen führenden Straße. Diese steht auf keinem natürlichen Hügel. Der Seewinkel war schon in prähistorischer Zeit besiedelt, was viele Funde und auch mehr als dreißig Hügelgräber aus dem 1. und 2. Jahrtausend v Chr. beweisen. Der Hügel bei Apetlon ist ein solcher. Er kann nur nicht genauer datiert werden, weil er wegen der darauf stehenden Kapelle noch nicht geöffnet wurde.

So wie viele prähistorische Grabhügel wurde auch der bei Apetlon im Mittelalter zu einem Grenzzeichen. Und dann kam im Pestjahr 1713 der Schwarze Tod auch nach Apetlon. Keiner der Bewohner durfte den Ort verlassen, das Militär hatte ihn umstellt. An der Ortsgrenze – bei dem Grabhügel – wurden Nahrungsmittel und Holz für die Särge hinterlegt.

Nach dem Erlöschen der Pest wurde auf dem Grabhügel eine der heiligen Rosalia geweihte Kapelle errichtet. Rosalia war eine im 12. Jahrhundert geborene Tochter eines hohen Adeligen, welche sich in eine Höhle am Monte Pellegrino bei Palermo zurückzog, um als Einsiedlerin zu leben. Erst 1624 wurde ihr Leichnam entdeckt und nach Palermo gebracht, wobei die in der Stadt wütende Pest sofort erlosch.

Unglaublich schnell verbreitete sich die Geschichte von diesem „Pestwunder" von Sizilien aus weiter und bevor noch die kirchliche Obrigkeit ja oder nein dazu sagen konnte, war Rosalia schon im Volksglauben zur heiligen Pestpatronin geworden. Nur wenige Jahrhzehnte nach der Auffindung ihrer Gebeine wurde sie auch schon in unseren Zonen um Hilfe angerufen, wurde sie neben Sebastian und Rochus als dritte

Pestheilige an Pestsäulen dargestellt, entstanden Rosalienkapellen. Kapellen oder Bildstöcke in der Landschaft stehen nicht zufällig da oder dort. Sie sollten an diesem Platz an ein besonderes Geschehen erinnern oder dort etwas bewirken. Mit der Rosaliakapelle an der Gemeindegrenze von Apetlon sollte der Ort künftig vor der Pest geschützt werden. Der alte Grabhügel ist zwar nur einige Meter hoch, aber oben bei der Rosalienkapelle ist das weite ebene Land darunter zu überschauen wie von einem hohen Berg. Doch unseren Freund Toni hatte der tiefste Punkt Österreichs mehr beeindruckt. Toni ist ein Optimist in allen Lebenslagen. Der tiefste Punkt Österreichs hat ihm besser gefallen, „weil man dort wo is, wo's nur aufwärts geht!"

Rosalienkapelle bei Apetlon.

Literatur

Altenburger J., Festschrift 750 Jahre St. Margarethen, St. Margarethen 1982
Andrian Ferdinand, Über Wetterzauberei. In: Mitteilungen der Anthropologischen Gesellschaft in Wien, 1894
Ast Hiltraud, Die Gutensteiner Bauern, Augsburg-Gutenstein 1983
Ast Wilhelm und *Hiltraud*, Dreihundert Jahre Gnadenstätte Mariahilfberg, Gutenstein 1968
Caspart Julius, Höhlen an der Flatzer Wand. In: Speläologisches Jahrbuch, 1929/30
Dachler Anton, Die Posthäuser in Melk und Purkersdorf und ihr Erbauer. In: Monatsblatt des Altertums-Vereines 1916
Dehio-Handbuch, Die Kunstdenkmäler Niederösterreichs.
Niederösterreich nördlich der Donau, Wien 1990
Niederösterreich südlich der Donau, Wien 2003
Edl Richard, Altlichtenwarth – Pfarr- und Alltagsgeschichte, Altlichtenwarth 1994
Eggenstein Kurt, Der Prophet Jakob Lorber, München 1992
Egger Rudolf, *Praschniker Camillo*, Österreichs ältester Römergrabstein. In: Anzeiger der Akademie der Wissenschaften in Wien, 1938
Eppel Franz, Das Waldviertel. Salzburg 1978
Eysn Marie, Reisighäufung in Niederösterreich. In: Zeitschrift des Vereins für Volkskunde, Berlin 1898
Farnleitner Leopold, Die Anfänge der Kapelle auf dem Kulm. In: Weiz – Geschichte und Landschaft in Einzeldarstellungen 10/V, Weiz 1980
Friess Edmund, Volksglaube des Ybbstales. In: Unsere Heimat, Wien 1931
Garstenauer Erwin, St. Sebald am Heiligenstein, Gaflenz 1993
Göth W., Das Herzogtum Steiermark, Graz 1840
Gugitz Gustav, Die alpenländischen Kampfspiele und ihre kultische Bedeutung, In: Österreichische Zeitschrift für Volkskunde, Wien 1952
Güttenberger Heinrich, Die Einsiedler in Geschichte und Sage, Wien 1928
Haas Franz, Reichenau und seine malerische Umgebung, Reichenau 1894
Hacker Herbert, Weigelsdorf an der Fischa, Weigelsdorf 2006
Hammerl Stefan, Das Kahlenbergbuch, Wien 1981
Häusler Wolfgang, Melk und der Dunkelsteinerwald, Wien 1978 – Land zwischen Donau und Schöpfl, Wien 1980
Herzog Rudolf, Die Wunderheilungen von Epidaurus, In: Philologus XXII/III, Leipzig 1931
Höllhuber Alfred, Liebenstein – Jankusmauer, Reichenstein 1999
Holzburgen, Freibauernsitze im Mühlviertel, Reichenstein 2001
Karwiese Stefan, Der Ager Aguntinus, Lienz 1975
Kaus Karl, Das Kloster Baumgarten, Baumgarten 2002
Kluge P. Benedikt, Eine praktische Anwendung des Pantaidings von Straßhof. In: Blätter des Vereins für Landeskunde von Niederösterreich, Wien 1881
Kovarik Paul, Juliane Weiskircher, St. Andrä Wördern 2004
Krenmayr Hans Georg, Rocky Austria, Wien 2002
Die Kuenringer. Katalog der Niederösterreichischen Landesausstellung Stift Zwettl, 1981

Kühtreiber Karin und *Thomas, Mochty Christina, Maximilian Weltin,* Wehrbauten und Adelssitze Niederösterreichs, St. Pölten 1998
Lantos Titus, Kulm, Pischelsdorf 1990
Lesky Erna, Franz Joseph Gall, Bern 1979
Lexikon für Theologie und Kirche, Freiburg 2001
Karl Lukan, Alpenwanderungen in die Vorzeit, Wien 1965
Herrgottsitz und Teufelsbett, Wien 1979
Das Wienerwaldbuch, Wien 1980
Das Waldviertelbuch, Wien 1982
Das Voralpenbuch, Wien 1986
Weißer Stein und rotes Türl, Wien 1988
Wanderungen in die Vorzeit, Wien 1989
Das Weinviertelbuch, Wien 1992
Seltsame Kultstätten – sonderbare Heilige, Wien 1995
Alte Welt im Donauland, Wien 1996
Burgenlandbuch, Wien 1998
Kärnten, Wien 2001
Geheimnisvolles rund um Wien, Wien 2004
Via sacra, Wien 2006
Mahler Philipp, Enthüllungen über die ekstatische Jungfrau Juliane Weiskircher, Wien 1851
Maurer Hermann – Stummer Anton, Ein Brotlaibidol aus einer bronzezeitlichen Siedlung. In: Unsere Heimat, St. Pölten 2003

Maurer Rudolf, Das karolingische Relief von Weigelsdorf. In: Unsere Heimat, 2000
Mayrhofer Hermann, Kostbares Naß (Frauenbach). In: Niederösterreich Perspektiven, 2005
Melzer Gustav/Reidinger Erwin, Die mittelalterliche Kirche Maria Himmelfahrt in Winzendorf. In: Archaeologia Austriaca, Wien 1990
Menschick Alois, Der Wallfahrtsort Mariahilfberg Gutenstein, Gutenstein 1903
Milfait Otto, Vergessene Zeugen der Vorzeit, Gallneukirchen, 1988
Moczarski Josef, Die Kaltwasser-Heilanstalt Kreuzen, Linz 1850
Müller-Funk Wolfgang, Das Lächeln der Santa Valentina. In: Denkmalpflege in Niederösterreich, Band 31, St. Pölten 2004
Neugebauer Wolfgang Johannes, Die Pfarrkirche Klosterneuburg – St. Martin einst und jetzt, Klosterneuburg 1999
Noll Rudolf, Eine vergessene Katakombeninschrift. In: Epigraphische Studien, Band V, Düsseldorf 1968
Otruba Gustav, Bedeutung „Heiliger Längen" im Rahmen der Kulturgeschichte des österreichischen Raumes. In: Österreichische Zeitschrift für Volkskunde, Wien 1992
Petri O. R. Entstehungsgeschichte Theresienfelds, Wien 1869/Nachdruck 1977
Pickl Othmar, Geschichte der Marktgemeinde Langenwang, Judenburg 1972
Rabl Erich, Rappoltenkirchen, Rappoltenkirchen 1983
Resch-Rauter J., Unser keltisches Erbe, Wien 1992
Rosegger Peter, Zither und Hackbrett, Graz 1943
Schattendorf – Seine Geschichte und seine Menschen, Schattendorf 2003
Schwammenhöfer Hermann, Archäologische Denkmale
Weinviertel, Wien 1986
Waldviertel, Wien 1987
Viertel unter dem Wienerwald, Wien 1988
Viertel ober dem Wienerwald, Wien 1992
Schweickhardt von Sickingen Franz, Darstellung des Erzherzogthums Österreich. Viertel unter dem Wienerwald, Wien 1833
Twerdy Wilhelm, Gregor Wilhelm Kirchner, Breitenfurt 1985
Weichberger Gudrun, Spurensuche, Langenwang 1998
Weidl Reinhard, St. Kathrein am Hauenstein, Salzburg 1992
Widder Robert, 800 Jahre Marz, Marz 2002
Wieser Markus, Heimatbuch Hochneukirchen – Gschaidt, Hochneukirchen 1985
Wörndl Matthias, Geschichte von Klobenstein, 1960

Register

PORPHYRISCHER
GRANITBLOCK

Suicides au travail : faut en finir !!
Faites ça le week-end !
Tignous

Derniers livres parus :

- **L'amour s'envole, les enfants restent**
  avec Nathalie Sennegon-Nataf - *Éditions Aouva*

- **Le procès Colonna**
  avec Dominique Paganelli - *Éditions 12 Bis*

- **Pandas dans la brume** - *Éditions Drugstore*

Lutte des Classes
TIGNOUS

J'AI ÉTÉ ÉLU "EMPLOYÉ DE LA SEMAINE"!
l'employé de la semaine
T'EN REVIENDRAS, TU VERRAS
TIGNOUS

DE TA PATRONNE
OU DE TON CHEF,
QUI TU AIMES LE PLUS ?
TIGNOUS

Y A UNE AMBIANCE DE MERDE AU BUREAU !
DIS-TOI QUE CE N'EST RIEN À CÔTÉ DE CELLE QUI RÈGNE AU PS !
TIGNOUS

LA FIDÉLITÉ ÇA PAYE...
...J'SUIS LOGÉ PAR L'ENTREPRISE
TIGNOUS

Y A UN MAUVAIS CLIMAT DE TRAVAIL !
C'EST DÛ AU RÉCHAUFFEMENT DE LA PLANÈTE !
DRH

JE TE DIS QUE JE SUIS VICTIME DE HARCÈLEMENT MORAL !
T'ES PARANO !
TIGNOUS

JE VOUDRAIS PORTER PLAINTE POUR MALTRAITANCES INVISIBLES
OUI !...
... VOUS AVEZ DES PREUVES TANGIBLES ?
TiGNOUS

LA CANTINE C'EST FINI, PLACE À LA RESTAURATION SOCIALE.
JE PRÉPARE LE MÊME NOMBRE DE REPAS OU VOUS PRÉVOYEZ ENCORE DES LICENCIEMENTS?
TIGNOUS

LA CANTINE AU TRAVAIL
LES REPAS SONT ÉQUILIBRÉS!
VOUS DEVRIEZ MANGER AVEC NOUS!
TIGNOUS

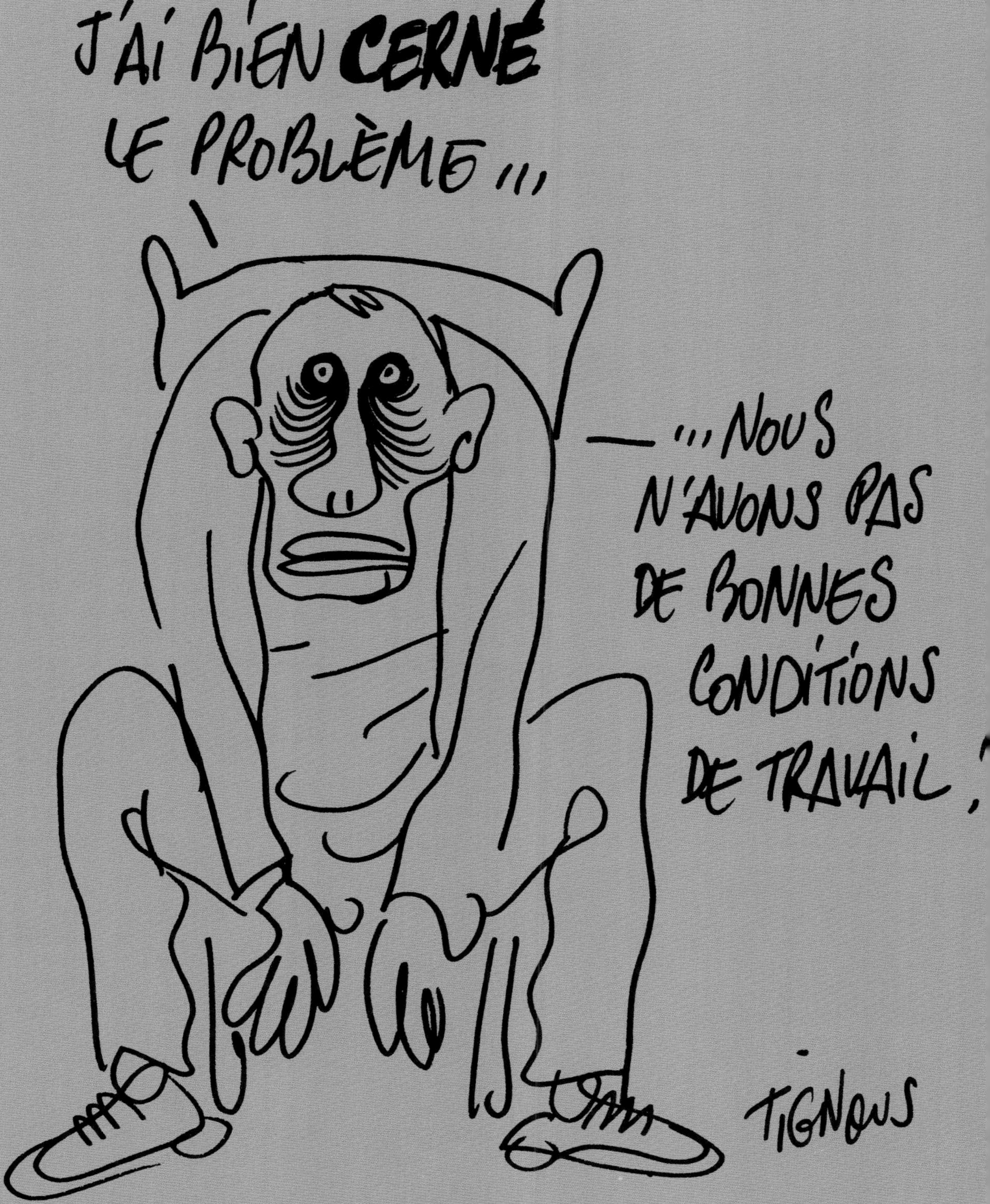
J'AI BIEN CERNÉ LE PROBLÈME...
...NOUS N'AVONS PAS DE BONNES CONDITIONS DE TRAVAIL !
TIGNOUS

Je mérite le respect
moi aussi
toi aussi, quoi ?

Si tu te sortais les doigts du cul...
...t'aurais pas besoin de coup de pouce !
TIGNOUS

VIVEZ JEUNESSE !
ET ÇA,,, C'EST L'AVENIR QUI ME SOURIT ?
TIGNOUS

LA LANGUE EST UNE CLEF SOCIALE
...MÊME SANS BEAUCOUP DE VOCABULAIRE !
TIGNOUS

Petit Chef
TIGNOUS

RÈGLE NUMÉRO UN...
...LE PETIT CHEF DOIT ÊTRE MAIGRE, SINON IL SE PREND POUR LE PATRON !
TIGNOUS

TIGNOUS

JE SUIS LE PATRON, MAIS J'AI UN COMPORTEMENT DE PETIT CHEF. C'EST GRAVE, DOCTEUR ?
TIGNOUS

L'OBJECTIF DES PETITS CHEFS.

ON PEUT SE PASSER DE LA MÉDECINE DU TRAVAIL —
… À VUE DE NEZ, CELUI-CI DEVRAIT TENIR 2 ANS ! —

Médecins du travail en Colère
SI Y A PLUS QUE DES PRÉCAIRES...
...EN TANT QUE MÉDECINS DU TRAVAIL, ON VA PERDRE NOS EMPLOIS !
T.

A Y EST
...J'SUIS À LA CGT, ON S'EMBRASSE ?

TOUS ENSEMBLE TOUS
CGT-SUD-FO-CFDT-
TIGNOUS

SNCF
LA GRÈVE COÛTE 100.000.000 F PAR JOUR!
J'SUIS CON, OU POUR CETTE SOMME ON POURRAIT EN EMBAUCHER DU MONDE?
EMBAUCHEZ!
TIGNOUS

LES EMPLOIS FICTIFS SONT MIEUX REMUNÉRÉS AU MEDEF QU'À LA CGT!
— ON FAIT GRÈVE?
TIGNOUS.

FAUT ACCEPTER LES 4 x 8 MÊME SI C'EST DUR...
CFTC
GOODYEAR
... NOUS SERONS PLUS HEUREUX AU PARADIS!
TIGNOUS

LES MANIFS M'ONT CREVÉ
... ON PEUT PAS VOTER PAR SMS?
TIGNOUS

POUR PAS DÉRANGER LA MARCHE
DE L'ENTREPRISE
ON POURRAIT FAIRE
GRÈVE
PENDANT
NOS RTT
TIGNOUS

GRÉVISTE = PRENEUR D'OTAGES ?
15 JOURS DE SALAIRE EN MOINS...
...TU PARLES D'UNE RANÇON !
TIGNOUS

PIQUET DE GRÈVE À L'ARC DE TRIOMPHE.

Manif :
LES CADRES ÉTAIENT DANS LA RUE.
AVANT D'ÊTRE À LA RUE !
CGT
Villepin
SUD
CGT

TRAVAILLER
PEUT NUIRE
À LA SANTÉ

Chantier naval de St Nazaire :
GRÈVE DE LA SOIF DES OUVRIERS POLONAIS.
C'EST COURAGEUX DE LA PART DE POLONAIS
TIGNOUS

8% DE TRAVAILLEURS ILLETTRÉS EN FRANCE.
CGT
Y A ÉCRIT QUOI LÀ ?
? ? ?
... C'EST BON, T'ES EMBAUCHÉ
TIGNOUS

POURQUOI, DEPUIS 10 ANS, JE N'AI JAMAIS ÉTÉ AUGMENTÉ ?
ON NE VOULAIT PAS QUE VOUS PUISSIEZ CROIRE QU'ON ESSAYAIT DE VOUS ACHETER !
CGT
CGT
TIGNOUS

RÉPUBLIQUE-NATION À PIED.
QUELLE IDÉE DE FAIRE UNE MANIF PENDANT LA GRÈVE DES TRANSPORTS
nos retraites
régimes spéciaux
TIGNOUS

GRÈVE À KRONENBOURG.
LE SMIC À 1664
TIGNOUS + KONOP.

ILS ME DÉLOCALISENT EN CHINE !
TIGNOUS

L'INDUSTRIE AUTOMOBILE VA MAL.
SI ON DOIT DÉGRAISSER, COMMENÇONS PAR VOUS !
TIGNOUS

D'APRÈS L'AUDIT QUE LE C.E. A COMMANDÉ, DANS L'ENTREPRISE, C'EST VOUS LE MAILLON FAIBLE !
AUDIT
TIGNOUS.

DES OUVRIERS MENACENT DE FAIRE SAUTER LEUR USINE.
ON VA LA DÉLOCALISER EN MORCEAUX

LA CGT NE NÉGOCIERA PAS SOUS LA PRESSION DES OUVRIERS!
CE N'ÉTAIT PAS UNE BONNE IDÉE DE L'ENVOYER EN STAGE AU MEDEF!
TIGNOUS

APRÉS AVOIR ÉPLUCHÉ LES COMPTES, NOTRE EXPERT COMPTABLE ESTIME PRÉMATURÉ VOTRE PLAN SOCIAL, D'AUTANT QUE LE PROCÉS QU'IL INTENTE CONTRE VOUS POUR ABUS DE BIENS SOCIAUX DEVRAIT REMPLIR LES CAISSES
TIGNOUS.

SELON NOTRE EXPERT COMPTABLE...
...EN DIVISANT VOTRE SALAIRE PAR DEUX, L'ENTREPRISE SERAIT LARGEMENT BÉNÉFICIAIRE!
TIGNOUS

J'EN AI MARRE DE CE BOULOT DE CADRE
C'EST BIEN, VOUS AVEZ L'ÉTOFFE D'UN CADRE SUP'
TIGNOUS

JE GAGNE À PEINE PLUS QU'UN OUVRIER
C'EST POUR QUE LE CADRE SOIT PLUS PROCHE DE CEUX QU'IL ENCADRE
TIGNOUS

...FAUDRAIT UN SIGNE FORT POUR BIEN MONTRER À LA DIRECTION QUE LES CADRES SONT EN COLÈRE
ON POURRAIT METTRE DES CRAVATES ROUGES !
TIGNOUS

MÊME DANS LA RÉVOLTE LE CADRE EST FLEXIBLE
TIGNOUS

Avant, sur le bureau des Cadres...
...et aujourd'hui
T.

TIGNOUS

JE CHERCHE UN EMPLOI
VOUS ÊTES PISTONNÉ ?
TIGNOUS

TU VEUX PISTONNER QUI ?
LE COUSIN PAR ALLIANCE DE LA FILLE D'UNE MÈRE DONT LA SOEUR EST UNE NIÈCE DU GRAND-PÈRE DE MA VOISINE !
...
ENFIN, MON EX-VOISINE !!
TIGNOUS

JE N'AI JAMAIS ÉTÉ AIDÉ,
ALORS J'AIDE CEUX QUI N'ONT JAMAIS
ÉTÉ AIDÉS !
TIGNOUS

ELLE N'A MÊME
PAS ÉTÉ PISTONNÉE !
TIGNOUS

J'AI ÉTÉ PISTONNÉ TROP FORT !

LE MONDE APPARTIENT À CEUX QUI SE LÈVENT TÔT ...
... OU QUI ONT UN PISTON !

DIPLÔME
DIPLÔME
PISTON
TIGNOUS

MOI, MONSIEUR, J'AI ÉTÉ PISTONNÉ CONTRE MON GRÉ !
TIGNOUS

les nouveaux métiers : LES DÉONTOLOGUES D'ENTREPRISE.

PISTON
DIPLÔME
TIGNOUS

J'AI, ICI, LE RAPPORT D'UNE COMMISSION SUR UNE AUTRE COMMISSION QUI NE SERAIT QU'UN RAMASSIS DE PARASITES
CRÉONS UNE COMMISSION DE CONTRÔLE !!
TIGNOUS

J'SUIS PARASITÉ !
T'AS DES POUX ?
NON, UN COACH !
TIGNOUS

À QUOI SERVENT LES PARASITES ?
À NOURRIR LEUR FAMILLE
TIGNOUS

T'ES PAS VIRÉ...
...C'EST UN TRANSFERT
COACH
TIGNOUS

AUX PIEDS DES CHÊNES Y A DES TRUFFES, AUX PIEDS DES CONS Y A DES CONSULTANTS
TIGNOUS

LES HEURES SUP' JE CONNAIS PAS !
N'EXISTE QUE LES PROLONGATIONS DE JEU ET S'IL FAUT LES TIRS AU BUT !
COACH

J'AI SUIVI LES CONSEILS DE MES CONSEILLERS !
PLUS Y A D'INTERMÉDIAIRES MOINS Y A DE RESPONSABLES !
TIGNOUS

NOUS NE SOMMES PLUS DES EMPLOYÉS, NOUS SOMME
UNE ÉQUIPE
DIS À TON MANAGER QU'IL NE COMPTE PAS SUR NOUS POUR FAIRE LES SUPPORTERS

C'EST NOUS
C'ÉTAIT NOUS AUSSI !

LES PERDANTS DE LA DÉCENNIE
ET AVANT CETTE DÉCENNIE, C'ÉTAIT QUI ?

JE VAIS VOUS AIDER À VOUS DÉVELOPPER
... SI JE PUIS DIRE !
manager
TIGNOUS

VOUS M'AVIEZ DIT : "IL FAUT AU MOINS TROIS ANS POUR CONSTRUIRE UNE ÉQUIPE ADULTE !
... LÀ, ILS EN ONT DIX !!
TIGNOUS

VOUS AVEZ RAISON, YOLANDE...
...IL A LE PROFIL POUR BOSSER CHEZ NOUS !
TIGNOUS

LE SMIC NE SERA PAS AUGMENTÉ.

JE CHERCHE UN TRAVAIL DIFFICILE ET MAL PAYÉ
BIENVENU DANS NOTRE AGENCE !
interim
TIGNOUS

QUE DEVIENNENT LES RESCAPÉS DES PLANS SOCIAUX ?

L'IMPRIMANTE NE VEUT PLUS IMPRIMER !
POURQUOI, ELLE EST AU SYNDICAT DU LIVRE ?
TIGNOUS

REGARDE COMME ILS SOURIENT DANS CETTE USINE !
TIGNOUS
...LA DERNIÈRE FOIS QUE J'AI VU DES EMPLOYÉS AUSSI SOURIANTS, C'ÉTAIT EN CHINE...
...MAIS LE CHINOIS SOURIT TOUT LE TEMPS !
ILS SONT PEUT-ÊTRE DROGUÉS !
MAIS NON !
TRAVAILLER DANS LA BONNE HUMEUR, C'EST PLUS AGRÉABLE ET ON A DE BIEN MEILLEURS RÉSULTATS
...MAIS POUR OBTENIR UNE TELLE AMBIANCE, ENCORE FAUT-IL AVOIR UN CHEF D'ENTREPRISE OUVERT AU DIALOGUE SOCIAL ET DISPOSÉ À PAYER SES EMPLOYÉS CORRECTEMENT
ILS ONT DE LA CHANCE D'AVOIR UN TEL PATRON !
Journal "Marianne"
Des millions de patrons en ont rêvé, Thomas Kuwatsch l'a fait ! Les contrats de travail des employés de sa société d'informatique, Nutzwerk, basée à Leipzig, en Allemagne, comportent une clause interdisant de faire la gueule sous peine de licenciement. « J'ai eu

C'EST QUOI, VOTRE MÉTIER ?
GRATTE-PAPIER !
Millionnaire
Millionnaire
Millionnaire
TIGNOUS

PUISQUE LES SALAIRES SONT BLOQUÉS
ET QUE LES PROFITS AUGMENTENT
... ON POURRAIT PAS PLUTÔT ÊTRE PAYÉS EN PROFIT ?
TIGNOUS.

J'AI APPRIS QU'IL
Y A DOUZE MOIS
DANS L'ANNÉE
TREIZE,
Y EN A
TREIZE !
TIGNOUS

PROFIT
POSEZ ÇA LÀ !
SALAIRE
TIGNOUS.

NOS PLANS D'ÉPARGNE SALARIALE NE VALENT PLUS RIEN !
VOUS PLAIGNEZ PAS !...
MES STOCK-OPTIONS NON PLUS !
TIGNOUS

JE VEUX UNE AUGMENTATION !
JE PAS COMPRENDU CE QUE VOUS DIRE !

IL EST LICENCIÉ ?!
NON... IL VIENT DE RECEVOIR SON SALAIRE
TIGNOUS

C'EST QUOI CE SALAIRE ?
... J'AI QUAND MÊME BAC+5 !!
Bulletin de salaire
OK !
... PLUS CINQ !
TiGNOUS

QUEL SALAIRE T'AURAIS DONNÉ À TA MÈRE ?
TIGNOUS

Égalité femme-homme-

QU'EST-CE QUE TU LUI AS DIT ?
35 HEURES PAYÉES 40 !

LES PAUVRES

LE TRAVAIL

LE DOLLAR NE VAUT PLUS RIEN
C'EST LE MOMENT D'ALLER À NEW YORK !
C'EST LA CRISE
TIGNOUS

LA LOGAN, VOITURE POUR PAUVRES.

froid :
LES NUITS SONT LONGUES.

MANIF DES PAUVRES
PUTAIN, DES GIACOMETTI, Y EN A POUR UNE FORTUNE !
TIGNOUS

IL EST PAS DU QUARTIER, CE MEC !!
ENCORE UN PARACHUTÉ !
QG de campagne
Votez pour moi
Aux municipales votez pour le candidat SDF.
TIGNOUS

ON DEVRAIT ÊTRE LES SEULS À AVOIR LE DROIT DE FAIRE VOTER NOS MORTS !
TIGNOUS

ENFIN PROPRIÉTAIRE !
Sam suffit
TIGNOUS

C'EST VOTRE APPARTEMENT DE FONCTION ?
TIGNOUS

VOUS ÊTES PLUS GÉNÉREUX QUE MON PATRON !
TIGNOUS

LA FAIM TUE LES FEMMES ET LES ENFANTS D'ABORD.
SUPERBE CETTE MAIGREUR, ÇA VOUS DIRAIT DE DEVENIR MANNEQUIN ?
TIGNOUS

LES PAUVRES NE VOTENT PLUS POUR LA GAUCHE.
ET J'ARRIVE PAS À VOTER POUR LA DROITE !
TIGNOUS

JOURNÉE DU REFUS DE LA MISÈRE
JE REFUSE...
TOI !!!!
TU VEUX JAMAIS RIEN !
TIGNOUS

L'ARGENT N'A PAS D'ODEUR, MAIS LE MANQUE D'ARGENT EN A UNE !
TIGNOUS

Pour lutter contre la grippe :
L'HYGIÈNE.
POUR ME GARDER PROPRE !
TIGNOUS

PISTONNÉ !
RICARD
TIGNOUS

SI TU EMBRASSES UN SDF SUR LA BOUCHE ÇA DEVIENT BILL GATES !
TIGNOUS

LAISSE-MOI DEVINER !...
... T'EN AS MARRE DE FAIRE RAMADAN ?...
... C'EST ÇA ??
TIGNOUS

LAISSE TOMBER, ON NOUS A COUPÉ LE GAZ !
TIGNOUS

SACRÉ SDF.
TIGNOUS

L'ARGENT DES FRANÇAIS.

LE SURENDETTEMENT EN HAUSSE.
JE NE M'EN SORS PLUS, JE VOUDRAIS UNE CORDE POUR ME PENDRE
C'EST AU-DESSUS DE VOS MOYENS !
TIGNOUS

IL FAUT DÉJÀ FAIRE L'ÉGALITÉ DES SALAIRES ENTRE HOMMES AVANT DE PENSER AUX FEMMES.
C'EST PAS GAGNÉ !

SOYONS OPTIMISTES
TU PEUX DESCENDRE LA POUBELLE ?

C'EST VOTRE CV ?
1 ou 2 € pour manger

Effet de crise : LES NOUVEAUX PUNKS

J'AI CRÉÉ MA BOÎTE !
TIGNOUS

JE N'AI PLUS PEUR DE DEVENIR UN EXCLU...
...JE N'AI PLUS PEUR DE DEVENIR UN EXCLU...
...JE N'AI PLUS PEUR...

J'AI PLACÉ MON ARGENT POUR POUVOIR ME FAIRE SOIGNER AUJOURD'HUI.
PAS DE CHANCE ! ... VOTRE CANCER AUSSI A FRUCTIFIÉ !!
Diplô
TIGNOUS

J'AI LA CARTE VITALE
LA CARTE BANCAIRE SUFFIRA
TIGNOUS

DOCTEUR, J'AI PEUR D'ÊTRE EXCLU
À CE PROPOS, VOUS AVEZ DE QUOI ME PAYER ?
TIGNOUS

LE CAPITALISME VA MAL
ALORS, JE DOIS ÊTRE CAPITALISTE !
TIGNOUS

JE SUIS UN DÉCHET, JE MÉRITE LA POUBELLE !
OUAIS, MAIS CELLE-LÀ EST RÉSERVÉE AU RECYCLAGE
VERRE
TIGNOUS

SI TU TE SÉPARES DE MOI JE VEUX UNE PENSION ALIMENTAIRE
TIGNOUS

SI VOUS ÊTES CHÔMEUR, C'EST À CAUSE DE CEUX QUI TRAVAILLENT

LE DROIT DE CHOISIR SON EMPLOYEUR.
J'EN CHERCHE UN SYMPA, QUI PAYE CORRECTEMENT
VOUS, VOUS CHERCHEZ À VOUS FAIRE RADIER !
ANPE
TIGNOUS

C'EST BIEN LA PEINE DE SE RUINER POUR VIVRE COMME DANS UNE PORCHERIE !
caution
loyers d'avance
caution
caution
loyers d'avance
loyers d'avance
loyers d'avance
caution
TIGNOUS

LES CHÔMEURS SE SOULÈVENT.

MOI, JE SUIS CHÔMEUR DANS LE PRIVÉ
...Y A PAS DE QUEUES SURCHARGÉES, ON EST GÉRÉS À FLUX TENDU
ANPE
TIGNOUS.

LES CHÔMEURS ENCORE DANS LA RUE.
LA PRIME DE NOËL
À CROIRE QU'ILS VEULENT QU'ON Y RESTE !
C'EST DE TA FAUTE, SI T'ES CHÔMEUR...
...TU SERAIS CORÉEN, T'AURAIS DU BOULOT !
TIGNOUS.

C'EST PAS DU TRAVAIL AU NOIR
!!! JE RENDS SERVICE À UN AMI !!
FISC
TIGNOUS

C'EST BIEN CONNU, LES RADINS N'ACHETENT RIEN
JE SUIS PAS RADIN JE SUIS PAUVRE !

VOUS NE FAITES PAS LES PACKS DE 1 ?
12 KRO

CHÔMEUR

T'AS TROUVÉ DU BOULOT ?
TIGNOUS

FAUT-IL IMPOSER L'IMPÔT AU PREMIER EURO ?

L'IMPÔT POUR FINANCER LA SÉCURITÉ

L'ART DE NÉGOCIER AVEC LE FISC. Exemple 1
Je ne peux pas payer!
TIGNOUS

ON A QUELQUES JOURS DE PLUS POUR FAIRE NOTRE DÉCLARATION!
COOL!
TIGNOUS

MON RÊVE PAYER TROIS MILLIARDS D'IMPÔTS PAR MOIS
TIGNOUS

LOGEMENT.

DÉJÀ DEUX PIÈCES...
...MANQUE PLUS QUE LES W.C., LA CUISINE ET LA SALLE DE BAINS !
TIGNOUS

Jeudi, grande manif.
QUI SERA DANS LA RUE ?
NOUS SANS DOUTE !
Fin de la trêve hivernale. AVIS D'EXPULSION
TIGNOUS

NOUS CHERCHONS UN LOGEMENT SOCIAL
ON N'EN A PAS D'ASSEZ SOCIAL POUR VOUS !
TIGNOUS

JE CHERCHE UN LOGEMENT SOCIAL
VOUS AVEZ DE QUOI PAYER ?
TIGNOUS

15 MARS OUVERTURE DE LA CHASSE AUX PAUVRES.
PULL !
TIGNOUS

EN ATTENDANT DE TROUVER UN LOGEMENT, MOI ...
... JE SUIS TOUJOURS DANS LES CARTONS !
TIGNOUS.

L'AIDE VIENT DE PARTOUT.
BANANES DU CAMEROUN
TIGNOUS

LES OUVRIERS JETÉS À LA RUE.
VA FALLOIR EMBAUCHER DES ÉBOUEURS !
TIGNOUS

fête des mères :
C'EST VRAIMENT LA CRISE.
MÊME PAS UN COLLIER DE NOUILLES !
TIGNOUS

ENCORE UNE EXPULSION
ANPE
HOP !
PLUS DE CHÔMEURS
TIGNOUS.

TIGNOUS.

SAINT VALENTIN DE CRISE.

1er AVRIL DE CRISE

ON A POUR LA PREMIÈRE FOIS DE QUOI ÉRADIQUER LA PAUVRETÉ.

Tignous

QUAND ON PARLAIT D'AIDER LES PAYS TOUCHÉS PAR LA CRISE...
...ON VOULAIT DIRE, TOUCHÉS RÉCEMMENT !
TIGNOUS

FAIT FROID, CHEZ VOUS
ON NE CONSOMME PLUS DE FIOUL, SINON ÇA VA DANS LA POCHE DES ACTIONNAIRES DE TOTAL !
TIGNOUS

BOIRE OU CONDUIRE, IL FAUT CHOISIR.
AU PRIX DE L'ESSENCE, J'AI CHOISI !
TIGNOUS

LE DROIT D'ADOPTER POUR TOUS
Y A PAS QUE LES RICHES QUI PEUVENT ADOPTER DES ENFANTS
TIGNOUS

AU PRINTEMPS...
...ON PARLE DES EXPULSIONS !
L'ÉTÉ APPROCHE, ÇA VA ÊTRE L'ÉPOQUE DES FESTIVALS...
...HOP, ON REPARLE DES INTERMITTENTS !
TIGNOUS

CELLULE PSYCHOLOGIQUE.

DANS LES VILLES COMMUNISTES ON EST SOLIDAIRES...
demande d'emploi
...ET ON COMPREND MIEUX POURQUOI LES AUTRES NE LE SONT PAS!
TIGNOUS

Crise :
CETTE ANNÉE, ON NE PART PAS EN VACANCES.
JE VAIS ABANDONNER LE CHIEN EN BAS DE L'IMMEUBLE
TIGNOUS

J'VOUDRAIS PAS VOUS PARAÎTRE DÉSAGRÉABLE...
...MAIS, SI J'AVAIS VOULU BOUFFER DU THON, JE SERAIS ALLÉ AU RESTO DU THON
THON
Resto du coeur
TIGNOUS.

LES RESTOS DU COEUR ONT 24 ANS.
ET TOUJOURS PAS D'ÉTOILES AU MICHELIN!

BIEN MANGER, ÇA S'APPREND
1re leçon : il faut de l'argent.
TIGNOUS

PRIME DE NOËL AVANCÉE À NOVEMBRE.
C'EST À CAUSE DU DÉRÈGLEMENT CLIMATIQUE

TU POURRAIS ATTENDRE QU'ON SOIT TOUS SERVIS POUR COMMENCER !
les restos du cœur
TIGNOUS

RMI
TIGNOUS

Dette
TIGNOUS

À UNE ÉPOQUE OÙ L'ON PRIVATISE TOUT, SEULE LA DETTE RESTE AU PUBLIC
TIGNOUS

J'AI UN QUATRE PIÈCES!
salon
chambre
bureau
chambre
TIGNOUS

POUR LA SOCIÉTÉ, LES ASSISTÉS, SONT DES BOULETS
PLUTÔT DES ENCHAÎNÉS!!

PRATIQUEMENT TOUS ASSISTÉS
POUR HABITER LÀ, IL VAUT MIEUX !
TIGNOUS

ICI, LES GENS SONT

JE VOUS ENVIE
VOUS AVEZ LA RICHESSE DU COEUR !
TIGNOUS

TOI, T'ES DE LA CLASSE MOYENNE D'EN BAS !

ON VA SUPPRIMER LES CLASSES MOYENNES
VOUS VOULEZ DIRE : LES FAIRE PROGRESSER JUSQU'À LES INCLURE DANS L'ÉLITE ?
NON, LES SUPPRIMER !
TIGNOUS

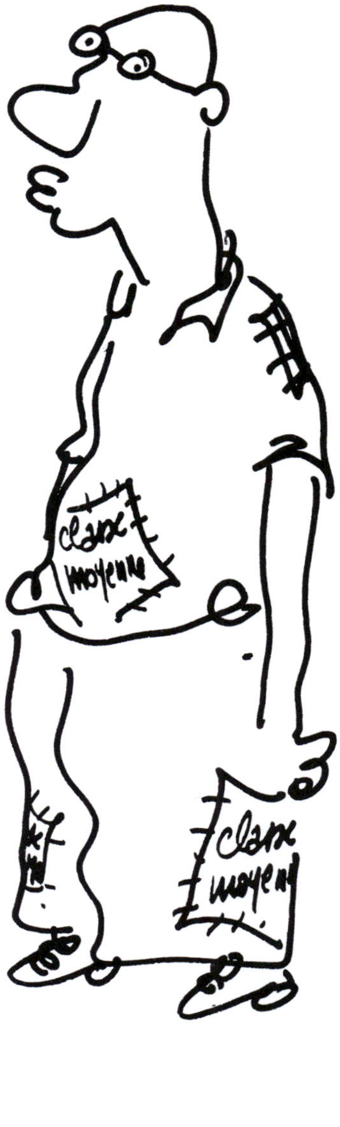

AVANT Y AVAIT LES CLASSES MOYENNES
AUJOURD'HUI, Y A LES CLASSES QU'ONT PLUS LES MOYENS !
TIGNOUS

NE RATE PAS L'ASCENSEUR SOCIAL, P'TIT
TIGNOUS

hommage aux classes moyennes
TIGNOUS

DANS LES ANNÉES 60 LA CLASSE MOYENNE POUVAIT S'OFFRIR UNE VOITURE
POSITIVE, AUJOURD'HUI ON PEUT PRENDRE LES COULOIRS DE BUS

J'EN CONNAIS UN PARMI VOUS, DIGNE DE FAIRE PARTIE DE LA CLASSE SUPÉRIEURE
IL PARLE DE MOI
IL PARLE DE MOI
IL PARLE DE MOI
IL PARLE DE MOI
IL PARLE DE MOI
IL PARLE DE MOI

TU DEVRAIS ESSAYER LA PIERRE !

LES PAUVRES

LA SOCIÉTÉ

ON DIT : " S'IL VOUS PLAÎT " !

ON A BEAU FAIRE...
...LES PRIVILÉGIÉS SONT TOUJOURS AU-DESSUS DE NOUS !
TIGNOUS

ON A EU : LE TRIBALISME, LE FÉODALISME, LE MONARCHISME, LE CAPITALISME, VOUS VOYEZ QUOI DANS L'AVENIR ?
LE NUDISME !
TIGNOUS

Spermatozoïde :

LA FERTILITÉ DES HOMMES MENACÉE

Crise financière :

LES BANQUIERS NE SONT PLUS RIEN.

Y A DE LA COKE SUR LES BILLETS.

Le conseiller financier poignardé par son client et son patron.

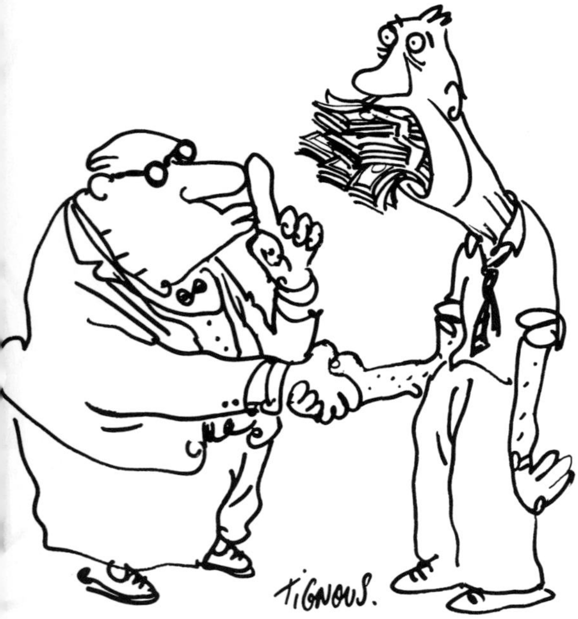

"CALYON", LA BANQUE DE FINANCEMENT ET D'INVESTISSEMENT DU CRÉDIT AGRICOLE A PERDU 250 MILLIONS D'EUROS.
CELUI QUI LES A TROUVÉS, VA POUVOIR INVITER SARKOZY EN VACANCES !
TIGNOUS

ÇA NOUS FAIT PLAISIR QUE LES TRADERS AIENT ENVIE DE NOUS RESSEMBLER
TIGNOUS

Si JE NE DONNE PAS DE BONUS AUX TRADERS, iLS SONT CAPABLES DE SE SERVIR EUX-MÊMES —
TiGNOUS

TIENS, CE N'EST PAS UN BONUS,
C'EST TON NOUVEL ORDINATEUR PORTABLE
TIGNOUS

Pourquoi le trader existe ?
PARCE QUE, À 50 ANS, IL FAUT AVOIR UNE ROLEX...
... SINON ON EST RIEN !
TIGNOUS

C'EST QUOI, ÇA ?
JE SAIS PAS MOI !
... UN MIRACLE ?
TIGNOUS

ILS SONT PAS CHOUETTES, NOS BORSALINOS ?
TIGNOUS

150 ans de prison
MADOFF A BAISÉ TOUT LE MONDE
SI T'AIMES LA BAISE TU VAS TE PLAIRE, ICI !
TIGNOUS

150 ANS DE PRISON POUR MADOFF.

Crise financière :
LES CONTRIBUABLES AU SECOURS DES BANQUES.
C'EST PAS POUR BOIRE, HEIN ?
TIGNOUS

LES FRANÇAIS ÉPARGNENT 15% DE LEURS REVENUS.
COMMENT FAITES-VOUS ?
TIGNOUS

ON RENONCE À NOTRE BONUS...
...MAIS LE MALUS RESTE À VOTRE CHARGE !
TIGNOUS

QUI PAIE SES DETTES S'ENRICHI
T'ES TROP CON !
TIGNOUS

L'ÉPARGNE, C'EST ÇA
... VOUS, VOUS N'ÊTES QU'UN GLAND !
TIGNOUS.

DEPUIS QUE J'AI APPRIS QUE MON BANQUIER SAVAIT TOUT DE MOI...
... JE LUI AI DEMANDÉ D'ÉCRIRE MES MÉMOIRES !
TIGNOUS

J'ÉPARGNE PAS !
... J'ÉPARGNE PERSONNE !!

VOUS AVEZ UN AMANT QUI VOUS COÛTE CHER...
... OU ALORS C'EST CELUI DE VOTRE FEMME, C'EST DIFFICILE DE SAVOIR AVEC UN COMPTE COMMUN !
DOSSIER BANCAIRE
TIGNOUS

UNE GROSSE QUEUE
ET LES NOISETTES
À L'ABRI...
... C'EST
TOUT MOI,
ÇA!
TIGNOUS

SI JE VOUS PRÊTE DE L'ARGENT, VOUS NE ME LE RENDREZ PAS...
...JE LE SAIS, C'EST CE QUE J'AI FAIT !
TIGNOUS

C'EST VRAI, QUE GRÂCE À MA CARTE BANCAIRE, VOUS SAVEZ OÙ JE SUIS ?
C'EST VRAI !...
...PAR EXEMPLE, LÀ, VOUS ÊTES DANS LE ROUGE !
TIGNOUS

VOUS AVEZ PERDU VOTRE PREMIÈRE DENT À 6 ANS ET LA PETITE SOURIS NE VOUS A MÊME PAS APPORTÉ UNE PETITE PIÈCE
... ET VOUS VOUDRIEZ QUE JE VOUS PRÊTE DE L'ARGENT ?!!
DOSSIER BANCAIRE

TIGNOUS

LE PRIVILÈGE POUR UN EMPLOYÉ DE BANQUE ?
...C'EST DE NE PAS AVOIR À COMPTER SES SOUS !

POURQUOI PARLE-T-ON DE BANQUE CENTRALE ?
VOUS NOUS PRÉFÉRERIEZ EN BANLIEUE ?
TIGNOUS

LA BOURSE NE M'A PAS RÉUSSI !
...LA PIERRE VA RÉSOUDRE VOS PROBLÈMES

ILS APPELLENT ÇA UNE COURBE...
...ÇA EN DIT LONG SUR LA RAIDEUR DU CAPITALISME !
TIGNOUS

TIGNOUS

BOURSE EN BAISSE.

BOURSE
WALL STREET
VIDÉO SURVEILLANCE
VS
C'EST EUX QU'ON AURAIT DÛ SURVEILLER !
TIGNOUS

À LA BOURSE DE PARIS,
LA CORBEILLE N'A PAS DISPARU
LA BOURSE
TIGNOUS
... ELLE SERT POUR LES PETITS ACTIONNAIRES

ON PEUT VOUS PRÊTER DES SOUS POUR RECONSTRUIRE, SI VOUS VOULEZ
BOURSE

BOURSE
J'SUIS RUINÉ !
CUI, CUI,

IL NOUS A FAIT UNE CRISE ET MAINTENANT, IL EST EN PLEINE DÉPRESSION
C'EST FOU, DE SUIVRE À CE POINT LE COURS DE LA BOURSE !
TIGNOUS

ST FRANÇOIS A CRÉÉ LE CRÉDIT.
...ET AUSSI LE VOEU DE PAUVRETÉ !
BANQUE
TIGNOUS

LE MONDE APPARTIENT À CEUX QUI SE LÈVENT AVEC LA BOURSE DE TOKYO !

BUS
TIGNOUS

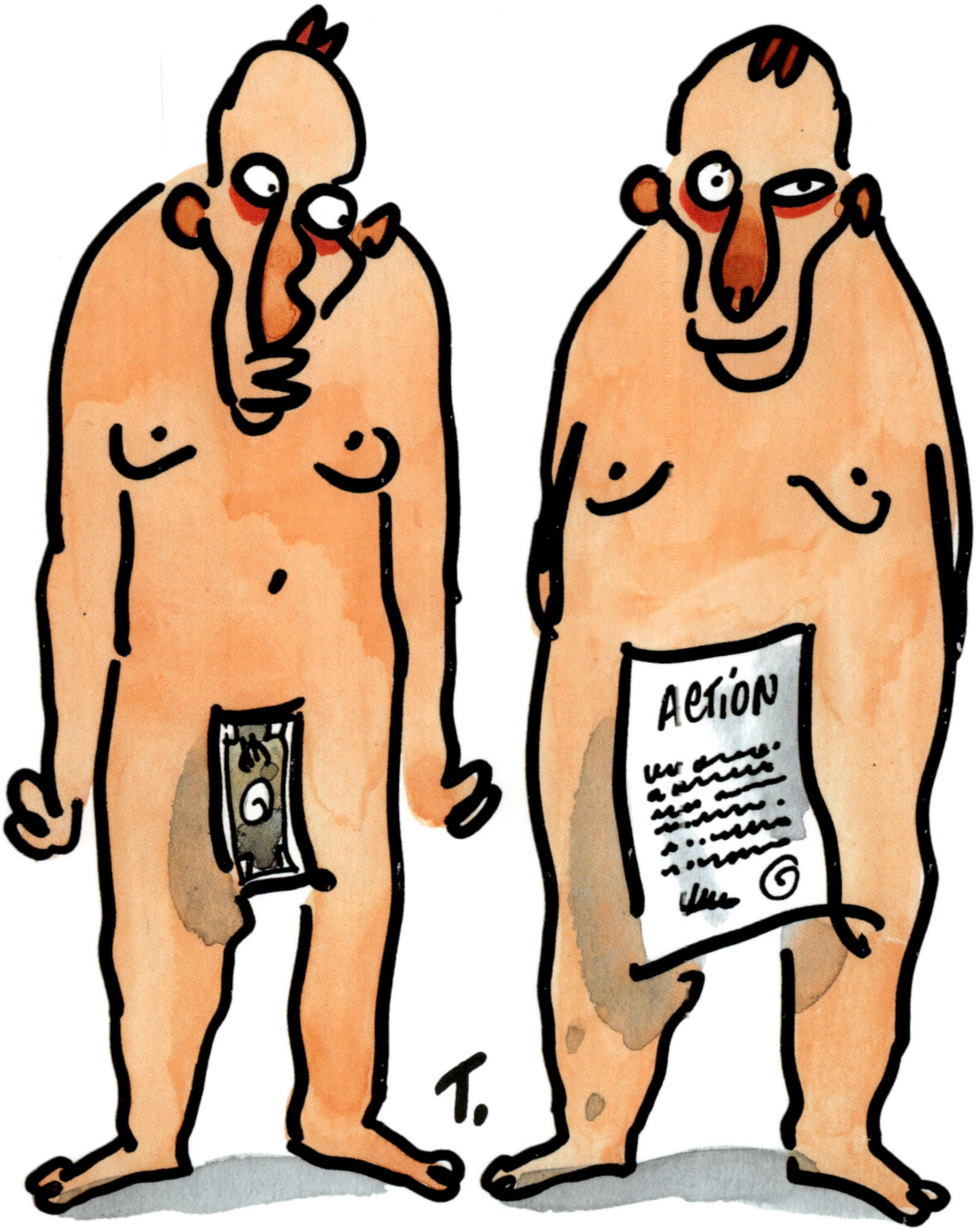
Action
T.

L'UTOPIE !...
... C'EST COTÉ EN BOURSE ?

TIGNOUS

ÇA FINIT TOUJOURS PAR LA PIERRE
la Bourse.
TIGNOUS

UNE QUESTION DEMEURE : NOUS NE SOMMES PLUS QUE 3 À ÊTRE COTÉS EN BOURSE, DEVONS-NOUS TOUJOURS NOUS APPELER LE CAC 40 ?
CA
CA
TIGNOUS

BOURSE
— C'EST BIEN PRATIQUE LES PETITS PORTEURS
TIGNOUS

BOURSE
— JE LEUR DOIS TOUT !
TIGNOUS

BOURS
TIGNOUS

LA BOURSE, C'EST DU SOLIDE...
...MAIS SEULEMENT POUR LE PROPRIÉTAIRE DES MURS ! —
LA BOURSE
TIGNOUS

ÇA RESSEMBLE DÉJÀ À DE L'ANTIQUITÉ
ESPÉRONS !
BOURSE
TIGNOUS

DANS "PETIT ACTIONNAIRE", Y A "PETIT"...
...ÇA AURAIT DÛ VOUS METTRE LA PUCE À L'OREILLE!!
TIGNOUS

CODE DU TRAVAIL
CODE DE LA BOURSE
TIGNOUS

PETIT PORTEUR...
... PETIT JOUEUR !
TIGNOUS

Ali Baba et le CAC 40
TIGNOUS

EN BOURSE, Y A PAS DE JUSTICE
...Y A CEUX QU'ON UN GROS PAQUET
...ET LES PETITS PORTEURS
TIGNOUS

TIGNOUS

TIGNOUS

TIGNOUS

NATIONALISER À L'HEURE DE LA MONDIALISATION...
...CE QUE VOUS POUVEZ ÊTRE VIEUX JEU !
TIGNOUS

UN MILLIARDAIRE DANS L'ESPACE
FAUT Y ENVOYER LES AUTRES !
TIGNOUS

ON N'AURAIT PAS TOUS CES SOUCIS SI LE CAPITALISME ÉTAIT DE GAUCHE !
TIGNOUS

LE CAPITALISME NAÎT ET SE NOURRIT DE L'ÉCHANGE !
LE PROBLÈME, C'EST QUE L'ÉCHANGE, N'EST PAS ÉQUITABLE !
TIGNOUS

le capitalisme a beaucoup évolué
C'EST VRAI !
TIGNOUS

QUI A DIT QUE LE TIERS-MONDE N'AVAIT PAS ACCÈS AU CAPITAL ?
TIGNOUS

DE TOUT TEMPS DES INDIVIDUS ONT RISQUÉ LEURS CAPITAUX
DES AVENTURIERS, PAS DES CAPITALISTES !
TIGNOUS

Nouveau !
LES SOCIÉTÉS POURRONT REVERSER UNE PARTIE DES BÉNÉFICES AUX EMPLOYÉS.
POURRONT !
TIGNOUS

UN AUTRE MONDE EST POSSIBLE
OUAIS !
... AVEC MOINS DE CAPITALISTES !
CA
TIGNOUS

LE CAPITALISME NE CRÉE PAS LES PAUVRES
C'EST VRAI !...
... CE SONT LES CAPITALISTES QUI LES CRÉENT
TIGNOUS

LE POGNON ...
... C'EST JAMAIS RINGARD!
T.

CHANGEONS LE NOM DE L'ENTREPRISE
FAUT FAIRE MODERNE

NOUS, À LA DIFFÉRENCE DU PEUPLE,
ON SE RELÈVE TOUJOURS!
T.

L'ARGENT !...
...VOUS N'AVEZ QUE CE MOT LÀ À LA BOUCHE !
C'EST BIEN VRAI !

QU'EST-CE QU'ON POURRAIT BIEN CHANGER POUR FAIRE MOINS RINGARD ?
MOI, J'AI UNE...
...IDÉE
TIGNOUS.

Évolution du capitalisme.

DAVOS :
RENDEZ-VOUS ANNUEL DU CAPITALISME
OUILLE OUILLE OUILLE
OUILLE OUILLE OUILLE
OUILLE OUILLE OUILLE
ON AVAIT DIT QU'ON NE RIGOLERAIT PAS DE LA CRISE !

Y A QUE NOUS QUI NE CHANGEONS PAS !

LE CAPITALISME, C'ÉTAIT ÇA
C'EST DEVENU ÇA !
MAIS À L'INTÉRIEUR, C'EST TOUJOURS LE MÊME
T.

le capitalisme a changé?
JE NE FUME PLUS LE CIGARE...
...JE FAIS DU SPORT...
...ET JE PRENDS, AU MOINS, 5 FRUITS ET LÉGUMES PAR JOUR!
TIGNOUS

Entre le capitalisme de Zola...
...et celui d'aujourd'hui
le grand progrès, c'est le papier tue-mouches

Le capitalisme suit la tendance.
il se serre la ceinture
il fait attention à sa ligne.
ENSEMBLE, SOYONS SVELTES!
TIGNOUS

TIGNOUS

CARTE GOLD
T.

SOUS LES PAVÉS, YA QUOI ?
LES TUYAUX DU GAZ ET DE L'ÉLECTRICITÉ QU'ON VA PRIVATISER ?
TIGNOUS.

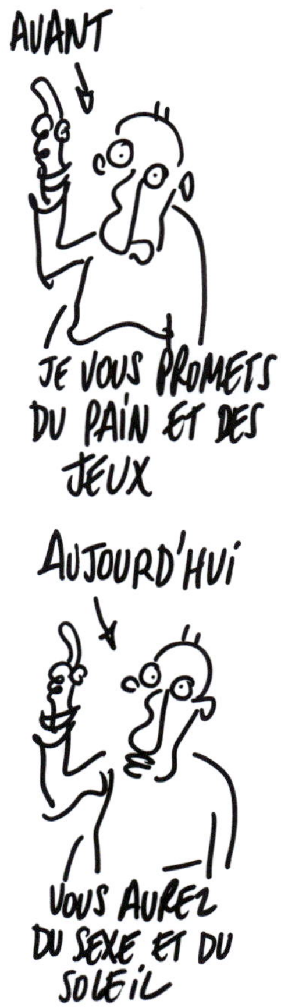
AVANT
JE VOUS PROMETS DU PAIN ET DES JEUX
AUJOURD'HUI
VOUS AUREZ DU SEXE ET DU SOLEIL

TU ME DÉGOUTES !

J'AI EU TORT
peut-être

MORALISER LE CAPITALISME : QUAND ?
J'OSE MÊME PAS LEUR APPLIQUER LA TAXE CARBONE !
TIGNOUS

POUR UN CAPITALISME À VISAGE HUMAIN.
L'AIDE DE L'ÉTAT VA PASSER EN CHIRURGIE ESTHÉTIQUE !
TIGNOUS

MORALISER LE CAPITALISME, C'EST COMME VOULOIR ARRÊTER DE FUMER
SANS AIDES, C'EST IMPOSSIBLE
TIGNOUS

L'ÉTAT VEUT MORALISER LES BANQUES.
REGARDEZ QUI VIENT NOUS PARLER MORALITÉ !!!
TIGNOUS

OK, SARKO!
... ON VEUT BIEN CAUSER DE MORALISATION DU CAPITALISME ... MAIS AVEC CARLA!
TIGNOUS

LES CAPITALISTES VONT CHANGER.
POISSON D'AVRIL
TIGNOUS

RIONS AVEC LA MONDIALISATION
TIGNOUS

LA FAIM TUE TOUTES LES 4 SECONDES,
POSITIVONS...
...TOUTES LES 4 SECONDES Y A UNE BOUCHE DE MOINS À NOURRIR!
TIGNOUS

le capitalisme est au régime ce que le gros est au mot

FIN DES
PARACHUTES
DORÉS

COMMENT ALLONS-NOUS SORTIR DE CETTE CRISE ?
PAR LA GRANDE PORTE !

CETTE CRISE EST UNE RIGOLADE...
...EN 29, DES PENDUS, Y EN AVAIT PARTOUT !
TIGNOUS

QUELLES LEÇONS TIRER DE CETTE CRISE ?
TIREZ DES LEÇONS
...NOUS, ON TIRE LE FRIC !
TIGNOUS

Comment sortir de la crise ?
EN N'EN PARLANT PLUS !
TIGNOUS

J'AI TELLEMENT EU PEUR DE LA CRISE...
...QUE JE NE SORT PLUS SANS AIRBAGS !!
TIGNOUS

JOURNÉE MONDIALE CONTRE LE DIABÈTE.
ON ATTEND LA FIN DE LA CRISE
POUR SE SUCRER !

TIGNOUS

Y A PAS QUE LE BILLET
QUI EST VERT
TIGNOUS

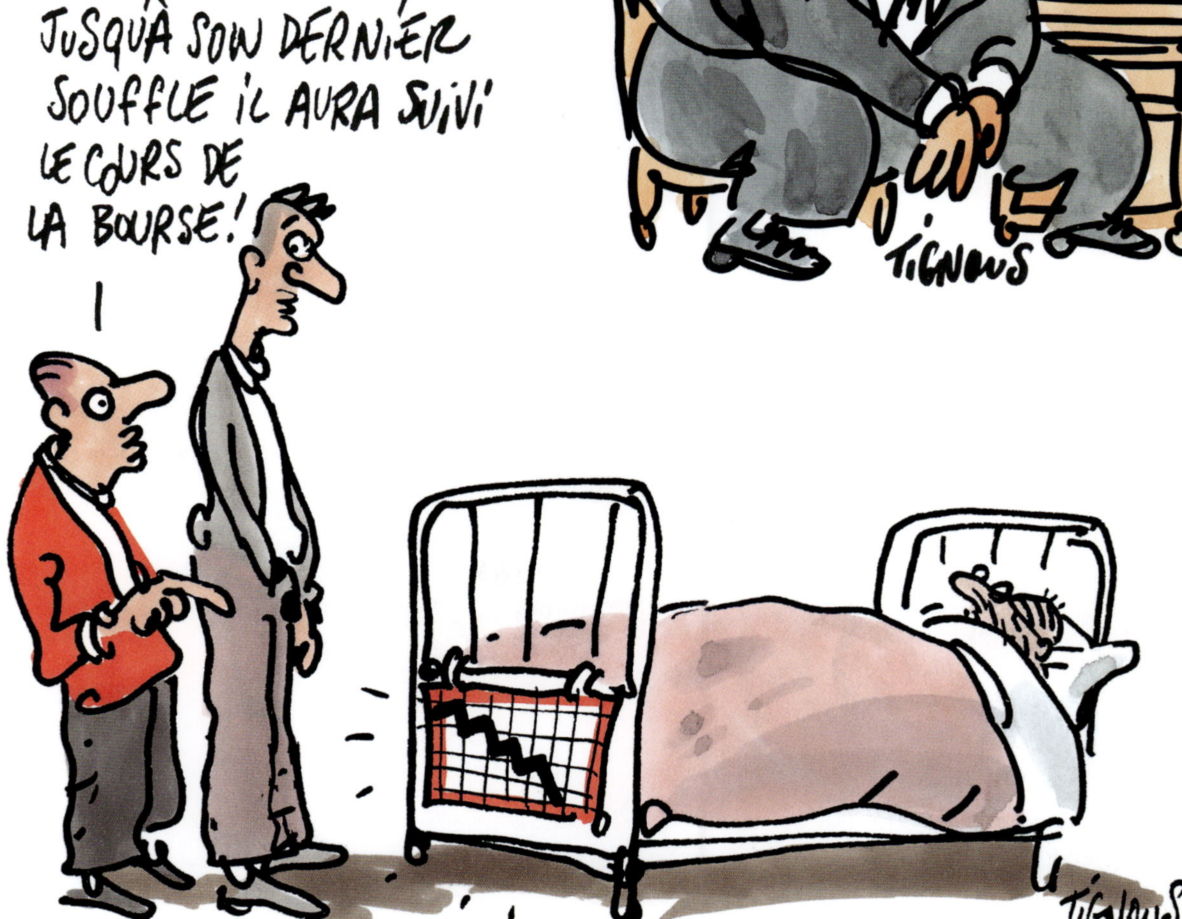
JUSQU'À SON DERNIER
SOUFFLE IL AURA SUIVI
LE COURS DE
LA BOURSE !
TIGNOUS

Champagne
TIGNOUS

TIGNOUS

TIGNOUS.

TIGNOUS

TIGNOUS

TIGNOUS

TIGNOUS

TIGNOUS

À VENDRE
TIGNOUS

ON PREND AU VENDEUR ET NON À L'ACHETEUR ...
...C'EST MORAL !...
...ET DE TOUTE FAÇON, L'ACHETEUR N'A PLUS D'ARGENT !!
À LOUER F4
A VENDRE
TIGNOUS

LE PRIX DE LA PIERRE BAISSE...
... MAIS PAS CELUI DE LA PIERRE DE TAILLE !

… place aux briques

PETITS JOUEURS !
Je Joue au Millionnaire
Je Joue les Millionnaires
Je suis Milliardaire
TIGNOUS

NE Travaillez plus
pour gagner plus
TIGNOUS

CONGRÈS DES RENTIERS
"Travailler plus pour Gagner plus"
QUI C'EST QUI A CHOISI LE THÈME DE CETTE ANNÉE ?

JE PROPOSE QUE L'ON RENONCE À L'INFLATION, QUITTE À PRIVILÉGIER LES RENTIERS
D'ACCORD !
OK POUR MOI !
TIGNOUS

MES ACTIONS ME RAPPORTENT PLUS QUE MON TRAVAIL !
MOI, C'EST PAREIL AVEC LES ALLOCATIONS
TIGNOUS

PAYES, TOI QUI TRAVAILLE
...MOI, DANS MON PORTEFEUILLE JE N'AI QUE DES ACTIONS!

NE DITES PAS QUE LES BANQUES VONT LICENCIER !!!
...CHEZ NOUS, C'EST L'ARGENT QUI TRAVAILLE
TIGNOUS

ÇA NE M'INTÉRESSE PAS L'AFFAIRE CLEARSTREAM...
...Y A PAS MON NOM DANS LA LISTE!
TIGNOUS

CLEARSTREAM DONNE UNE MAUVAISE IMAGE DE LA FRANCE
MÉDEF
MÉDEF

LES RICHES
LA FINANCE

VOUS VOUS ÊTES DÉJÀ FAIT BAISER UNE FOIS ...
3.
SOYEZ BEAU JOUEURS
TIGNOUS

J'AURAIS VOULU ÊTRE UN ARTISTE !
TA GUEULE !
TIGNOUS

JE HAIS LES CONS QUI SE BATTENT CONTRE LA VIE CHÈRE ... LA VIE, C'EST CHER
... C'EST MÊME HORS DE PRIX
... LES PATRONS L'ONT BIEN COMPRIS PUISQU'ILS S'AUGMENTENT DE 40 % !
TIGNOUS

L'AMIANTE A REMPLI LES POCHES DE CERTAINS
LES AUTRES SE SONT REMPLIS LES POUMONS
... ON EST QUITTES !
TIGNOUS

C'EST MOI QUI TE DÉLOCALISE EN CHINE !

LE LIBÉRALISME, C'EST QUOI ?

POUR UNE ÉTHIQUE DU CAPITALISME.
VOUS NE PLACEZ PAS VOTRE ARGENT OÙ IL FAUT
TIGNOUS

Avant, les gros, c'étaient eux...
...aujourd'hui, c'est l'inverse.
– ET C'EST MAINTENANT, QU'ON VOUDRAIT TAXER LES GROS ?
TIGNOUS

TON MARI, C'EST FOU COMME IL RESSEMBLE À CHE GUEVARA VIEUX !
TIGNOUS

CANICULE !
ENFIN, JE PUE LA SUEUR

DES MAUVAIS ÉLÈVES, IL EN FAUT !
... ON NE PEUT PAS TOUS ÊTRE CHEFS D'ENTREPRISE !
TIGNOUS

LES PATRONS EN COLÈRE.
GRR!
TIGNOUS

ILS SONT PRÊTS À TOUT POUR GARDER LEUR EMPLOI
...J'AI DU MÉRITE À NE PAS ÊTRE PLUS ODIEUX!
T.

J'EMBAUCHE QUE DES BEAUX...
...JE VEUX PAS QU'ON PUISSE LES CONFONDRE AVEC LE PATRON!
TIGNOUS

UN AUTRE MONDE EST POSSIBLE
SÛREMENT!
TIGNOUS.

J'ESPÉRAIS QUE CETTE CRISE M'AURAIT CHANGÉ ...
... MAIS NON ...
... JE SUIS INCORRIGIBLEMENT DE DROITE !
TIGNOUS

LA CRISE, ÇA A DU BON !
TIGNOUS

OUAAH LA CRIISE
TIGNOUS

POUET

QU'EST-CE QUI T'A PRIS DE VOULOIR FAIRE LA RÉVOLUTION ?
la révolution internet

LA NETÉCONOMIE, C'EST ENCORE MOINS NET QUE L'ÉCONOMIE !
C'EST NET !
TIGNOUS

EN INFORMATIQUE ON OUVRE TANT DE FENÊTRES QUE, SI ON COMMENCE À Y JETER L'ARGENT, ON EST FOUTUS !
TIGNOUS.

C'EST LE E-BUSINESS LE E-RESPONSABLE !
TIGNOUS

ON SE PAYE GRASSEMENT, C'EST VRAI !
... MAIS C'EST POUR NE PAS ÊTRE TENTÉS DE PIOCHER DANS LA CAISSE !
association des petits malheureux malades dans le besoin et seuls.
TIGNOUS.

LE SEUL BON RÉGIME, C'EST LE RÉGIME CAPITALISTE !
TIGNOUS.

1500 FOIS LE SMIC
MAIS ON N'A PAS LES CONGÉS PAYÉS

ON A DES GROS SALAIRES, MAIS POUR NOUS PUNIR LA NATURE NOUS A FAIT GROS AUSSI !

MON SALAIRE AUSSI EST BLOQUÉ
TIGNOUS

DEVENEZ VÉGÉTARIEN !
TIGNOUS

ILS SONT TROP CONS
TIGNOUS

PATRON, L'ENTREPRISE SOMBRE !
C'EST À CAUSE DU CHANGEMENT CLIMATIQUE...
...ESSAYONS D'ÊTRE CLASSÉS DANS : CATASTROPHE NATURELLE !
TIGNOUS

LA CRISE M'A FAIT PRENDRE CONSCIENCE QU'ON NE VIT QU'UNE FOIS ET QU'IL N'Y A PAS ASSEZ D'ARGENT POUR TOUT LE MONDE...
... JE VAIS DONC PROFITER DU VÔTRE !
TIGNOUS

À L'ÉPOQUE OÙ L'ON RISQUE DE TOUS MOURIR DE LA GRIPPE AVIAIRE, VOUS VOUS PRÉOCCUPEZ DE MON SALAIRE EXORBITANT

FINALEMENT, ON S'EN SORT PAS SI MAL DE CETTE CRISE
TIGNOUS

VOUS ÊTES PAYÉS 2 000 FOIS PLUS QU'UN ENFANT CHINOIS...
... ET MOI, 2 000 FOIS PLUS QUE VOUS
TIGNOUS

AU CHÔMAGE JE COÛTERAIS PLUS CHER !

POUR LES AUGMENTATIONS DU PERSONNEL ON ATTEND L'APRÈS ÉLECTION...
...NOUS AURONS PEUT-ÊTRE L'AMNISTIE PRÉSIDENTIELLE
PATRON
TIGNOUS

LA JUSTICE EST AVEUGLE
...C'EST PARFAIT POUR LES AFFAIRES !
TIGNOUS

RF
RF
TIGNOUS
CONSEIL DE PRUD'HOMMES

SI JE VOUS AIDE, AVEC L'EFFET PAPILLON, ÇA VA ME COÛTER UNE FORTUNE !
TIGNOUS

SI JE VOUS DONNE PLUS, JE VAIS ÊTRE OBLIGÉ D'AUGMENTER MES CADRES !
TIGNOUS

JE T'AIME UN PEU...
...BEAUCOUP...
...À LA FOLIE...
...PAS DU TOUT...
...PAS DU TOUT...
...PAS DU TOUT...
...PAS DU TOUT...
CODE DU TRAVAIL
TIGNOUS

ENCORE À LIRE DES CONTES DE FÉES ?
CODE DU

VOUS CHERCHEZ UN EMPLOI ?
T.

POURQUOI S'ENFERMER DANS UN BUREAU DE VOTE UN DIMANCHE QUAND ON PEUT OBTENIR CE QU'ON VEUT EN PASSANT UN MOMENT AGRÉABLE AU SOLEIL

POUR RÉUSSIR...
... FAUT COUCHER!
TIGNOUS

SI LE TEMPS C'EST DE L'ARGENT.
...VOUS RENDEZ-VOUS COMPTE DU FRIC QUE VOUS PERDRIEZ À ME RÉCLAMER UNE AUGMENTATION ?
TIGNOUS

LES JEUNES NE SONT PLUS BIEN FORMÉS...
ILS LISENT TROP ZOLA !
TIGNOUS

JE SUIS ANTI FRANCE, MAIS ANTI FRANCE D'EN BAS
TIGNOUS

LA FRANCE DU BAS, C'EST NOUS
TOUT LE MONDE N'A PAS LA CHANCE D'HABITER UNE CHAMBRE DE BONNE !
TIGNOUS

TIGNOUS

NON AUX
AVANTAGES
DES AUTRES

COMBIEN PÈSE CE BEAU BÉBÉ ?
AVEC LES DONATIONS, 1 MILLION DE FRANCS !
TIGNOUS.

livret
A
TIGNOUS

TIGNOUS

TIGNOUS

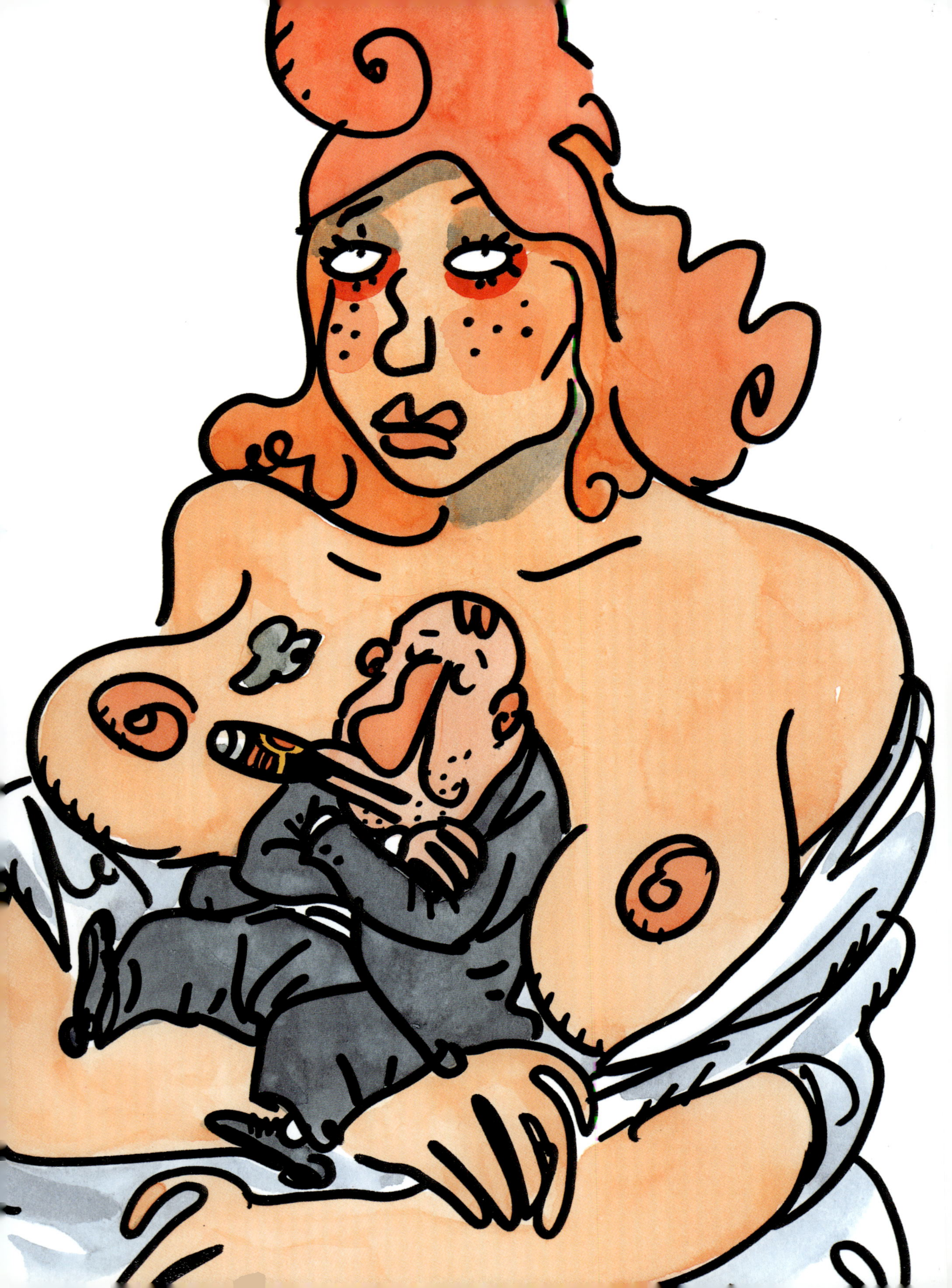

AVANT LA NUIT DU 4 AOÛT 1789...
...ET EN 2006
TIGNOUS

JE N'AI PAS TOUT HÉRITÉ DE MON PÈRE...
...LUI, C'ÉTAIT UN BOSSEUR!
TIGNOUS

TIGNOUS

Les inégalités subsistent :
MÊME EN TEMPS DE CRISE !

DANS LA FAMILLE, ON N'A JAMAIS SU FAIRE LES NOEUDS DE CRAVATE...
...ON A LE GÈNE DU SUICIDE !!
TIGNOUS

ELLE CHERCHAIT UN EMPLOI
ALORS, CE N'EST PAS UN ACCIDENT DU TRAVAIL !
TIGNOUS

Didier Lombard, Pdg de France Télécom:
"LES SUICIDES SONT UNE MODE"
LA TENDANCE EST AU HAUT ET COURT !
TIGNOUS

SUICIDES.
JE VOULAIS QU'ILS SE TUENT AU TRAVAIL
MAIS PAS COMME ÇA !
TIGNOUS

LE VENDREDI, ON AVAIT DIT : NI VESTE NI CRAVATE !

LE TERRORISME SOCIAL EST TRÈS TENDANCE.
ON VA FAIRE PÉTER L'USINE !
VAS-Y, JE TOUCHERAI L'ASSURANCE
TIGNOUS

CELLE-LÀ, C'EST CELLE DU LICENCIEMENT !
TIGNOUS

UN OUVRIER QUI SE SUICIDE C'EST UNE PRIME DE LICENCIEMENT EN MOINS !
TIGNOUS

À PRÉSENT, C'EST UNE ENTREPRISE PRIVÉE...
... QUI SOUHAITE SE PRIVER DE VOS SERVICES !
TIGNOUS

MILLIARDAIRE, C'EST AUSSI UN TRAVAIL D'ARABE !
TIGNOUS

JE MALTRAITE MES EMPLOYÉS SANS RISQUER DE PASSER POUR UN RACISTE
... LE PIED !
TIGNOUS

Les milliardaires des pays pauvres ça fait des banquiers heureux.
TANDOORI, CUMIN, CORIANDRE, CANNELLE...
... ÇA NOUS CHANGE DU THYM ET DU LAURIER !
TIGNOUS

J'AI PAS EU À DÉLOCALISER
... GROSSE ÉCONOMIE !

LICENCIEZ-MOI 20.000 MAILLONS FAIBLES
TIGNOUS

JE PRÉFÈRE VOUS TUER À LA TÂCHE
..., JE SUIS TROP RADIN POUR VOUS DONNER LA MORT !

PSYCHOSE
MERDE !
... C'EST MAHOMET QUI A ACHETÉ ARCELOR !
TIGNOUS

APRÈS LES PLOMBIERS, TU VAS VOIR QU'ON VA ÊTRE ENVAHIS PAR LES MILLIARDAIRES POLONAIS !

POUR NOUS LES 4x4...
POUR VOUS, LES 4x8 !
GOODYEAR
TIGNOUS.

LES LICENCIEMENTS SONT NOS ACQUIS SOCIAUX !

C'EST UN DRAME
OUI, UN EMPLOYEUR SOUS LES VERROUS, C'EST UNE USINE QUI FERME
ET DONC, ENCORE DES CHÔMEURS !

Une usine qui ferme, c'est quoi ?
C'EST UN VILLAGE QUI MEURT
C'EST DES FAMILLES QUI MEURENT
DES SALARIÉS QUI MEURENT !
C'EST DES ACTIONNAIRES PLUS RICHES !
SCHAEFFLER
TIGNOUS

LE LICENCIEMENT FACILITÉ.
QUEL GAIN DE TEMPS
TIGNOUS.

VOUS ÊTES VIRÉS
TIENS, L'ENTREPRISE A CHANGÉ DE NOM !
TIGNOUS

ÇA CHANGE RIEN D'AVOIR UN PATRON JAPONAIS, LE PRÉCÉDENT QUI ÉTAIT FRANÇAIS M'ÉTAIT DÉJÀ TOTALEMENT ÉTRANGER
TIGNOUS

QUAND ON EST NATIONALISÉS, PEUT-ON ÊTRE DÉLOCALISÉS EN CHINE ?
NON ! ... MAIS À CHINON, OUI
TIGNOUS

LE SALAUD IL A CHANGÉ LA SERRURE !
... C'ÉTAIT L'ENTREPRISE DE MA VIE !
TIGNOUS

FLODOR DÉGRAISSE.
SALETÉ DE MODE DE L'ALLÉGÉ !
TIGNOUS

JE NE SUIS PAS RESPONSABLE DES LICENCIEMENTS...
... C'EST LA FAUTE DES ACTIONNAIRES
TIGNOUS

PORT DE CHAUSSURES DE SÉCURITÉ OBLIGATOIRE
MÊME PAS MAL !
TIGNOUS

En vogue:
LES CRÈCHES D'ENTREPRISE
LA NOTRE SERA EN CORÉE DU NORD
TIGNOUS

ENRICHIR SON VOCABULAIRE, C'EST S'ENRICHIR
JE VIENS D'APPRENDRE LE MOT : DÉLOCALISATION

JE VEUX BIEN NE PAS DÉLOCALISER EN CORÉE, MAIS À CONDITION QUE VOUS BOSSIEZ 45 H PAR SEMAINE
...ET QUE VOUS VOUS FASSIEZ BRIDER LES YEUX !
TIGNOUS.

SANS L'AIDE DE L'ÉTAT...
...NOUS N'AURIONS JAMAIS PU FINANCER LE DÉMÉNAGEMENT DE L'USINE EN CHINE !
TIGNOUS

UN AUTRE MONDE EST POSSIBLE...
... MAIS IL FAUT LE DÉLOCALISER EN CHINE !

LE LICENCIEMENT, C'EST RINGARD
...CE QUI EST MODERNE, C'EST LA DÉLOCALISATION !!
TIGNOUS

VOUS VERREZ, VOUS FINIREZ PAR DÉLOCALISER VOTRE COMITÉ D'ENTREPRISE EN CHINE !
CGT CHEMINOTS
TIGNOUS

LE LIBÉRALISME, C'EST QUOI ?
C'EST MOI QUI TE DÉLOCALISE EN CHINE !
TIGNOUS

TIGNOUS

"L'ENTREPRISE DE PARIS" CHANGE DE NOM...
...NOUS NOUS APPELERONS DÉSORMAIS "L'ENTREPRISE DE BORDEAUX", FAITES VOS VALISES !
TIGNOUS

TIGNOUS

JE NE DÉLOCALISE PLUS
ET QU'ON NE VIENNE PAS ME DIRE QUE LE PROTECTIONNISME EST UNE FORME DE RACISME !

JE PROTÈGE LES MIENS
C'EST BIEN LA PREMIÈRE FOIS !
TIGNOUS

T'AS PAYÉ TA COTISATION CITOYEN
?
IL VEUT PARLER DE L'IMPÔT SUR LE REVENU!
OUI À L'IMPÔT DÈS LE PREMIER EURO!
...MAIS À CONDITION D'AVOIR UNE AIDE GOUVERNEMENTALE!!
TIGNOUS

L'ISF RASSURE LA GAUCHE...
... ET C'EST PLUS FACILE D'Y ÉCHAPPER QU'À LA GUILLOTINE !

CEUX QUI PAYAIENT DÉJÀ PEU D'IMPÔTS VONT EN PAYER ENCORE MOINS
C'EST DU SOCIAL DESTINÉ À NOUS !
TIGNOUS

ICI LONDRES, LES FRANÇAIS QUI NE PAYENT PAS D'IMPÔTS PARLENT AUX FRANÇAIS QUI EN PAYENT !
TIGNOUS

M. LE PERCEPTEUR
ALLEZ-Y, FAITES-MOI RIRE !
MAIS ESSAYEZ D'ÊTRE ORIGINAL S.V.P.
TIGNOUS

PUBLIEZ LE MONTANT EXORBITANT DE NOS SALAIRES !
MAIS PAS, LÀ-DEDANS !!
Déclaration d'impôts préremplie
TIGNOUS

CETTE ORDURE DOIT PAYER L'ISF
CE CON DOIT CROIRE QUE JE PAYE L'ISF
TIGNOUS.

Crise économique :
POSITIVONS !
ON AURA MOINS D'ISF À PAYER !
TIGNOUS

TIGNOUS

IL FAUT MONTRER DU DOIGT LES PARADIS FISCAUX
C'EST PAR LÀ !
TIGNOUS

Paradis fiscaux :
Les sanctions repoussées.
PATIENCE ET LONGUEUR DE TEMPS FONT MIEUX QUE FORCE NI QUE RAGE !
TIGNOUS

JE SUIS MALIN...
"JE DÉPENSE UNE FORTUNE EN CONSEILLERS FISCAUX POUR NE PAS PAYER D'IMPÔTS !
TIGNOUS

APRÈS MOUSTIQUE ET CAÏMAN, ILS NOUS FAUT DÉCOUVRIR LES ÎLES VAUTOUR, HYÈNE ET REQUIN !
TIGNOUS

LES PAUVRES SONT DÉLOCALISÉS EN CHINE
NOUS, AUX BAHAMAS...

LES CHÔMEURS DRESSÉS CONTRE LES FONCTIONNAIRES
LES FONCTIONNAIRES SONT PAYÉS À RIEN FOUTRE!
...C'EST BIEN COMME ÇA?
MAGNIFIQUE!

IL FAUT SUPPRIMER LE SERVICE PUBLIC
...LES FONCTIONNAIRES ONT LA GRIPPE AVIAIRE!
TIGNOUS

TIGNOUS

L'INSTINCT DE PROPRIÉTÉ
VOUS CRACHEZ SUR LES ENTREPRISES PUBLIQUES MAIS DÈS QU'ELLES SONT À VENDRE VOUS ACHETEZ !!

CHEZ NOUS
ELLE EST OÙ L'ARNAQUE DES PRIVATISATIONS ?
C'EST PLUS LE MÊME "NOUS"

LES VIEUX DOIVENT BOSSER
MIEUX VAUT PUER LA SUEUR ...
... QUE SENTIR LA VIEILLE PISSE !
TIGNOUS

IL A QUITTÉ NOTRE BOÎTE TROP TÔT POUR UNE AUTRE

TROP LONGUE L'AGONIE
... VOUS ALLEZ ME FAIRE FANER MES FLEURS !
aux services publics

POURQUOI LA RETRAITE À 65 ANS ?
POUR AVOIR DES OUVRIERS COURBÉS DEVANT MOI !
TIGNOUS

C'EST SÛR !
... AVEC LA RETRAITE À 80 ANS...
... LES POTS DE DÉPART SERONT PLUS TRISTES !
TIGNOUS.

Pour lutter contre le chômage :
EMBAUCHEZ UN DOMESTIQUE !

Retraite :
DÉPART À 70 ANS

Grande distribution :
DISPARITION DES CAISSIÈRES

LE MONDE APPARTIENT À CEUX QUI ONT DES EMPLOYÉS QUI SE LÈVENT TÔT !
TIGNOUS

L'ESPÉRANCE DE VIE S'ACCROÎT
C'EST CON POUR VOUS !

C'EST CHIANT CUBA !

POUR VOUS CONSOLER, DITES-VOUS QU'ON A UNE PETITE BITE !
ISSU D'UNE MINORITÉ QUI A BEAUCOUP SOUFFERT, JE SUIS ISSU D'UNE MINORITÉ QUI NE VEUT PLUS SOUFFRIR
TIGNOUS

POURQUOI TU NE M'AIMES PAS ?

TIGNOUS

Communautarisme :

Loi Évin :
SUR UNE AFFICHE ON NE PEUT PAS MONTRER...
La pipe de M. Hulot
la cigarette de Coco Chanel
le havane du Che
mais un patron fumant le cigare, on peut, ça ne donne pas une image positive du tabac.
TIGNOUS

5% D'AUGMENTATION POUR LE TABAC.
LA FRACTURE SOCIALE S'ÉLARGIT !

INTERDICTION DE FUMER.
Y A DES PASSE-DROITS !

LE TABAC VA ENCORE AUGMENTER.
AU PRIX DES CLOPES, TU DEVRAIS FUMER DES CIGARES !

HAUSSE DU TABAC
COMMENT VOULEZ-VOUS QU'ON EMBAUCHE !

SOLIDARITÉ : EMMENEZ UN PAUVRE EN VACANCES.

10 MILLIONS DE FRANÇAIS NE PARTENT JAMAIS EN VACANCES.
ILS NE PEUVENT PAS VENIR ARROSER MES PLANTES ?
TIGNOUS

Y A PLUS DE GAUCHE...
... UN BON CONSEIL, COLLABORE !
TIGNOUS

L'ERREUR EST HUMAINE, PAS NOUS

CRISE :
Beaucoup de Français ne pourront pas partir en vacances.
PENSEZ À ARROSER MES PLANTES !
TIGNOUS

52 % DES FRANÇAIS NE PARTIRONT PAS EN VACANCES CET ÉTÉ.
À NOTRE TOUR DE VOUS SÉQUESTRER CHEZ VOUS !
TIGNOUS

1 FRANÇAIS SUR 2 N'EST PAS SYNDIQUÉ.

LES SYNDICATS SONT ARCHAÏQUES.

INSÉCURITÉ :
NE PRENEZ PAS VOS RTT, RESTEZ À L'USINE !
TIGNOUS

UNE FEMME À LA TÊTE DU MEDEF.
UNE FEMME, PAS UNE GONZESSE!
TIGNOUS

LAURENCE PARISOT EN ARABIE SAOUDITE
LE MEDEF À VISAGE HUMAIN !
TIGNOUS

laurence Parisot :
UNE FEMME À LA TÊTE DU MEDEF
VOUS ÊTES VIRÉ !
C'EST QUOI VOTRE PARFUM ?
TIGNOUS

LAURENCE PARISOT À LA TÊTE DU MEDEF.
JE VEUX DES EMPLOYÉS FLEXIBLES
TIGNOUS

LE MEDEF ÉVOLUE
du temps du baron Seillière
aujourd'hui, avec laurence Parisot
la salope !
TIGNOUS

PATRONAT

LE MEDEF VEUT RÉENCHANTER LE MONDE.
Je vais te transformer en travailleur chinois
...jusqu'à minuit !
TIGNOUS

DES SOUS
VOUS ME FAITES PERDRE DU TEMPS
TIGNOUS

Service minimum.
BIENTÔT, DES GRÈVES QUI NE SERVIRONT À RIEN
DÉJÀ QUE ÇA NOUS IMPRESSIONNAIT PAS BEAUCOUP!
TIGNOUS

Y A DES MANIFESTATIONS DANS LE MONDE ENTIER !!
COMME QUOI ÇA MARCHE LA MONDIALISATION
TIGNOUS

LE MEDEF VEUT IMPOSER LE TRAVAIL OBLIGATOIRE AUX CHÔMEURS
ARBEIT MACHT FREI
TIGNOUS

ON VOUS AUTORISE À FAIRE GRÈVE PENDANT VOS CONGÉS PAYÉS...
...ENTRE LA GRANDE MOTTE ET PALAVAS
TIGNOUS

MON BON, JE NE PEUX PAS VOUS VIRER, VOUS ÊTES DÉLÉGUÉ SYNDICAL...
...MAIS JE COMPRENDRAIS QUE VOUS VOULIEZ SUIVRE VOS CAMARADES !
TIGNOUS

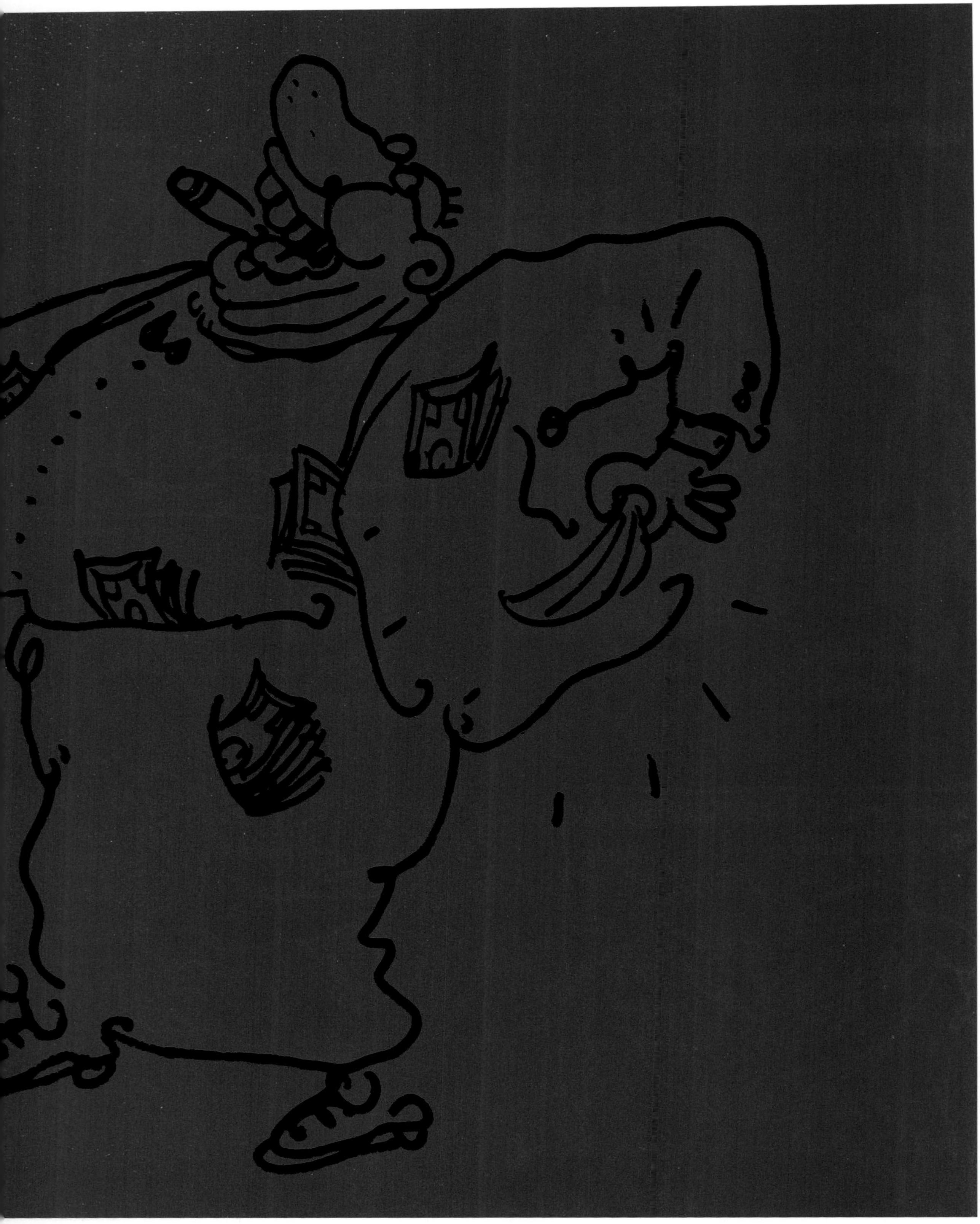

LES RICHES
LES PATRONS

À mes enfants :
Marie, Jeanne, Sarah-Lou et Solal

Dépôt légal : février 2010
ISBN: 978-2-35648-135-1
Achevé d'imprimer en Allemagne en janvier 2010,
par l'imprimerie Himmer

TIGNOUS

LE FRIC C'EST CAPITAL

12 bis